O.W. BARTH

David Sheff

GEFANGEN UND FREI

Der Buddhist in der Todeszelle.
Eine wahre Geschichte

Aus dem amerikanischen Englisch
von Gerd Bausch

O.W. BARTH

Die Originalausgabe erschien 2020 unter dem Titel:
»The Buddhist on Death Row« bei Simon & Schuster, New York.

Anmerkung des Autors: Einige der Namen und Details in diesem Buch wurden auf Bitte der Beteiligten geändert, um ihre Privatsphäre und in manchen Fällen auch ihre Sicherheit zu wahren.

Besuchen Sie uns im Internet:
www.ow-barth.de

Aus Verantwortung für die Umwelt hat sich die Verlagsgruppe Droemer Knaur zu einer nachhaltigen Buchproduktion verpflichtet. Der bewusste Umgang mit unseren Ressourcen, der Schutz unseres Klimas und der Natur gehören zu unseren obersten Unternehmenszielen. Gemeinsam mit unseren Partnern und Lieferanten setzen wir uns für eine klimaneutrale Buchproduktion ein, die den Erwerb von Klimazertifikaten zur Kompensation des CO_2-Ausstoßes einschließt. Weitere Informationen finden Sie unter: www.klimaneutralerverlag.de

FSC www.fsc.org
MIX
Papier aus verantwortungsvollen Quellen
FSC® C083411

Deutsche Erstausgabe 2021
O.W. Barth

Ein Imprint der Verlagsgruppe
Droemer Knaur GmbH & Co. KG, München

Redaktion: Jennifer Jäger
Illustrationen im Innenteil von Shutterstock.com:
ZEN-Kreis: sunwart, emoji: Joja6
Covergestaltung: atelier-sanna.com, München
Coverabbildung: Shutterstock.com / LeshaBu; HorenkO
Satz: Adobe InDesign im Verlag
Druck und Bindung: CPI books GmbH, Leck
ISBN 978-3-426-29314-0

2 4 5 3 1

Für Pamela Krasney, die uns mit ihrer Zivilcourage in ihrem Kampf für eine Strafrechtsreform und die Abschaffung der Todesstrafe eine große Inspiration war. Pamela half, die Welt zu einem besseren Ort für ihre Familie, Freundinnen und Freunde sowie zahllose andere zu machen.

»Setz einen Adler in den Käfig und er wird in die Stäbe beißen, ob sie nun von Eisen oder von Gold sind.«

Henrik Ibsen

Inhalt

Teil 4

Einleitung

Ich sitze auf einem schlichten Schalenstuhl aus Plastik einem Mann namens Jarvis Jay Masters gegenüber. Wir unterhalten uns über meine Idee, ein Buch über ihn zu schreiben, und ich möchte wissen, was er von ihr hält. Ich betone, dass ich, wenn ich mich wirklich darauf einlasse, nichts verheimlichen werde – weder seine guten noch seine schlechten Seiten.

»Man kann mich nicht übler darstellen, als man es bereits getan hat«, erwidert Masters, und ich nehme an, dass das für jemanden, den man wegen Mordes verurteilt hat, sicher zutrifft.

»Ich meine«, fügt er hinzu, »das sieht man schon daran, wo wir sind.«

Nämlich in einem Käfig, nicht größer als eine Abstellkammer, in einem der Besuchssäle des staatlichen Gefängnisses San Quentin, nördlich von San Francisco.

In dem Saal befinden sich viele weitere solcher Käfige, und ich folge Masters' Blick, der zu ihnen schweift. In ihnen befinden sich andere wegen Mordes Verurteilte mit ihren Familien oder Anwälten: Ramón Bojórquez Salcido, Verurteilter in mehreren Mordfällen – unter ihnen seine Frau und seine Töchter –, sitzt mit seinem Anwalt in der Abteilung gegenüber. Nicht weit davon verspeist Richard Allen Davis, der ein zwölfjähriges Mädchen vergewaltigt hat, Doritos. Ganz am Ende, neben einem Regal mit Bibeln und Brettspielen, sitzt Scott Peterson, der wegen der Ermordung seiner im achten Monat schwangeren Frau inhaftiert ist, und unterhält sich mit seiner Schwester.

Petersen sieht entspannt und gesund aus, andere hingegen scheinen nervös, aufgeregt oder misslaunig zu sein. Und dann wiederum gibt es solche – zierliche, bebrillte, harmlos wirkende –, die eher wie Kassenbeamte oder, in einem Fall, wie John Oliver[1] aussehen. Der Eindruck trügt, kommentiert Masters, der über die Jahre immer wieder erstaunt war, zu welchen Verbrechen selbst die lammfrommsten und höflichsten seiner wie er zum Tode verurteilten Mithäftlinge fähig gewesen waren.

»Manche von denen haben perfekte Tischmanieren und legen sich ordentlich Servietten auf den Schoß, aber in Wirklichkeit sind sie für wahre Massaker verantwortlich.«

2006 hatte mir meine Freundin Pamela Krasney, eine Aktivistin, die sich für Gefängnisreformen und auch in anderer Hinsicht für soziale Gerechtigkeit engagiert, von einem Mann erzählt, der, wie sie sagte, zu Unrecht wegen Mordes verurteilt worden war. Er sei anders als alle, die sie zuvor kennengelernt hatte, bewusster, weiser sowie einfühlsamer – und dies »trotz seiner Vergangenheit«. Sie hielt inne und verbesserte sich: »Nein, *wegen* seiner Vergangenheit.«

Pamelas Freundin, die bekannte buddhistische Nonne Pema Chödrön, hatte sie vor Jahren Jarvis vorgestellt, und seither besuchte sie ihn regelmäßig. Sie gehörte einer Unterstützergruppe an, den *Jarvistas*[2], die sich zum Ziel gesetzt hat, seine Unschuld zu beweisen. Pamela berichtete des Weiteren, dass Masters Autor eines Buches sowie zahlreicher Artikel sei. Auch schreibe er Gedichte, von denen eines sogar mit einem PEN Award ausgezeichnet worden war. Er sei zum Buddhismus konvertiert und Schüler eines berühmten tibetischen Lamas namens Chagdud Tulku Rinpoche geworden. Dieser hatte einmal von ihm gesagt, er sei ein Bodhisattva, also jemand, »der an einem Ort des Leidens für die Überwindung des Leidens

1 John William Oliver ist Moderator, Komiker und Schauspieler, der seit einigen Jahren eine in den USA populäre Show moderiert.

2 Dieses Wort ist eine Kombination aus Jarvis und *vistas* (dt.: Durchblick).

arbeitet«. Und tatsächlich war Pamela der Überzeugung, dass Masters in San Quentin einen sehr heilsamen Einfluss hatte, da er hier inmitten drohender Gewalt Buddhismus unterrichtete.

Von Pamela ermutigt, organisierte ich alles Nötige, um den Todestrakt besuchen zu können, der Abteilung von San Quentin, in dem die zum Tode Verurteilten einsitzen. An einem klaren Morgen, an dem ein eisiger Wind durch die Golden-Gate-Meerenge blies, fuhr ich die frühere *Bay of Skulls*, die Bucht der Totenköpfe, entlang. Auf dem Wasser wiegten weiße Segelboote wie Lotosblätter, Schlepper zogen Containerschiffe, und Luftkissenboote glitten vorbei. In einiger Entfernung glänzte die San Rafael Bridge in der Morgensonne. Im Gefängnis angekommen, kontrollierte man zuerst meine persönlichen Daten, woraufhin ich einen Metalldetektor passierte. Wie angewiesen, folgte ich einer gelben Linie, die man entlang der felsigen Uferböschung auf den Asphalt der Zufahrtsstraße gesprüht hatte, wobei mich das Wachpersonal von einem Wachturm aus, der etwas wie ein Leuchtturm wirkte, beobachtete.

Masters war damals im Isolationstrakt inhaftiert, der den unheilvollen Namen »Korrekturanstalt« trug und den man allgemein »das Loch« nannte. Ein Verwaltungsleiter von San Quentin hatte die Insassen dieser Abteilung einmal als »fiese und kranke Menschen« bezeichnet, wobei es die Gesellschaft lieber hätte, »sie würden nicht existierten«. Masters befand sich bereits seit zwei Jahrzehnten in diesem Teil des Gefängnisses.

Einmal im Gebäude angekommen, führte mich ein Mann zu einem Stuhl, der einem ziemlich verkratzten Fenster zugewandt war. Nach einigen Minuten wurde auf der anderen Seite eine Tür geöffnet, und ein Wärter führte Masters hinein. Er war hochgewachsen und perfekt rasiert, sein Haar sehr ordentlich gekämmt, und um seinen Hals hing eine Lesebrille.

Nachdem man ihn von seinen Handschellen befreit hatte, nahm er Platz, und wir setzten uns beide recht ramponierte

Headsets auf. Durch die Sprechanlage klang seine Stimme dumpf, in etwa so, als unterhielten wir uns über ein Dosentelefon.

Masters hatte klare braune Augen, eine wohlklingende, sonore Stimme und eine beruhigende Ausstrahlung. All dies war selbst durch das getönte Glas nicht zu übersehen. Wir redeten über Pamela, Pema Chödrön, Schreiben, die neuesten Nachrichten und die jüngste Kontaktsperre, die wegen einer Messerstecherei im Gefängnis verhängt worden war. Ich befragte ihn zu Mithäftlingen, dem Wachpersonal und zu seiner buddhistischen Praxis. Er drückte sich präzise aus, war bedacht und humorvoll. Nach eineinhalb Stunden gab uns der Gefängnisbeamte ein Zeichen, dass die Besuchszeit vorüber sei, und führte Masters ab. Ich verließ das Gefängnisgebäude und gelangte an die kalte, frische Meeresluft der Bucht.

Ich dachte über den Besuch nach. Masters wirkte offen und ehrlich. Ich hatte einen Vorgeschmack dessen bekommen, weswegen ihn seine Freundinnen und Freunde als »einen unbeschreiblichen und ganz besonderen Menschen« bezeichnet hatten, auch wenn die Tatsache allein, dass er Charisma besaß, nicht bedeutete, dass er unschuldig war. Die Literatur birgt viele Beschreibungen von charismatischen Killern, wie etwa Truman Capotes Perry Smith (Capote begeisterte sich sogar für seinen Komplizen, den noch weit gnadenloseren Richard Hickock), Elmo Patrick von Schwester Helen Prejean und Robert Lee Willie sowie Gary Gilmore von Norman Mailer (Mailer porträtierte Letzteren als gefühllosen und unbarmherzigen Mann, der jedoch über einen scharfen Verstand, Witz und Eleganz verfügte).

War Masters ein Mörder? Seine Freunde beschworen, dass er unschuldig sei. Hatte man ihn verleumdet, wie es seine Anwälte behaupteten? Oder war er ein geschickter Manipulator, ein Hochstapler, der das Vertrauen gutherziger Menschen wie Pamela und Pema ausnutzte?

Selbst wenn Masters wirklich unschuldig sein sollte, wusste ich nicht, was ich von den Aussagen seiner Unterstützerinnen und Unterstützer halten sollte, wonach er ein Bodhisattva sei, der die Leben anderer verändert und einige sogar vor dem Tod bewahrt habe. Buddhisten gibt es in vielen Gefängnissen, genau wie Angehörige aller anderen Glaubensrichtungen. Und es gibt zahlreiche andere Gefängnisschreiberlinge und Poeten, die sich von den übrigen Häftlingen abheben. Doch unterschied sich Masters wirklich von seinen Mitgefangenen? Ich scheute mich genauso davor, ein wohlwollendes wie auch ein negatives Urteil zu fällen. Doch ganz ohne Frage war ich neugierig geworden, mehr über ihn zu erfahren.

In den darauffolgenden Jahren hielt mich Pamela hinsichtlich der Ereignisse in seinem Leben auf dem Laufenden. 2007, nach zwanzig Jahren Isolationshaft, wurde er in einen Bereich des Todestrakts verlegt, in dem die Haftbedingungen weniger streng waren. Im Jahr darauf heiratete er, wobei Pema die Hochzeitszeremonie leitete. 2009 bat mich Pamela, ein paar Zeilen für das Cover seines zweiten Buches zu verfassen. Sie berichtete mir ebenfalls von dem laufenden Berufungsverfahren. Für sie war es nur eine Frage der Zeit, bis er freigesprochen würde.

Schließlich starb Pamela 2015 an einer seltenen Stoffwechselkrankheit. Pema führte die buddhistische Bestattungszeremonie durch, bei der sie einen Brief von Jarvis vorlas. Die Gedenkfeier fand unweit von San Francisco in Mill Valley statt, das sich in unmittelbarer Nachbarschaft von San Quentin befindet. Als Pema seinen Nachruf vorlas, musste ich daran denken, dass er nur wenige Meilen entfernt in seiner Todeszelle saß. Auch dachte ich an Pamelas tiefe Verbindung und selbstloses Engagement für Jarvis und erinnerte mich an ihre Behauptung, dass er unzählige Menschen innerhalb und außerhalb der Gefängnismauern von San Quentin inspiriert und ihnen geholfen habe. Unmittelbar nach der Totenfeier beschloss ich, diesen Behauptungen nachzugehen.

Ich sprach mit vielen Menschen in und einigen außerhalb von San Quentin. Pema erzählte mir, dass sie durch Masters' Buch *Finding Freedom* auf ihn aufmerksam geworden sei, woraufhin sie ihm geschrieben und ihn erstmals besucht habe. Im Laufe der Zeit entwickelte sich zwischen den beiden eine enge Freundschaft. Sie bewunderte seine Fähigkeit, Schwierigkeiten durchzustehen, die andere überfordert hätten, sowie die Freude, die er an diesem freudlosen Ort verbreitete. Seine Interpretation buddhistischer Lehren inspirierte sie, und seine Einsichten halfen ihr, ihr Verständnis von Dingen zu vertiefen, die sie eigentlich bereits gut zu kennen glaubte.

Ich las Briefe von Menschen, die sein Buch inspiriert hatte und die ihm von den Schicksalsschlägen berichteten, mit denen sie selbst konfrontiert waren – von missbräuchlichen Beziehungen, dem Verlust geliebter Menschen, Krankheit und Depression. Einige schrieben ihm von ihren Selbstmordversuchen. Masters antwortete ihnen allen, woraufhin diese sich schriftlich für den Trost, die Führung und die Hoffnung bedankten, die er ihnen hatte zukommen lassen.

Es gab Briefe von Teenagern, die eine schwierige Phase durchmachten und denen ihre Erzieher oder Lehrer deshalb *Finding Freedom* zu lesen gegeben hatten. Gymnasiallehrer schickten ganze Pakete voller Nachrichten ihrer Schülerinnen und Schüler, nachdem sie das Buch im Unterricht durchgenommen hatten. Eine Buchhändlerin in Watts erzählte mir, dass kein anderes Buch in ihrem Sortiment so oft gestohlen würde wie das seine.

Überaus bemerkenswert erschien mir, dass ich Berichte bestätigt fand, die besagten, dass Masters Mitgefangene verteidigt hatte, die besonders häufig Angriffen ausgesetzt waren, da sie homosexuell waren, man sie verdächtigte, Geheimnisse anderer verraten zu haben, oder die auf andere Weise mit den grausamen ungeschriebenen Gesetzen des Gefängnisses in Konflikt geraten waren. Noch außergewöhnlicher fand ich, dass er drohende Übergriffe von Häftlingen auf Gefängniswärter abgewendet hatte. Ich sprach mit Menschen, die berichteten, dass Masters sie von ihren Selbstmordabsichten abgebracht habe. Ein Gefängnisbediensteter erzählte mir, dass sein Sohn schwer krank sei, er sich früher andauernd mit seiner Frau gestritten, viel zu viel getrunken und seinen Job nicht gemocht habe. Auch seien die Gefangenen für ihn der reinste Abschaum gewesen, und er habe sie auch so behandelt. Außerdem hätte er Selbstmordabsichten gehabt. Dann lernte er Jarvis kennen.

Als der Beamte eines frühen Morgens draußen den Gang entlanglief, rief Jarvis nach ihm. Dieser erzählte mir später, er habe bemerkt, unter welch großer Anspannung der Mann stand und wie niedergeschlagen er wirkte, und wollte sichergehen, dass es ihm gut ginge. Der Wärter gehörte nicht zu denjenigen, die anderen einfach so ihr Privatleben anvertrauen, und schon gar nicht einem »Verbrecher«. Doch »irgendetwas an Masters«, wie er es ausdrückte, brachte ihn dazu, ihm von der Krankheit seines Sohnes und seinen Problemen zu Hause zu erzählen. Auf die erste kurze Unterhaltung folgten über Monate frühmorgendliche Gespräche an Masters' Zellentür, die es dem Beamten ermöglichten, sich der Krankheit seines Sohnes zu stellen, seiner Frau zur Seite zu stehen und sich hinsichtlich seiner Alkoholprobleme helfen zu lassen. Er dachte nicht mehr daran, sich umzubringen, sondern begann, dem Leben, das er hatte, mit offenen Armen zu begegnen.

Der Beamte erzählte mir später, Masters habe ihm geholfen zu verstehen, dass er verzweifelten Menschen, die seine Unterstützung brauchten, diese auch zukommen lassen konnte, weswegen seine Arbeit für ihn Sinn zu machen begann. Er hatte nicht mehr den Eindruck, eine Herde zu beaufsichtigen, sondern sah seinen Beruf fortan als Möglichkeit, dem Leiden mit Mitgefühl zu begegnen. Seine Einstellung veränderte sich, als Masters ihm zeigte, dass »man die meisten Häftlinge einfach zu streng und ungerecht behandelte«, wie er mir erklärte. »Es sind einfach Menschen, manche von ihnen sind kaputter als andere, aber viele sind auch nicht mehr daneben als die Leute draußen. Sie alle hatten üble Leben – und sie alle haben ein Herz.«

Aufgrund dieser und ähnlicher Geschichten beschloss ich, meine Idee, ein Buch über Jarvis' Leben zu schreiben, in die Tat umzusetzen.

In den vier Jahren, die seither vergangen sind, fuhr ich mehr als 150 Mal in den Todestrakt und nahm mehr als hundert Stunden Gespräche auf. Auch führte ich mit Masters unzählige lange Telefonate. Zu diesen mündlichen Zeugnissen kam noch die Lektüre dessen, was er geschrieben hatte – seiner Bücher, Briefe, Tagebücher und Kurzgeschichten –, doch hauptsächlich stützte ich mich auf die Schilderungen seiner Erinnerungen und Erlebnisse im Gefängnis. Für gewöhnlich sprach er frei heraus, wurde aber vorsichtig, wenn es um das Gefängnispersonal und andere Insassen ging, da er sie mit seinen Berichten nicht gefährden oder belasten wollte. Bezüglich seines eigenen Lebens nahm er hingegen kein Blatt vor den Mund. Er erzählte viel von der Gewalt, die er in seiner Vergangenheit erlebt hatte, und war den Tränen nahe, wenn er davon sprach, wie er seinerseits andere verletzt und ihnen Leid zugefügt hatte.

Ich wusste nicht immer gleich, ob ich Masters' Erinnerungen trauen konnte, besonders wenn die Ereignisse bereits über fünfzig Jahre zurücklagen. Viele der Menschen, von denen dieses Buch handelt, sind entweder bereits tot, in Haft oder wollten nicht mit mir reden (wobei ich manche nicht von ihrer Überzeugung abbringen konnte, ich sei ein Polizist). Es überraschte mich nicht, dass sich nur wenige Wärter und Mithäftlinge mit mir treffen wollten. Die es taten, waren dazu nur unter der Bedingung bereit, dass sie anonym blieben. Da diejenigen Berichte von Masters, die ich überprüfen konnte, den Darstellungen der anderen entsprachen, kam ich schließlich zur Überzeugung, dass er sicherlich auch sonst die Wahrheit sprach.

Auch wenn es in den Hunderten von Stunden, die Masters und ich gemeinsam verbrachten, um die verschiedensten Themen ging, drehten sich die meisten Gespräche doch – Kurven, Spiralen oder auch Falltüren ähnelnd – um existenzielle Fragen: ob und wie Menschen ihre Eigenschaften sowie ihr Wesen ändern können, wie wir zur Linderung des Leidens beitragen und Sinn in unseren Leben finden können.

Als ich das Mosaik von Masters' Reise schließlich zusammenfügte, sah ich, dass er die Antworten zu diesen Fragen durch Meditation und den Buddhismus gefunden hatte.

Ich selbst bin kein Buddhist, aber indem ich verstand, wie sein Glaube ihm geholfen hatte, wurde auch mir klar, wie die buddhistischen Lehren und Praktiken anderen helfen *können* – Gläubigen wie Atheisten gleichermaßen. Ich verstand, dass es möglich ist, sich zu verändern, und dass diese Veränderung schrittweise vor sich geht. Auf diesem Weg schreitet man nicht gradlinig voran, sondern zyklisch, und er ist schwierig. Gleichzeitig wurde mir etwas bewusst, das mir noch tiefgründiger erschien: dass sowohl dieser Prozess als auch sein Ziel nicht dem entsprechen, was sich viele von uns darunter vorstellen. Denn um voranzukommen, dürfen wir nicht vor dem Leiden davonlaufen, sondern müssen es vielmehr gänzlich annehmen.

Masters hat nie behauptet, »das Licht gesehen« zu haben oder eine Wiedergeburt eines Meisters zu sein. Er widerspricht denjenigen, die in ihm einen Lehrer sehen, und war geradezu bestürzt zu erfahren, dass manche von ihm sagen, er sei erleuchtet. »Ich weiß nicht einmal, was dieses Wort bedeutet«, entgegnete er, wobei er betonte, er sei »der Letzte«, den man als Botschafter des Buddhismus betrachten sollte. Stattdessen räumte er ein, dass seine Art, den Glauben zu praktizieren, auf wackeligen Füßen stünde und hauptsächlich auf die ganz konkreten Herausforderungen des alltäglichen Lebens in der Todeszelle zugeschnitten sei. Als Masters jedoch die größten inneren und äußeren Hindernisse überwunden hatte, gewann er ein Verständnis von Problematiken, mit denen viele von uns zu kämpfen haben, und mit der Zeit wurde mir klar, warum die Leute sagen, er habe sie inspiriert.

An einem Ort der unaufhörlichen Gewalt, der Verwirrung, des Wahnsinns und des Zorns durchquert Masters' Geschichte die verwunschenen Höhlen und Nebenflüsse von Einsamkeit, Verzweiflung, Trauma und anderen Formen des Leids – ein Terrain, das wir alle nur zu gut kennen – und gelangt zu Heilung, Sinn und Weisheit. Immer wieder hat mich Masters' inspirierende Kraft zutiefst berührt, und ich hoffe, auf den folgenden Seiten etwas davon teilen zu können.

Teil 1

Die Erste Edle Wahrheit: Leiden

»Verletze die Leute, verletze sie!«

»Warlock«, ein früherer Shot-caller[3] *der Gang Crips in einer GRIP*[4]*-Schulung im Staatsgefängnis San Quentin.*

3 Jemand mit hohem Status in einer Gang, der aus dem Gefängnis heraus Befehle gibt, einschließlich solcher, jemanden umzubringen.

4 *Get Rage into Power* (Dem Zorn zur Macht verhelfen).

Kapitel 1

Nutzlos geboren

Im Frühjahr des Jahres 1986 wagte sich Melody Ermachild in das imposante, im 19. Jahrhundert erbaute Gebäude des Staatsgefängnisses San Quentin, um ihren neuen Klienten Jarvis Jay Masters zu treffen. Fünf Jahre zuvor hatte man den 24-jährigen Afroamerikaner aus Harbor City, Kalifornien, nach San Quentin gebracht, nachdem er wegen bewaffneten Überfalls in dreizehn Fällen zu zwanzig Jahren Haft verurteilt worden war. Bald darauf klagte man ihn außerdem wegen Beihilfe zum Mord an einem Gefängniswärter an, für den er angeblich die Tatwaffe – ein Messer – gefertigt hatte. Bereits während des laufenden Verfahrens verlegte man ihn in den Isolationstrakt des Gefängnisses. Wenn man ihn für schuldig befinden würde, drohte ihm die Todesstrafe.

Masters trug eine marineblaue Strickmütze, die er sich tief ins Gesicht gezogen hatte. Er lehnte sich mit verschränkten Armen in seinem Stuhl zurück und nahm von seiner Besucherin kaum Notiz. Diese erklärte ihm, sie sei eine Kriminalistin, die von seiner Verteidigung beauftragt worden sei, die Umstände, in denen er aufgewachsen war, ausführlich zu dokumentieren.

Falls er verurteilt würde, so hofften seine Anwälte, könne dies helfen, die Richter zu überzeugen, von der Todesstrafe Abstand zu nehmen. Für den Bericht müsse sie sowohl ihn als auch seine Familie, seine Pflegeeltern und viele andere, die ihn kannten, interviewen.

Als sie seine Familie erwähnte, brach Masters sein Schweigen. »Lassen Sie meine Verwandten aus dem Spiel«, brummte er. Seine Augen, bislang kalt und leer, begannen zu funkeln: »Sie haben nichts über mich zu sagen.«

Bis zum Ende des Treffens sagte er nichts mehr, und dieses missmutige Schweigen behielt er auch bei etwa einem Dutzend Folgebesuche aufrecht, während derer Melody eigentlich seinen Fall beleuchten und ihn dazu bringen wollte, sich ihr gegenüber zu öffnen.

Eines Morgens humpelte sie mit Krücken in die Besuchskabine. Sie war beim Bergsteigen gestürzt und hatte sich die Achillessehne gerissen.

Wie üblich packte sie ihre Ordner und Notizbücher aus, und wie gewohnt quittierte Masters dies mit seinem verächtlichen Schweigen.

Plötzlich rastete Melody aus: »Denken Sie, damit sei zu spaßen?«

Er war verblüfft.

»Sie wollen Sie *umbringen*«, sagte sie aufgebracht.

Sie hatte noch nie vor einem Klienten die Fassung verloren und entschuldigte sich umgehend.

»Es liegt nicht nur an meinem Knie«, erklärte sie. In ihrer Aufregung vergaß sie ihr üblicherweise professionelles Gebaren und vertraute ihm die Gründe für ihre Niedergeschlagenheit an: »Als Teenager bekam ich ein Baby, und man zwang mich, es zur Adoption freizugeben«, erklärte sie. »Darüber bin ich nie hinweggekommen. Jetzt, nach zwanzig Jahren, hörte ich erstmals wieder von meinem Sohn. Wir haben uns vor ein paar Tagen getroffen.«

Jarvis starrte sie an.

»Es war ein sehr schönes Treffen mit ihm. Aber gleichzeitig kam dabei einiges hoch, und ich habe viel geweint.«

Nach einer Pause fügte sie hinzu: »Ich habe viel über meine Kindheit nachgedacht. Mein Vater starb, als ich noch klein war. Meine Mutter war depressiv, und« – Melody hielt inne und atmete tief ein – »sie schlug uns. Später wurde ich schwanger, und meine Eltern warfen mich raus. Ich machte einen Ort für schwangere Jugendliche ausfindig, wo ich das Kind zur Welt brachte. Ich hatte Selbstmordfantasien. Oft.«

Zum ersten Mal brach Jarvis sein Schweigen: »Das ist wirklich gottverdammte Scheiße.« Treffender hätte er es nicht zusammenfassen können, und Melody musste lächeln.

Ihre Augen trafen sich kurz, doch dann schaute Jarvis schnell wieder weg.

Von jetzt an war Jarvis weniger feindselig. Manchmal sagte er wie zuvor kaum ein Wort, doch oft war er weniger verschlossen. Er begann, über ihre Fragen genau nachzudenken und sie ehrlich zu beantworten. Sie sprachen über seinen Fall und seine Vergangenheit, auch wenn ihre Gespräche manchmal schmerzhafte Erinnerungen hochbrachten und er deswegen wieder dichtmachte. Schließlich war er auch einverstanden, dass sie seine Familie befragte.

Melody flog nach Los Angeles, um seine Mutter Cynthia Campbell zu treffen, die Jarvis seit dem Tag seiner Verhaftung vor sieben Jahren – 1981 – nicht mehr gesehen hatte. Vor der Festnahme war er in eine Reihe von bewaffneten Raubüberfällen verwickelt gewesen. Als die Polizei nach ihm zu fahnden begann, versteckte sich Jarvis für jeweils ein paar Tage in den Wohnungen verschiedener Freunde. Eines Nachmittags, er besuchte gerade seine Schwester, hörte er Polizeifunk und wusste daher, dass sie kamen. Doch es war zu spät, es blieb keine Zeit, zu flüchten. Die Polizei forderte Jarvis per Megafon auf, mit erhobenen Händen nach draußen zu kommen.

Ein Beamter beugte Jarvis über die Motorhaube des Streifenwagens und fesselte seine Hände mit Handschellen auf den Rücken. Cynthia, die gerade in der Wohnung von Jarvis' anderer Schwester gewesen war, rannte nach draußen. Weinend und schreiend griff sie den Beamten an, schlug auf ihn ein und kratzte ihn. Jarvis sah, wie ein anderer Polizist sie niederrang.

Als Melody Cynthia in ihrem etwas heruntergekommenen Wohnzimmer traf, wirkte sie gebrechlich und traurig. Ihr Gesicht spiegelte noch immer ihre frühere Schönheit, war jedoch von den Spuren jahrzehntelanger Sucht gezeichnet. Cynthias Ehrlichkeit beeindruckte Melody. Mit rauer Raucherinnenstimme erklärte sie, sie habe mit 16 Jahren das erste ihrer acht Kinder bekommen. »Jarvis hatte das Gefühl, ohne Mutter aufzuwachsen«, bekannte sie, »aber ich habe getan, was ich konnte.« Beim Abschied fragte Melody Cynthia, ob sie es sich vorstellen könne, Jarvis zu besuchen. »Ich glaube, es würde ihm guttun.« Cynthia war einverstanden.

Beim nächsten Besuch im Gefängnis bat Jarvis Melody, ihm bis ins kleinste Detail von dem Besuch zu erzählen. Während sie dies tat, stellte er sich seine Mutter vor. Er erinnerte sich daran, wie schön und sanftmütig sie sein konnte, aber auch an ihre Labilität und daran, dass sie oft nicht da war. Er erinnerte sich an Situationen, in denen sie beide gerade gemeinsam fernsahen und sie plötzlich aufstand und verschwand. Wenn er dann kurz darauf nach ihr schaute, fand er sie in der Toilette, abwesend und im Heroinrausch. Er versuchte sie dann aufzuwecken und ins Bett zu bringen. Jedes Mal fürchtete er, sie könne tot sein.

Er musste auch an all die Männer denken, die bei ihnen ein- und ausgingen. Wenn er einem dieser Fremden im Wohnzimmer begegnete, sagte seine Mutter diesem für gewöhnlich: »Gib Jarvis etwas Geld!« und dann zu ihm: »Geh runter und kauf dir ein paar Süßigkeiten!«

Obwohl er damals erst fünf Jahre alt war, erinnerte er sich auch noch sehr lebendig an den Tag, an dem die Polizei kam und das Elend vorfand, in dem er mit seinen Schwestern lebte. Sozialarbeiter brachten die Kinder daraufhin zum Jugendamt, wo sie voneinander getrennt wurden. Man führte Jarvis in einen kleinen Raum zu zwei freundlichen Frauen. Eine von ihnen hob ihn auf einen Tisch und zog ihm das Hemd aus. Mit

Schrecken betrachteten sie die Blutergüsse und Narben, die seinen Körper bedeckten.

Jarvis schob seine Erinnerungen beiseite und freute sich stattdessen auf den Besuch seiner Mutter. Er überlegte sich, was ihm am wichtigsten war, ihr zu sagen: Wie sehr er sie vermisst hatte und wie sehr er sie liebte.

Jarvis setzte seine Mutter auf die Besucherliste und wartete ungeduldig auf ihr Kommen. Vergebens. Eines Morgens sah er durch die Stäbe seiner Zellentür, wie sich der Gefängniskaplan ihm näherte. Wie alle Häftlinge wusste er, dass dieser nicht einfach so auf einen Plausch vorbeikam: Sein Besuch bedeutete nichts Gutes.

Der Geistliche erklärte, eine seiner Schwestern hätte angerufen und ihn gebeten, ihm auszurichten, dass seine Mutter einen Herzinfarkt erlitten habe und daran gestorben sei.

Der Kaplan bekundete sein Beileid und verließ den Gang.

Jarvis begann zu zittern. Doch sein Schock verwandelte sich in Wut. Er schlug mit seinen Fäusten an die Zellenwand, bis sie bluteten.

Seine Verzweiflung über den Tod seiner Mutter dauerte Wochen. Er war außer sich, da man es ihm verwehrte, an ihrer Beerdigung teilzunehmen. Er ging in seiner Zelle auf und ab, weigerte sich, am Hofgang teilzunehmen, und beschimpfte einen Wärter wild, der ihn daraufhin gegen eine Wand stieß.

Melody interviewte Jarvis weiterhin für ihren Bericht und war stets sehr glücklich, wenn sie Jarvis Neuigkeiten bringen konnte, die seine Stimmung etwas aufheiterten: So sei sie mit seiner kleinen Schwester Carlette, die in Los Angeles lebte, in Kontakt. Sie habe vor, ihn zu besuchen.

Also schrieb Jarvis einen weiteren Namen auf seine Besucherliste. Doch diesmal war es nicht umsonst: An einem Morgen wurde er in den Besuchssaal gebracht, wo seine Schwester auf der anderen Seite der Plexiglasscheibe auf ihn wartete.

Als sie ihn sah, begann sie zu weinen. Schließlich nahm sie sich zusammen und brachte immerhin seinen Namen heraus: »Jarvis.« Sie starrte ihren Bruder an und wiederholte es noch einmal: »Jarvis.«

Dieser antwortete ohne sichtbare Emotionen. Er nickte ihr kaum merklich zu und sagte: »Was gibt's, kleine Schwester?«

Sie fragte: »Geht es dir gut?«

»Ja, ganz in Ordnung«, sagte er ausdruckslos.

»Wie ist es dir hier drinnen ergangen? Bist du okay?«

Er zuckte mit den Achseln: »Was glaubst du?«

Sie wiederholte: »Geht es dir gut?«

»Yeah«, erwiderte er. »Es ist keine große Sache. Arschlöcher, die sich bekriegen, Messerstechereien.«

Sie wirkte verstört.

»Sorg dich nicht um mich, kleine Schwester«, sagte er. »Mit mir wird sich niemand anlegen.«

Carlette bemerkte, dass an der Schläfe und am Handgelenk ihres Bruders die Nummer 255 eintätowiert war, und fragte danach.

Als sie Kinder waren, wohnten sie in der 255. Straße in Harbor City.

Sie fragte: »Wie bist du auf diese Idee gekommen?«

»Das habe ich bei einem Gangmitglied gesehen, der in einem Sarg lag.«

Carlette war fassungslos.

Nachdem ein Wächter ihnen mitgeteilt hatte, dass ihnen noch fünf Minuten blieben, bat Jarvis Carlette, etwas Geld auf sein Gefängniskonto einzuzahlen, damit er sich Zigaretten kaufen könne.

Sie versprach es und verabschiedete sich.

Die Autofahrt von Los Angeles nach San Francisco war für Carlette sehr anstrengend und kostspielig, und dennoch kam sie schon einen Monat später wieder. Diesmal brachte sie ihren kleinen Sohn mit, der auf ihrem Schoß saß. Auch diesmal »erfreute« Jarvis sie mit seinen Gefängnisgeschichten. Es machte sie traurig, dass er so tat, als sei die Haft ein Witz, und es widerte sie sogar regelrecht an, als er sich damit brüstete, dass man ihn als Krieger in irgendeiner Revolution bewunderte und fürchtete.

Auch bei Carlettes drittem Besuch redete Jarvis wieder über den Rassenkrieg in San Quentin, in dem sich seine schwarzen Mithäftlinge gegen Angriffe von mexikanischen und weißen Gangs verteidigten, über miese Wärter, die Drogen und Waffen verkauften, sowie über Messerstechereien. All dies schilderte er so, als sei das Grauen amüsant.

Carlette brach in Tränen aus.

Jarvis starrte sie an. »Warum weinst du?«

»Und was ist mit uns?«, platzte es aus ihr heraus.

Er verstand nicht, was sie meinte.

»Du sprichst immer nur von deinem Leben, davon, dass du ein abgebrühtes Gangmitglied bist, ein Revolutionär und all so einen Mist. Aber du erkundigst dich nie nach uns. Warum besuche ich dich überhaupt? Was ist mit mir? Mit deinem Neffen? Weißt du, was er nach unserem letzten Besuch gesagt hat? ›Mama, ich will genauso werden wie Onkel Jay.‹ Was soll ich ihm auf so etwas antworten?«

Ihr Weinen wurde stärker, aber Jarvis rollte nur mit den Augen.

»Glaubst du, deine Gangkumpels werden dir nach ihrer Entlassung Geld schicken?«, fügte sie an. »Glaubst du, sie werden dir schreiben oder Fotos von ihren Kindern schicken? *Denkst* du wenigstens an uns? Wen willst du beeindrucken? *Was stimmt mit dir nicht?*«

Immer noch schluchzend, nahm sie ihren Sohn an der Hand und ging.

Jarvis war wütend. Was stimmte mit *ihm* nicht? Verdammt noch mal, die Frage war eher, was mit *ihr* nicht stimmte. Sie hatte keine Ahnung, wer er war. Seine Schwester war einfach dumm, und es war ihm egal, ob sie wiederkommen würde.

Die darauffolgende Nacht versuchte Jarvis, den Besuch zu vergessen, musste aber immer wieder an eine Sache denken, die Carlette gesagt hatte. Viele von denen, die er hier im Gefängnis kannte, saßen lebenslänglich, aber einige würden irgendwann freikommen. Würde er je wieder von ihnen hören? Würden sie ihm schreiben? Würden sie Geld oder Bilder ihrer Kinder schicken? Würden sie ihn besuchen?

Auf keinen Fall.

Was versuchte er zu beweisen? Wen versuchte er zu beeindrucken?

Und eine andere ihrer Fragen war noch schwerer beiseitezuschieben: »Was stimmt mit dir nicht?«

Er versuchte, das Gespräch zu vergessen, aber es gelang ihm nicht. Er kauerte sich in eine Ecke der Zelle. Er empfand etwas … aber er wusste nicht, was es war, außer, dass er es nicht spüren wollte.

Jarvis hatte oft über den Tod nachgedacht, schließlich war er ihm seit seiner frühen Kindheit überall begegnet. Er hatte sich vorgestellt, dass er irgendwann erschossen würde, wie viele der Jungs aus seiner Nachbarschaft. Dann wieder sah er sich – ähnlich wie in Gangsterfilmen – in eine Maschinengewehrsalve laufen. Manchmal wünschte er sich sogar den Tod. Er wäre eine Erlösung.

Während dieser langen Nacht begegnete er einem Gedanken, den er sich zu denken nie erlaubt hatte: Er wollte freikommen und wieder Kontakt zu seiner Familie aufnehmen, seiner Schwester ein großer Bruder und seinem Neffen ein Onkel sein. Er wollte *leben*.

Er legte ein Blatt Papier auf seine Betonpritsche, die er so als Tisch benutzte. Mit dem einzigen Schreibutensil, das hier drinnen erlaubt war, der Mine eines Kugelschreibers – schließlich hätte ein kompletter Kuli als Waffe genutzt werden können –, schrieb er einen Brief an Carlette. Er dankte ihr für ihre Hilfe, ihre Briefe und ihre Besuche. Er ließ sie wissen, dass er stolz darauf sei, was für eine Frau sie geworden war, sowie stolz auf ihren bezaubernden Sohn. Er entschuldigte sich dafür, dass er sich nie nach ihrem Leben erkundigt habe. Doch jetzt wolle er alles über sie wissen.

Er befürchtete, dass sie ihn möglicherweise nie mehr besuchen würde. Und noch immer konnte er ihre Frage »Was ist falsch mit *dir?*« nicht vergessen.

* * *

Jarvis war gerade einmal 19 Jahre alt, als er 1981 nach San Quentin kam. Bei seinem ersten Hofgang sah er, wie Männer auf Basketballplätzen spielten, deren Körbe keine Netze hatten. Andere Insassen stemmten Gewichte, saßen sich auf den Bänken gegenüber und spielten Brettspiele oder Karten; wieder andere fanden sich in Grüppchen zusammen und unterhielten sich. Ihm stach sofort ins Auge, dass die verschiedenen ethnischen Gruppen unter sich blieben.

Schließlich näherte sich ihm ein Fremder. Jarvis war zuerst misstrauisch. Doch als dieser den Namen Halifu erwähnte – einen Insassen, den er im Los Angeles County Jail kennengelernt hatte –, fasste er Vertrauen. Halifu war von imposanter Statur, sprach aber wie ein Professor. Er verstand sich als Revolutionär und erzählte Jarvis von der Geschichte der Unterdrückung der Afroamerikaner, zitierte W. E. B. Du Bois, Marcus Garvey, Angela Davis sowie Malcolm X und klärte Jarvis über die Black Panthers und eine Organisation namens Black Guerrilla Family auf. Halifu ließ ihn wissen, diese »BGF« sei u. a. von W. L. Nolen und George Jackson als Reaktion auf eine ganze Serie von Morden an afroamerikanischen Insassen in US-Gefängnissen gegründet worden. Er forderte Jarvis auf, sich der Revolution anzuschließen, und begann, ihn Askari zu nennen, was auf Suaheli »Soldat« bedeutet.

Als Halifu später erfuhr, dass Jarvis nach San Quentin verlegt worden war, schrieb er an seine dortigen »Kameraden«, darunter der Mann, der nun hier auf dem Hof auf ihn zukam. Der Gefangene, dessen Suaheli-Name »Fuma« war, hatte bereits der Black-Panther-Gruppe in San Quentin angehört, als George Jackson 1971 hier ermordet wurde. Fuma stellte Jarvis anderen »Revolutionären« vor. Unter ihnen waren Lehrer, deren Aufgabe es war, Anwärter, die der BGF beitreten wollten und die »Kezi« genannt wurden, auszubilden. Jarvis war interessiert und beschloss schließlich, an der Schulung teilzunehmen. Für den Unterricht der Kezi, zu dem etwa sechzig Männer kamen, wurde im Hof eine Tafel aufgebaut. Jenen, die nie eine Schule besucht hatten, brachte man lesen sowie schreiben bei, und sie alle informierte man ausführlich über die Geschichte des schwarzen Nationalismus und ihren Klassenkampf.

Diese politische Schulung lieferte Jarvis' Wut eine Begründung und gab ihr ein Ziel. Sein Zorn und seine Entfremdung machten ihn für diese Radikalisierung empfänglich – und dafür, sich für dieses Ziel einzusetzen, das größer war als er selbst. Für junge Männer wie Jarvis war der familienartige Zusammenhalt der *Black Guerrilla Family* das Wichtigste, da die anderen Mitglieder sie wie Väter und Brüder aufnahmen.

Jarvis wusste genauso gut wie die anderen Kezi, dass nur eine Handvoll von ihnen in die BGF aufgenommen würden. »Viele werden gerufen, aber nur wenige werden erwählt«, erklärte man ihnen. Jarvis war fest entschlossen, zu diesen zu zählen. Er trainierte, übte mit Ausdauer und Einsatz und hatte schließlich nach zweijähriger Schulung 1983 Erfolg. Gemeinsam mit einigen anderen »Soldaten« übertrug man ihm in einer feierlichen Zeremonie die »brüderliche Mitgliedschaft« der Gang. Man überreichte ihnen einen Sticker mit einem kommunistischen Roten Stern, den sie von nun an auf ihrem Jackenaufschlag tragen sollten. Ein Anführer erklärte ihnen: »Es gibt neue Drachen unter uns, die in die Jamaa (Familie) aufgestiegen sind.«

Weitere zwei Jahre später – 1985 – sagte sich ein BGF-Mitglied von der Führung seiner Organisation los und plante ohne deren Wissen eine Reihe von Attentaten auf Gefängniswärter. Das erste Opfer war der 38-jährige Howell Dean Burchfield, ein früherer Unteroffizier, über den Gerüchte kursierten, er würde die mit der Black Guerrilla Family verfeindete Gang »Aryan Brotherhood«[5] mit Waffen versorgen. Nach Aussage mehrerer BGF-Mitglieder wurde Jarvis nicht über die Pläne informiert, da er sich mit dem Attentäter überworfen hatte. Entsprechend war er nicht darüber im Bilde, was in der Nacht des 9. Juni des gleichen Jahres geschehen sollte. Burchfield war gerade auf der abendlichen Runde, um wie Hunderte Male zuvor die Insassen zu zählen. Plötzlich rief ein Häftling nach ihm und bat ihn um Feuer für seine Zigarette. Kaum war er nah genug, stach der Gefangene mit einem selbst gefertigten Messer auf ihn ein und verletzte die Lungenarterie. Als endlich Hilfe eintraf, war der Wärter bereits tot.

Noch in der gleichen Nacht und am darauffolgenden Tag wurden sämtliche Häftlinge, die man der Mittäterschaft verdächtigte, in den Isolationstrakt des C-Blocks im Südgebäude des Gefängnisses verlegt. Jarvis stand offenbar nicht unter Tatverdacht, denn man ließ ihn in Ruhe. Er behielt sogar sein Privileg, abends, wenn die anderen bereits in ihren Zellen eingeschlossen waren, als »tier tender« weiter draußen zu bleiben, um die Gänge zu kehren und zu putzen, die Abendessentabletts auszuliefern oder die Wände der Vorratsräume zu schrubben.

Sechs Monate später, Jarvis und einige Mithäftlinge schauten sich gerade ein Fußballmatch an, schrie plötzlich jemand, sie sollten auf den Nachrichtenkanal umschalten. Als sie dies taten, sahen sie Jarvis' Gesicht neben dem zweier anderer Black-Guerrilla-Family-Mitglieder. Der Nachrichtensprecher

5 Die Aryan Brotherhood ist eine rassistische, neonazistische Gang, die im Jahr 1967 im San Quentin State Prison gegründet wurde.

kommentierte, man habe endlich alle Beteiligten des Mordes am Gefängniswärter in San Quentin identifiziert.

Am nächsten Morgen wurde Jarvis in den Isolationstrakt verlegt. Kurz darauf informierte ihn ein Gefängnisbediensteter, dass man ihn beschuldigte, am Burchfield-Mord beteiligt gewesen zu sein. Jarvis verdächtigte das abtrünnige Gangmitglied, das das Attentat geplant hatte, ihn verleumdet zu haben, denn Jarvis galt als loyaler Soldat, der nie den BGF-Ehrencodex brechen würde, wonach man unter keinen Umständen über illegale Handlungen anderer Mitglieder der Organisation sprechen durfte. Seine Loyalität hatte einen hohen Preis: Er wurde für eine Tat »mit besonderen Umständen« angeklagt – das Töten eines Gefängnisbeamten. Und das konnte zu seiner Hinrichtung führen.

* * *

Das Verfahren begann 1989. An den Verhandlungstagen zog Jarvis statt der üblichen Gefängnisjeans einen orangefarbenen Overall an. Man legte ihm Handschellen sowie Fußfesseln an, schlang eine Kette um seine Hüften und brachte ihn aus seiner Zelle in einen Wagen des *California Department of Corrections*, der ihn in das von Frank Lloyd Wright entworfene *Marin County Civic Center* brachte. In dem Gerichtsgebäude mit einer kunstvollen blauen Kuppel nahm er in einem holzgetäfelten Gerichtssaal neben seinen Anwälten Platz.

In Vorverhandlungen reichten Jarvis' Anwälte eine Reihe von Anträgen zu seinen Gunsten ein, aber die Richterin des Obersten Gerichtshofs von Marin County, Beverly Savitt, lehnte die meisten von ihnen ab. Dann folgte die Auswahl der Geschworenen, die ebenfalls ungünstig ausfiel. Die Anwälte hatten auch mit ihren Einwänden gegen die Nominierung dieser Geschworenen wenig Erfolg, und so waren am Ende bis auf einen alle von ihnen weiß, und alle waren Befürworter der Todesstrafe.

Jarvis kauerte auf seinem Stuhl, während Richter und Zeugen so über ihn sprachen, als sei er nicht anwesend. Er blickte zur Richterin und glaubte, in ihrem Gesicht manchmal Güte und fast mütterliche Fürsorge zu erkennen. Doch dann wiederum schaute sie durch ihn hindurch, so als sei er gar nicht im Raum. Es war, wie er später Melody berichtete, als triebe die Jury »einen Nagel nach dem anderen in meinen Sarg«.

Kapitel 2

Atmen, sitzen

Nachdem Melody nach monatelanger Arbeit einen ersten Entwurf des Strafmilderungsreports fertig hatte, brachte sie Jarvis ein Exemplar, das er noch am gleichen Abend las. Der Bericht brachte ihn in Rage. Voller Wut schrieb er Melody einen gehässigen Brief: »Wenn Sie mich treffen, sind Sie immer freundlich, aber Sie schreiben über mich so, als wäre ich ein Hund. Die Polizei hätte im Grunde nichts Schlimmeres schreiben können.« Er schloss mit den Worten, dass er sie nie wiedersehen wollte.

Jarvis konnte es nicht fassen, dass er ihr getraut hatte. Wie oft sollte er noch den immer gleichen Fehler machen, bis er endlich verstehen würde, dass er *niemandem* trauen konnte?

Immer noch voller Zorn nahm er sich den Bericht am nächsten Tag noch einmal vor. Je mehr er las, umso schlechter fühlte er sich – aufgebrachter, wütender und gekränkter. Als er bereits in der Mitte des Schriftsatzes war, kam ihm eine furchtbare Erkenntnis: Melody hatte ihm nicht den Rücken gekehrt, sie war nicht gegen ihn, sondern hatte einfach nur ihre Arbeit gemacht. Ihr Report stellte sein Leben wahrheitsgetreu dar. Und genau diese Wahrheit hatte ihn wütend gemacht.

In dem Bericht stand, seine Mutter sei eine Prostituierte gewesen, zu der die Männer ins Haus kamen, und sie habe ihn vernachlässigt. Melody verschwieg auch nicht die Gewalt seines Vaters, der nicht nur Cynthia geschlagen, sondern sogar einmal versuchte hatte, das Haus anzuzünden, in dem sich die Kinder befanden. Melody schilderte, dass sein Vater sie verlassen und Stiefvater Otis sie geschlagen hatte, und dokumentierte ebenso die andauernden körperlichen Misshandlungen, die Jarvis in den darauffolgenden Jahren in Pflegeheimen und staatlichen Institutionen über sich ergehen lassen musste.

Und wo war er bei alledem? Er war passiv, versteckte sich, hatte Angst.

Auch wenn er sein ganzes Leben lang versucht hatte, das Gegenteil zu beweisen – Melodys Bericht zeigte unmissverständlich, dass er ein Opfer war.

Jarvis saß auf seinem Bett, ihm war schwindelig und übel. Und dann musste er an den zornigen Brief denken, den er Melody geschickt hatte.

Sofort begann er einen zweiten Brief. »Ich neige dazu, zu schnell zu reagieren«, schrieb er ihr, »und damit habe ich in meinem Leben den größten Schaden angerichtet … und es komplett vergeigt. Es tut mir leid.«

»Ich habe großes Vertrauen in Sie, Jarvis«, antwortete Melody. »Sie werden immer mehr Ihr wahres Selbst entdecken und Ihr Herz öffnen. Und ich weiß, dass Sie wieder stinksauer auf mich sein werden – schließlich kommen harte Zeiten auf Sie zu. Es ist ein schwieriger und beängstigender Fall. Aber wenn Sie dranbleiben, werde ich es auch tun. Ich werde Sie nicht im Stich lassen.«

Melodys Brief beruhigte ihn. Kurz darauf schrieb ihm Carlette. Auch sie nahm seine Entschuldigung an und versprach, bald wieder vorbeizukommen, was ihn ebenfalls erleichterte.

Doch seine Erleichterung war nur von kurzer Dauer.

Der Prozess zog sich hin, und er fürchtete das abschließende Urteil. Er musste täglich daran denken, dass er möglicherweise nicht mehr lange zu leben hatte.

Auf seinem Gang war er den Launen des Wachpersonals ausgeliefert, die auch schon vor dem Urteil von seiner Schuld überzeugt waren, weswegen sie ihn entsprechend willkürlich und brutal behandelten. Für sie war die Tatsache, dass er angeklagt war, schon Beweis genug für seine Beteiligung an der Ermordung ihres Kollegen. Unter dem Vorwand, es handle sich um stichprobenhafte Durchsuchungen, durchwühlten sie seine Zelle und beschlagnahmten seine wenigen Habseligkeiten. Einmal stieß ihn ein Beamter, der ihn zur Dusche begleiten sollte, eine Treppe hinunter und behauptete anschließend, es sei ein Unfall gewesen.

Melody besuchte ihn am Tag nach dem »Sturz«. Die Angst stand ihm ins Gesicht geschrieben, und sie fragte sich, was sie für ihn tun könne.

Nach Melodys Achillessehnenriss hatte ihr der Arzt geraten zu meditieren, da dies möglicherweise den Schmerz lindern könne. Daraufhin besuchte sie einen Kurs, und es half ihr tatsächlich. Gleichzeitig geschah etwas recht Unerwartetes: Sie erinnerte sich an viele Erlebnisse ihrer Kindheit, wie jenes, dass ihre Mutter sie einmal gepackt und brutal geschüttelt hatte. Auch erlebte sie noch einmal die Trennung von ihrem eigenen Kind und musste oft an ihre geliebte kleine Schwester denken, die von ihrer Mutter schlimme Depressionen geerbt hatte. Im Gegensatz zu Melody war ihre Schwester nie über ihr Trauma hinweggekommen. Eines Tages betrank sie sich, stürzte und zog sich Kopfverletzungen zu, an denen sie starb. Melody hatte den Verlust nie wirklich verkraftet.

All das vertraute Melody ihrem Lehrer in einem Meditationszentrum in Berkeley an, der ihr riet, eine Meditationstechnik anzuwenden, die, wie er sagte, helfen würde, sich den Kindheitstraumen zu stellen, den Tod ihrer Schwester zu akzeptieren und weiterzugehen. Diese Methode bestand darin, aus sicherer Distanz über die Erlebnisse zu kontemplieren und sich vorzustellen, dass sie sich vor ihren Augen noch einmal abspielten. Er riet ihr, diese kontemplative Meditation oft zu wiederholen. »Mit der Zeit werden die Erinnerungen an Kraft verlieren«, versicherte er.

Jeden Morgen, wenn Melody meditierte, wandte sie diese Technik an. Die Trauer, die sie ihr ganzes Leben lang unterdrückt hatte, brach auf – nicht nur jene über den Tod ihrer Schwester, sondern auch über andere Verluste. Sie kontemplierte die Gewalt ihrer Mutter, und nach und nach hatten die Erinnerungen tatsächlich weniger Macht über sie. Die Meditation half ihr, ihre Wut, ihre Schuldgefühle und den Groll, den sie seit ihrer Kindheit in sich trug, anzuschauen und loszulassen.

Deshalb schlug sie Jarvis vor, mit ihr auf die gleiche Weise zu meditieren. »Es hat mir geholfen«, erklärte sie, »vielleicht hilft es auch Ihnen.«

Jarvis blickte sie ungläubig an. »Das ist alles, was Sie mir anzubieten haben, und das *hier*? Man versucht, mich umzubringen, und Sie raten mir, zu *meditieren*?«

Sie wechselten das Thema, doch bei einem späteren Besuch sah Jarvis müde und elend aus und starrte nach unten auf seine geballten Fäuste. So saßen sie eine Weile, bis Jarvis etwas so leise sagte, dass es Melody beinahe nicht verstand. Er schaute sie an und fragte: »Glauben Sie, dass diese Meditationsscheiße wirklich hilft?«

»Möglicherweise«, erwiderte sie. »Ich bin mir ziemlich sicher. Wie gesagt, mir hilft es. Wir können es ja einfach mal ausprobieren.« Sie leitete ihn an: »Alles, was zu tun ist, ist, still mit einer geraden Wirbelsäule dazusitzen. Schließen Sie die Augen, atmen Sie und achten Sie darauf, wie der Atem in Sie hinein- und wieder aus Ihnen hinausströmt.

Das ist alles. Sie spüren, wie sich Ihr Brustkorb beim Einatmen hebt und beim Ausatmen wieder absenkt. Wenn Sie im Geist abschweifen, kommen Sie ganz einfach zum Gewahrsein des Atems zurück.«

Jarvis blickte sie mit funkelnden Augen an: »*Sitzen*? Die Augen *schließen*? Verdammt, sind Sie vollkommen übergeschnappt?«

Sie verstand nicht.

»Wenn man hier drin überleben will, darf man auf gar keinen Fall die Augen schließen«, erklärte er. »Man muss *alles* sehen. Das ist überlebensnotwendig. Und man setzt sich nicht hin.

»Jetzt verstehe ich«, erwiderte Melody, »aber niemand wird Sie sehen, Sie sind doch in Ihrer Zelle.«

»Sie kapieren das nicht«, entgegnete er. »Es geht nicht darum, *wo* ich bin, sondern *wer* ich bin. Ich setze mich nicht hin. Ich schließe meine Augen nicht.«

Sie ließ ihm etwas Zeit, sich zu beruhigen, und wiederholte erneut: »Vielleicht können wir es einfach einmal probieren. Nur für fünf Minuten. Das ist alles. Atmen Sie einfach tief und langsam – ganz langsam – ein und ebenso langsam aus.«

Ihm war noch immer nicht wohl dabei, seine Augen zu schließen, doch da er nach wie vor Angst hatte, Melody würde ihn möglicherweise im Stich lassen, wollte er ihr einen Gefallen tun und willigte ein. Er sagte nichts und schloss die Augen. Dann öffnete er sie wieder, schaute misstrauisch um sich, schloss sie erneut und atmete ein.

Nachts war es am schlimmsten. »Wenn man Tür an Tür mit seinen Feinden lebt und die Aussicht auf einen Giftgastod die Gedanken füllt, dann kommt der Schlaf nicht so einfach«, schrieb er Melody.

Wenn er dennoch einschlief, hatte Jarvis Albträume. In einem von ihnen befand er sich in einer Gaskammer. Sie war aus Stahl, glich einer Taucherglocke oder einem Raumfahrtmodul, meergrün, mit hermetisch verschlossenen Luken und dicken Bullaugen. Er war festgeschnallt und wartete auf das Giftgas. Wie versteinert blickte er zu seinem Henker und konzentrierte sich auf das Gesicht des Mannes. Es war sein eigenes.

Jarvis versuchte, in seiner Zelle zu meditieren. In seiner 1,60 mal vier Meter großen schuhkartonförmigen Zelle blieb dazu nicht viel Raum, aber zwischen Tisch und Toilettenschüssel war gerade ausreichend Platz, ein gefaltetes Betttuch auf den Boden zu legen.

Mit geradem Rücken und gekreuzten Beinen setzte er sich darauf, schloss seine Augen und atmete. Wenn seine Gedanken zu wandern begannen, brachte er seine Aufmerksamkeit zurück zum Atem. Er war sich nicht sicher, ob er es richtig machte. Trotz des Betttuchs war der Boden kalt und hart.

Der Lärm auf dem Flur und das Geplapper in seinem Kopf lenkten ihn ab. Weswegen schrien die anderen Insassen draußen? Welchen Fraß wird es wohl zum Abendessen geben? Die Gedanken an sein Verfahren ließen ihn nicht los, und er stellte sich vor, für schuldig befunden, verurteilt und exekutiert zu werden.

Als er seine Erfahrungen Melody erzählte, wiederholte sie einige Worte ihres Lehrers, die ihr geholfen hatten. »Wenn solche Gedanken kommen, schiebe sie sanft beiseite.« Jarvis versuchte es und stellte sich dies regelrecht bildlich vor. »Ich brauche dich nicht«, sagte er, als er einen wegfegte. »Ihr seid nutzlos!«, quittierte er dem nächsten. Zunächst schaffte er es, fünf Minuten zu sitzen. Dann zehn. Er versuchte es erneut am nächsten Morgen und am darauffolgenden.

Jarvis hatte den Eindruck, dass die Meditation ihn beruhigte. Manchmal allerdings hatte er statt der erhofften Ruhe Panikattacken. Sein Herz pochte, und er atmete schneller. Bisweilen kamen ihm Bilder, die Albträumen glichen: Er sah Monster oder Kakerlaken und hörte innerlich Schreie von verängstigten Häftlingen. Er dachte an die Männer in San Quentin – seine Nachbarn –, dachte an ihre Verbrechen. Einige von ihnen hatten ihre eigenen Eltern angezündet, andere Menschen vergewaltigt oder ihre Opfer zerstückelt. Solche Gedanken nahmen ihm den Atem, er schnappte nach Luft.

Auch wenn ihm oft danach war aufzuhören, tat er es nicht, sondern begann von Neuem. Er atmete ein und atmete aus. Anfangs hatte er es für Melody getan, doch jetzt machte er es für sich. Angesichts seiner Angst, Wut und Verzweiflung wusste er nicht, was er sonst tun sollte, um mit der Situation fertigzuwerden.

Melody wiederholte einen anderen Rat ihres Lehrers: »Wenn Sie Panikattacken haben, dann stellen Sie sich die entsprechenden bedrohlichen Ereignisse vor und spüren Sie die unbequemen Gefühle, doch beides aus sicherer Entfernung. So werden Sie nicht in sie verwickelt, Sie können beobachten, wie sie kommen – und wieder gehen.« Ihr Meditationslehrer hatte ihr gesagt, man solle sich vergegenwärtigen, dass »Angst nichts als ein Gedanke ist und Gedanken einen nicht verletzen können. Sie können einen nicht umbringen.«

Einerseits bekam Jarvis von Zeit zu Zeit eine Ahnung davon, wie tiefgründig der Ratschlag war, andererseits konnte er ihn allerdings nicht immer umsetzen, denn manchmal entglitt er ihm wie Sand, der einem zwischen den Fingern hindurchrinnt. Melody versicherte ihm, dass er den Ratschlag im Laufe der Zeit besser verstünde. Eigentlich riet sie ihm immer das Gleiche: Üben Sie sich in der Meditationspraxis.

Er praktizierte wirklich und scheute sich nicht, auch die dunklen Bereiche in ihm zu besuchen. Wenn er dann Herzrasen bekam, erinnerte er sich daran, dass er sich auf den Atem konzentrieren musste, und sein Herzschlag verlangsamte sich. Wenn ihn Angst überkam und er sich an den Rat des Meditationslehrers erinnerte, dass Angst nichts als ein Gedanke sei und ihm nicht schaden könne, wurde sie schwächer.

Bisweilen fühlte sich Jarvis nach der morgendlichen Meditation energiegeladen und – der Gedanke erstaunte ihn – besser als je zuvor in seinem Leben. Gegen ihn lief eine Anklage, bei der er möglicherweise zum Tode verurteilt werden würde, und dennoch empfand er eine Lebendigkeit und einen Optimismus, die ihn noch den ganzen übrigen Vormittag begleiteten.

Also machte er weiter.

Jeden Morgen stellte er sich den Wecker, faltete das Betttuch und legte es auf den Boden, setzte sich mit gekreuzten Beinen darauf, korrigierte seine Haltung und richtete seine Wirbelsäule auf.

Er atmete ein.

Langsam.

Er konzentrierte sich darauf, wie die Luft in seine Lungen floss und sie wie ein Blasebalg füllte. Er hielt kurz inne, fühlte, wie der Atem die Bauchdecke anhob, und ließ ihn dann ganz langsam wieder herausströmen.

Bisweilen kam es auch vor, dass er zu meditieren versuchte, sich aber nicht auf den Atem konzentrieren konnte. Sein Geist wollte sich nicht beruhigen. Stattdessen kam Zorn auf: über die Ungerechtigkeit, den Verrat, seine Unfähigkeit, für sich einzutreten.

Manchmal dachte er, es sei idiotisch, Meditation überhaupt auszuprobieren. Einmal hielt sich der Gedanke hartnäckig, dass er vielleicht zum Tode verurteilt werden würde und er nichts weiter täte, als dazusitzen und zu *atmen.*

Als er darüber jedoch etwas länger nachdachte, erfuhr der Gedanke eine bemerkenswerte Wandlung, denn plötzlich sagte er sich: »Es kann sein, dass ich zum Tode verurteilt werde und ich sitze hier und atme!« Er spürte etwas wie Hoffnung.

Aber diese Hoffnung hielt nicht lange an. Stattdessen kamen ihm fürchterliche Gedanken: schreckliche Angst vor dem Ausgang des Verfahrens und Furcht vor der Rache und den Repressalien der Wärter. Depressionen sah Jarvis als Schwäche. Er ertrug nicht einmal das Wort – doch jetzt fiel er in eine Depression, die so tief und dunkel war, dass er dachte, er würde nie wieder aus ihr herauskommen.

Melody gab ihm bei ihrem nächsten Besuch weitere Ratschläge ihres Lehrers: »Denken Sie daran, Jarvis, nichts von alledem geschieht heute. Kommen Sie zurück in die Gegenwart, zurück ins Jetzt. Sie können Ihren Geist kontrollieren.«

Dieser Satz erinnerte ihn an das, was sie ihm gesagt hatten, als er in die Black Guerrilla Family aufgenommen wurde: »Wir werden euren Körper trainieren und auch den Geist.«

Das körperliche Training der Gang glich dem in einem Trainingslager und umfasste Fitnessübungen, Jogging auf dem Hof und Kampfsportarten. Die »Soldaten«, wie die BGF-Mitglieder genannt wurden, marschierten stundenlang. Dabei wiederholten sie in Marschkadenz die Worte des Ausbilders, der rief:

»Kann nicht aufhören.«

Die Rekruten wiederholten: »Kann nicht aufhören!«

Der Anführer rief: »Will nicht aufhören.«

»Will nicht aufhören!«

»Werd'n uns nicht kriegen.«

»Uns nicht kriegen!«

»Wir werden siegen.«

»Werden siegen!«

»Wer sagt das?«

»Wir sag'n das!«

»Seid wie eine Maschine.«

»Wie eine Maschine.«

»'ne marschierende Maschine.«

»Marschierende Maschine!«

»Eine Maschine, die nie verliert.«

»Maschine, die nie verliert!«

»Über die Mauer.«

»Über die Mauer!«

»Die Freiheit ruft.«

»Die Freiheit ruft.«

Die Stimmen von sechzig schwarzen Männern waren in ganz San Quentin zu hören – im Nord- wie im Südhof –, sie hallten hoch in den Speisesaal und das Büro des Gefängnisdirektors.

Das Training wurde intensiver. Jarvis lernte, sowohl in Suaheli als auch Englisch Diktate aufzunehmen, lernte, Messer, Zip-Guns und Sprengstoff herzustellen.[6] Es gehörte zu seinen Aufgaben, codierte Nachrichten abzuschreiben und diese wie Schmuggelware von einem BGF-Mitglied zum anderen zu bringen sowie den Gang zu überwachen.

Die Ausbildung widmete sich auch dem Intellekt. Man lehrte ihn die Geschichte der BGF, der islamischen Staaten und der Partei der Black Panther. Sie studierten gemeinsam die politi-

6 Zip-Guns sind Gewehre, die man mit sehr einfachen Werkzeugen herstellen kann.

sche Doktrin der BGF sowie Verfassung und Verhaltenskodex der Organisation.

Jarvis erzählte Melody, dass man es während der Ausbildung geschafft hatte, ihn zu politisieren und ihm einen Sinn zu geben, den er nie zuvor gekannt hatte. Aber man brachte ihm auch bei, nichts zu fühlen. Er war schon zuvor tough gewesen, aber all dies machte ihn noch härter.

Jarvis verlor sich in Gedanken. Als er weitersprach, wurde ihm klar, dass sein Training für die Gang eigentlich schon bei der Geburt begonnen habe. Während seines weiteren Lebens lernte er sowohl, Strafe zu ertragen, als auch, andere zu bestrafen und dabei sein Gewissen auszuschalten. Er lernte, seinen eigenen Willen zu unterdrücken.

Doch jetzt wurde sein Geist in einem ganz anderen Sinne trainiert, und die positiven Auswirkungen davon wurden immer offensichtlicher. Als er sich bewusst wurde, dass er 24 Jahre alt war, im Gefängnis einsaß und man ihn des Mordes angeklagt hatte, was die Todesstrafe zur Folge haben könnte, merkte er, wie ihm ein kalter Schauer den Rücken hinunterlief. Aber er war wieder in der Ausbildung.

Kapitel 3

Narben

Melody schrieb nicht nur für ihre Arbeit, sie veröffentlichte zusätzlich Essays über Kriminaljustiz in Magazinen und Zeitschriften. Bei einem Besuch zeigte sie Jarvis einen Artikel, den sie verfasst hatte. Er drehte sich um Kinder, die ihre inhaftierten Eltern besuchten. Seine Kommentare zu dem Thema waren sehr bedacht und brachten sie auf viele neue Ideen. Sie arbeitete weiterhin an dem Bericht über sein Leben, und schließlich fragte sie ihn, ob er ihr helfen würde, wenn ihr beim Schreiben ihrer Artikel Fragen kämen.

Jarvis hatte nie sonderlich gut lesen und schreiben gelernt, aber als er zwölf oder dreizehn Jahre alt war, ließ ihn ein Lehrer eines Programms für jugendliche Straftäter eine Geschichte schreiben und meinte anschließend, er habe Talent. Abgesehen von Briefen hatte Jarvis nie über oder für sich geschrieben und war sich unsicher, denn er verfügte über keinen sonderlich großen Wortschatz und machte viele grammatische Fehler. Dennoch wollte er es versuchen. Er nahm Melodys Fragen mit in seine Zelle und beantwortete sie ehrlich.

Als sie die Antworten in den Händen hielt, sah Melody ebenfalls, dass er talentiert war.

Da sie einer Gruppe von Autorinnen angehörte, die gemeinsam Schreibübungen machten, schlug sie Jarvis vor, einige dieser Übungen mit ihm auszuprobieren. Sie einigten sich auf ein Thema wie etwa »Regen« oder »nicht gehört werden«. Dann legte sie ihre Uhr auf die kleine Ablage, die sich zwischen ihnen befand, und sagte: »Okay, zehn Minuten, los!« Anschließend nahm sie seine Texte zu den Treffen der Schreiberinnen mit und kehrte mit deren Feedback nach San Quentin zurück. Jarvis wurde de facto ein Mitglied der Gruppe – der einzige Mann und der Einzige, der im Gefängnis saß.

Jarvis schrieb, wie erwähnt, mit einer Bic-Mine in seiner Zelle. Diese Mine war, wie er mir versicherte, sein wertvollstes Eigentum. Da er keinen Tisch hatte, rollte er seine Matratze zusammen und stellte sie in eine Ecke. Er setzte sich mit gekreuzten Beinen auf den Boden, legte ein Blatt Papier auf die Betonpritsche, die sich sein Bett nannte, und schrieb fieberhaft und vertieft für Stunden. Papier war Luxusgut. Um so viel Text wie möglich auf eine Seite zu bekommen, gewöhnte er sich eine winzige, aber gleichmäßige Schrift an, die fast wie Schreibmaschinenschrift aussah. Manchmal schrieb er die ganze Nacht hindurch. Er hätte es sich nie vorstellen können, bei irgendetwas gut zu sein oder gar ein Talent zu besitzen oder dass es ihn inspirieren würde, etwas Konstruktives sowie Kreatives zu tun, bzw. überhaupt inspiriert zu sein. Diese Erfahrung war ihm neu. Schreiben gab ihm Kraft – eine andere Art von Kraft als Messer und Knarren –, sie war feiner, aber nicht weniger spürbar.

»Man lernt einen neuen Menschen kennen, wenn man über sich schreibt«, schrieb er Melody.

Schreiben brachte ihn mit seltsamen Gefühlen und Gedanken in Kontakt, zu denen er den Zugang verloren hatte, darunter viele, an die er sich eigentlich nicht erinnern wollte.

»Ich sehe, wie kaputt ich war, glaub mir«, erklärte er ihr. »Viele meiner früheren Erfahrungen sind wie ein Horrorfilm.«

Das Schreiben aktivierte nicht nur Jarvis' Erinnerungen, er wurde auch bewusster: Er spürte den Wind auf seiner Haut, der den Weg durch ein zerbrochenes Fenster am anderen Ende des Ganges in sein Zimmer fand, hörte den sorgenvollen Ruf der Möwen und genoss die wohltuende Wärme der Sonne auf seinem Gesicht, wenn er dreimal die Woche die viel zu kurzen drei Stunden draußen auf dem Hof sein konnte, nahm wahr, wie Licht und Schatten über die Wände der Zelle und ihren

Boden wanderten, lauschte den Gesprächen der Mitgefangenen und Wärter, wobei er auf ihren Akzent oder Dialekt achtete und ihre Gespräche in sich aufnahm.

Jarvis bemerkte plötzlich Geräusche, die ihm nie zuvor aufgefallen waren: das Quietschen der Räder des Essenswagens auf dem Flur, den rasselnden Klang der Schlüssel und Handschellen, die an den Gürteln der Wärter hingen, die an seiner Zelle vorbeigingen, das Trippeln einer Maus und das Durcheinander der Radiosendungen, die seine Nachbarn hörten, wobei sich die Klänge von Country, Heavy Metal, Blues, einer Predigt und eines Nachrichtensenders mischten.

Dieses erhöhte Gewahrsein fand den Weg in seine Meditation, er wurde sich seiner Umgebung, seiner Gefühle, der Geräusche und Gerüche bewusster. Aber noch intensiver entdeckte er eine neue Gefühlswelt in seinem Körper: die Spannung in seinem Bauch, seine Lungen, die sich beim Einatmen an- und beim Ausatmen wieder entspannten, den Stress, der sich durch Pochen an seinen Schläfen zeigte, und das pulsierende Gewicht der Ängste in seiner Brust.

Als er Melody von diesen Empfindungen berichtete, sagte sie, er sei dabei, Achtsamkeit zu entdecken, eine Praxis, die, wie sie erklärte, darin bestünde, sich des gegenwärtigen Augenblicks gänzlich bewusst zu sein. »Erleben Sie es!«, ermutigte sie ihn. »Wenn Sie im Geist abschweifen, dann kommen Sie einfach zu den Körperempfindungen zurück, achten darauf, was Sie im Außen und in sich selbst wahrnehmen, und atmen Sie.«

Jarvis' selbst auferlegtes Training begann jeden Tag mit zwei Stunden Meditation, gefolgt von Körperübungen. Er notierte seine Fortschritte in einem Kalender, den er selbst gefertigt hatte: 400 Rumpfbeugen, 500 Liegestütze, 500 oder mehr Liegestützsprünge und das Ganze noch einmal. Danach lief er in seiner Zelle 520 Mal hin und her. Das ergab eine Meile. Anschließend rannte er auf der Stelle, bis der Wärter auf seinem

Wagen das Frühstück brachte: pappige Pfannkuchen oder trockene Rühreier aus einer Ferigmischung, ein paar Scheiben Brot und ein Päckchen löslicher Kaffee, den er mit dem lauwarmen Wasser des Wasserhahns anrührte.

An Wochenenden oder Tagen, an denen das Gericht nicht verhandelte, schrieb er nach seiner morgendlichen Praxis Briefe und beantwortete Melodys Fragen, spielte mit anderen Insassen auf dem Gang Schach (sie hatten jeder ein Brett in der Zelle und riefen sich die Züge zu) und las. In den wenigen kostbaren Stunden, die er die Zelle verlassen durfte, ging er auf den Innenhof, um frische Luft zu schnappen.

Eines Tages schaute Jarvis den Männern zu, die wie üblich Gewichte stemmten. Obwohl er sie schon oft gesehen hatte, bemerkte er etwas, dem er noch nie zuvor Beachtung geschenkt hatte: Ihre Körper waren voller Narben, die von Misshandlungen durch Peitschen, Gürtel, Ketten, Messer, Kugeln und Feuer zeugten. Der Anblick erinnerte ihn an die Bilder der vernarbten Körper von Sklaven, die er in Büchern gesehen hatte – und an seine eigenen Verletzungen.

Ihm wurde klar, dass sie alle Grausamkeiten und Leiden hatten ertragen müssen, die den seinen ähnelten. Manche hatten noch viel Schlimmeres überlebt. Wenn er einen von ihnen unter vier Augen auf dem Hof traf, fragte er ihn vorsichtig nach seinen Narben. Einige erteilten ihm eine Abfuhr, doch andere sprachen offen darüber. Einer erzählte, dass ihn sein Vater mit einer Stahlstange verprügelt habe. Der Vater eines anderen hatte seinen Sohn mit dem Metallstab eines Wagenhebers geschlagen.

Jarvis' eigene Narben waren weitgehend verheilt. Nur jene auf seinem Unterarm war noch immer sehr auffällig. In einer der Jugendstrafanstalten, in denen er damals einsaß, legten die Aufseher brennende Zigaretten auf die Arme der Jungs und wetteten, wer von ihnen es am längsten aushalten würde. Die Verlierer wurden verprügelt.

Als er Melody von seinen Entdeckungen und den Gesprächen auf dem Hof erzählte, ermutigte sie ihn, diese niederzuschreiben.

Also kauerte er sich über ein Blatt Papier und schrieb: »Als ich diese kräftigen Männer ansah, die Hunderte von Pfund über ihren Köpfen stemmten, überkam mich tiefe Trauer. Ich blickte über den Hof und machte dabei die schaurige Entdeckung, dass man ihnen allen die gleichen tiefen Wunden zugefügt hatte. Auf den Beinen, ihrem Rücken und überall auf dem Brustkorb waren Zeugnisse der Gewalt in unserem Leben …

Uns alle in San Quentin verbinden ähnliche Biografien. Es ist, als hätten wir die gleichen Eltern.«

Einige Wochen später brachte Jarvis Melody ein halbes Dutzend Seiten mit. Während sie seine Geschichten las, rutschte er nervös auf seinem Stuhl hin und her.

Seine Texte beeindruckten sie sehr. Nicht nur, dass ihr der Schreibstil gefiel, sie waren auch ein bemerkenswertes Zeugnis dafür, wie weit er gekommen war, seitdem sie sich kennengelernt hatten. Anfangs war ihm nicht bewusst, wie er auf seine Umwelt wirkte, nahm niemanden außer sich selbst wahr und kümmerte sich nur um sein eigenes Leben. Jetzt bemerkte er das Leiden der anderen, setzte es zu seinem eigenen in Beziehung und reagierte mit Mitgefühl.

Plötzlich kam Melody ein Gedanke, über den sie schmunzeln musste: Ganz von allein und ohne es zu wissen, war Jarvis zum Herz des Buddhismus vorgedrungen.

Viele Gefangene suchten in ihrer Religion Trost. Doch Jarvis hatte in seinem Leben zu viele Misshandlungen im Namen Gottes erleiden müssen. Ihm blieb eine einzige gute Erinnerung an den Glauben, und diese war den Pflegeeltern zu verdanken, zu denen er im Alter von fünf Jahren kam, nachdem er von seinen Eltern getrennt worden war. Ein Sozialarbeiter brachte ihn zu Mamie und Dennis Procks, einem schon älteren kinderlosen Paar, das sich über sein Kommen sehr freute. Die beiden führten ihn durch ihr frisch gestrichenes Haus in einer von Bäumen gesäumten Straße, in der Kinder spielten und Rad fuhren. Als sie ihm sein Zimmer zeigten, war er sprachlos. Bei seiner Mutter hatte er mit seinen Geschwistern einen winzigen Raum geteilt, wo sie auf einer Matratze schliefen, die nach dem Urin der Kleinen stank. Bei den Procks hatte er sein eigenes Zimmer, einen Schrank voll sauberer Kleider und einen anderen mit Spielzeug. Das Bett, das er ganz für sich alleine hatte, war mit gebügelter Bettwäsche bezogen. Jeden Abend vor dem Einschlafen kam Mamie, und sie beteten gemeinsam. Als sie ihn bat, auch seine Mutter in das Gebet einzuschließen, fragte er, warum. Mamie erklärte, er solle es tun, weil seine Mutter ihn liebe und genau wie er unter ihrer Trennung litt.

Sie bat Jarvis, von ihr zu erzählen und zu sagen, warum er sie vermisse. Sie sagte, er solle für sie beten, da sie eine schwierige Zeit durchmache. Er vermisste seine Mutter und war manchmal wütend auf sie, weil sie nicht da war. Auch verstand er nicht, warum sie ihn verlassen hatte, und wusste nicht, wohin sie gegangen war. Als er darüber nachdachte, tat er sich leid, aber Mamie brachte ihn dazu, dass ihm *seine Mutter* leidtat.

Ganz im Gegensatz zu den Procks, die Großzügigkeit und christliche Nächstenliebe verkörperten, wollten ihn seine nächsten Pflegeeltern zur Liebe Jesu bekehren. Sie schleppten ihn in die Kirche, während sie ihn zu Hause schlugen und ihm nicht genug zu essen gaben. Später beriefen sich seine Richter bei der Verkündung harter Urteile auf Christus. Einer forderte: »Kontempliere Jesus in deinem Herzen« und steckte ihn anschließend in ein Jugendgefängnis, wo man ihm Disziplin beibringen sollte, was allerdings offenbar nichts anderes bedeutete, als dass man ihm Verbrennungen zufügte, ihn schlug und dazu zwang, mit anderen Kindern zu kämpfen.

Melody und Jarvis hatten bereits einige Male über Religion diskutiert, und sie wusste, dass er guten Grund hatte, ihr mit Skepsis zu begegnen. Ihr selbst war es genauso gegangen, doch nur so lange, bis sie den Meditationslehrer kennenlernte, der ihr half, ihre Verletzungen anzuschauen, die sie aufgrund ihrer gewalttätigen Eltern und dem Verlust ihrer Schwester erlitten hatte. Vom Buddhismus zu lernen bedeutete für sie nicht, dass man die Grundüberzeugungen dieser Religion übernehmen musste, wie etwa den Glauben an Wiedergeburt oder Karma. Besonders die buddhistischen Lehrgeschichten inspirierten sie. Gepaart mit Meditation, half ihr ihre Auseinandersetzung mit dem Buddhismus, zu heilen.

Jarvis schätzte es, dass Melody keine blinde Gläubige war. Als sie sagte, dass diese Parabeln »unsere Art zu denken ändern und uns von den Gedankenmustern befreien, die unser Leiden verursachen«, wurde er neugierig.

Sie schickte ihm ein Buch über buddhistische Philosophie. Eines Nachts las er darin die Geschichte über ein früheres Leben des Buddha, als er als Prinz Mahasattva einer Tigerin begegnete, die hungerte und daher ihre Jungen nicht mehr ernähren konnte. Um zu verhindern, dass die Kleinen sterben mussten, opferte der Prinz der Tigerin seinen Körper. Diese ethische Botschaft von Mitgefühl und Großzügigkeit überzeugte Jarvis nicht sonderlich. Er hielt es für »ziemlichen Mist«, nur deswegen zu sterben, weil man ein Raubtier retten wolle.

* * *

Im Verlauf des Verfahrens ermutigte Melody Jarvis – und die Anwälte taten das Gleiche –, während des Prozesses die Wahrheit zu sagen, da dies den Ausgang positiv beeinflussen würde. Doch sein Optimismus und seine Tapferkeit verblassten allmählich. Er versuchte, nicht an den schlimmstmöglichen Ausgang des Prozesses zu denken, konnte den Gedanken jedoch nicht immer beiseiteschieben. Vergiss es, rauszukommen und heimzugehen und ein normales Leben zu führen. Vergiss es, mit Carlette und deinen anderen Geschwistern sowie deren

Familien zusammen sein zu können. Vergiss es, zu sehen, wie die Kinder groß werden, sonntags mit ihnen zu Mittag zu essen und eine *eigene* Familie zu gründen. Erst jetzt wurde ihm wirklich bewusst, dass er möglicherweise wegen Mordes verurteilt werden würde und dass er hier in San Quentin sterben könnte. In einer dieser schlaflosen Nächte, in denen er aufgrund seiner düsteren Zukunftsaussichten schier den Verstand verlor und zwischen äußerster Angst, Hoffnungslosigkeit, Panik und Wut hin- und herpendelte, stellte er sich vor, in die Gaskammer zu kommen. Seine Schläfen pochten so sehr, dass er fürchtete, ohnmächtig zu werden. Oft half ihm die Meditation, Momente relativen Friedens zu finden, aber in solchen albtraumhaften Situationen war sie nicht stark genug. Er fiel erneut in eine tiefe Depression, und auch diesmal glaubte er, sie nie wieder zu überwinden. Am nächsten Morgen schrieb er Melody und bekannte, dass er manchmal an Selbstmord dachte. »Keine Angst, ich werde es nicht tun«, schrieb er, »aber hier drin kommt man um solche Gedanken nicht herum.«

Die Wärter provozierten ihn weiterhin. Er wusste, dass sie nur darauf warteten, dass er sich wehrte, da ihnen dies einen Vorwand bieten würde, ihn zu schlagen. Meistens beherrschte er sich, doch manchmal gingen sie zu weit, weswegen er beispielsweise einmal einige Aufseher verfluchte. Sofort zerrten sie ihn den gesamten Gang entlang in den benachbarten Bereich, in dem sich die »Beruhigungszellen« befanden, die Gummizellen in einer Psychiatrie glichen. Durch zwei Stahltüren abgetrennt, beherbergte die Abteilung einige der brutalsten und verrücktesten Insassen von San Quentin. Die ganze Nacht hörte man das Klagen, Schluchzen und Schreien der Häftlinge. Oft genug war Jarvis danach, es ihnen gleichzutun. Auf seiner Pritsche liegend, hielt er sich die Ohren zu und kämpfte mit dem Verlangen, zu brüllen.

* * *

Meditation verschaffte ihm etwas Linderung von den Schrecken der Beruhigungszelle.

Jarvis hielt seine gewohnten Praxiszeiten fast fanatisch aufrecht und schrieb, sofern er sich konzentrieren konnte, Briefe oder las. Erst drei Monate später wurde er wieder in seine normale Zelle im Isolationstrakt verlegt.

Im späten Frühjahr begannen die Geschworenen mit den Beratungen. Während der Verhandlungen wohnte Jarvis tagsüber in einem Haftraum unweit des Gerichtssaals. Als Melody ihn an einem dieser Tage besuchte, gab sie ihm eine Broschüre, auf deren Cover ein alter Mann abgebildet war. Er hatte ein runzeliges Gesicht mit einem sympathischen Schnauzer und wilden Augenbrauen. Seine Augen schienen ihn direkt anzuschauen. Das Heft versprach kostenlose Schriften von »Lama« Chagdud Tulku Rinpoche. Jarvis schrieb an die im Heft angegebene Adresse und bat darum, dass man sie ihm zuschickte. Er fügte an, er sei ein Häftling, der wegen eines Mordes angeklagt sei, den er nicht begangen habe. Wenn er verurteilt würde, drohte ihm die Todesstrafe. Er schrieb außerdem, dass er regelmäßig meditierte, bekannte aber gleichzeitig, dass es ihm schwerfalle, seine Praxis während des Verfahrens aufrechtzuerhalten, da dieses wie ein Damoklesschwert über ihm hinge und er sich obendrein vor seinen Wärtern schützen müsse, die ihn bedrohten.

Noch am gleichen Abend gab er den Brief einem Beamten mit der Bitte, ihn zu verschicken, und dachte anschließend nicht mehr daran. In dieser Zeit versuchte er ganz generell, nicht zu viel zu denken, schon gar nicht an das drohende Urteil. Er bemühte sich, optimistisch zu bleiben, schließlich war er unschuldig, und es stand außer Frage, dass er daher freigesprochen würde. Andererseits hatte er jedoch all die vernichtenden Zeugenaussagen mitangehört, und so versuchte er, sich für den Fall zu wappnen, dass es schlechte Neuigkeiten gäbe.

Nach zwei lähmenden Prozessjahren teilte man Jarvis mit, das Gericht habe seine Entscheidung gefällt, und brachte ihn zur Urteilsverkündung in den Gerichtssaal. Als man Jarvis und seine Anwälte dort aufforderte, sich zu erheben, wirkte er so, als würde ihn die Angelegenheit nicht weiter berühren. Die Richterin fragte den Sprecher der Geschworenen, ob sie sich auf ein Urteil geeinigt hätten. Dieser bejahte.

Sie befanden ihn für schuldig.

Jarvis hatte sich innerlich schon oft auf diesen Augenblick vorbereitet, und dennoch konnte er es nicht glauben. Die Richterin kündigte an, dass man sich in den nächsten Phasen des Verfahrens über das Strafmaß einigen würde. Jarvis wurde zurück in seine Zelle gebracht, legte sich auf sein Bett und schloss die Augen. Als er sie wieder öffnete, geriet er in eine Abwärtsspirale blanker Wut, gegen die selbst die tiefste Meditation oder die inspirierendsten buddhistischen Unterweisungen und Gleichnisse nichts ausrichten konnten.

In der folgenden Phase des Prozesses plädierte die Anklage wie erwartet für die Todesstrafe. In der vollen Überzeugung, dies würde die Geschworenen umstimmen, ließen Jarvis' Rechtsanwälte Zeugen aussagen, die Melody bei ihrer Recherche ausfindig gemacht hatte. Sie hofften, dass die Zeugnisse derer, die ihn kannten, als er noch jung war, sowie die Berichte der Gewalt und der Vernachlässigung, denen er als Kind und Jugendlicher ausgesetzt gewesen war, die Jury dazu bewegen würden, ihre Meinung zu ändern. Nun kam es auch zur ersten Aussage von Jarvis in diesem Prozess. Von dem Rechtsanwalt darüber im Vorfeld in Kenntnis gesetzt, hatte er mithilfe von Melody ein Statement verfasst, das er jetzt verlas. Anschließend beantwortete er die Fragen der Anwälte zu seinen Jahren in der Haft. Er antwortete offen und ehrlich. Nur hinsichtlich der Black Guerrilla Force, deren Ehrenkodex immer noch Gültigkeit besaß, verweigerte er jegliche Auskunft. Infolgedessen ordnete Richterin Savitt an, dass seine gesamte Zeugenaussage aus den Prozessakten genommen werde und die Geschworenen das Gesagte nicht berücksichtigen sollten.

Nach seiner Aussage wurde Jarvis von Schuldgefühlen verzehrt, da er sowohl die erlittenen Misshandlungen als auch die Vernachlässigung seitens seiner Mutter geschildert hatte. Er glaubte, sie verraten und Familiengeheimnisse preisgegeben zu haben. Auch wenn Melody ihm versicherte, dass er das Richtige getan hätte, änderte das wenig an seiner Verzweiflung.

Melody war der Ansicht, es könne hilfreich sein, seiner Mutter einen Brief zu schreiben. Genau wie Jarvis wusste sie, welchen klärenden Effekt es haben konnte, Dinge niederzuschreiben. Auch wenn Cynthia tot war, schlug Melody Jarvis vor, den Brief so zu verfassen, als sei sie noch am Leben.

»Liebe Mama«, schrieb er, »ich habe mich vor Gericht so verhalten, wie es auch dir gefallen hätte: Ich habe den Kopf oben behalten, während ich davon sprach, was ich alles durchgemacht habe. Wenn ich irgendwas gesagt habe, das dich mehr verletzt hat als mich, dann tut es mir leid, dass du selbst als Tote noch leiden musst.«

Er schrieb ihr, auf welche Art sie ihn verletzt hatte: dadurch, dass sie sich der Kinder bediente, um den Preis für Sex in die Höhe zu treiben, indem sie den Männern sagte, sie müsse schließlich für ihre Kinder sorgen, und sich niemals Gedanken darüber machte, dass diese genau mitbekamen, wenn sie mit den Fremden im Schlafzimmer war. Und er fragte, warum sie nie interveniert hatte, wenn ihr Freund Otis ihn und seine Geschwister schlug.

»Liebtest du Otis mehr als uns, auch wenn er dich als Zuhälter wie eine Hündin behandelte?«

Jarvis beschrieb, was er empfand, wenn sie auf Drogen war. »Ich habe dich oft angeschaut, wenn du high auf dem Bett lagst und schliefst. Dann hatte ich das Gefühl, du seist unsere Mutter, aber wenn du wach warst, warst du uns fremd. Wir hatten alle Angst vor dir. Niemand außer uns weiß, wie du uns gepeitscht hast, keiner kennt die vielen Sachen, die du im Drogenrausch mit uns gemacht hast.«

Doch dann wurde er sanfter. »Manchmal wollten mir meine Gedanken einreden, ich müsste dich auch hassen. Aber du hast in deinem Leben so viel Hass erlitten, dass du in den Augen meiner Erinnerung wie ein kleines Mädchen bist, das selbst jemanden brauchte. Wie wir alle brauchtest du einen Vater.«

Zum Abschluss schrieb er: »Ich muss uns mit diesen Erinnerungen konfrontieren – sonst bringen sie mich um … Ich hasse alles, was dich ins Grab gebracht hat. Wir teilen die gleichen Verletzungen, Mama, aber ich kann mit diesen Verletzungen nicht alt werden. Ich muss mich ihnen stellen und darf nicht mehr gegen sie ankämpfen – muss sie loslassen und verstehen, was geschehen ist. Mama, ich weiß, du hast mich geliebt, und ich schwöre, dass auch ich dich liebe. Bitte vergib mir und denke nicht, dass man mir für das, was ich vor Gericht gesagt habe, Vorwürfe machen muss. Aber Scheiße, jetzt habe ich Angst vor dir. Und wegen dieser Schuldgefühle schreibe ich dir – um mich zu entschuldigen.«

Er unterschrieb mit »JJ – 3 Uhr 58«.

Der Brief brach Melody das Herz. Jarvis entschuldigte sich bei seiner Mutter, dabei hätte er doch so dringend eine Entschuldigung von ihr gebraucht – und die würde er nie bekommen.

Die Urteilsfindung dauerte drei Wochen. Neben Jarvis' Aussage sprachen Verwandte, frühere Erzieher und Pflegeeltern über sein schweres Leben als Kind und Jugendlicher. Die Zeugnisse sollten die Sympathie der Jury der Geschworenen für Jarvis wecken, doch die Anklage argumentierte, dass seine Biografie sein kriminelles Verhalten nicht entschuldigte, sondern es nur dokumentierte.

Sie betonte erneut, wie lange Jarvis' Kriminalregister sei, welche Gewalt er bereits im Los-Angeles-County-Gefängnis verübt habe, und verwies auf all die schriftlichen Berichte über seine Kämpfe in San Quentin sowie andere Delikte, für die er nie belangt worden war. Anders als in der Prozessphase, in der es darum ging, ob er schuldig war, durfte die Anklage nun auch haltlose Anschuldigungen vorbringen, da die Prämisse, den Angeklagten für unschuldig zu halten, bis das Gegenteil bewiesen ist, seit der Verurteilung nicht mehr galt. Sie porträtierte ihn als kaltherzig und reuelos. Dennoch war er schockiert, als die Jury ihn zum Tode verurteilte.

Schließlich kam der letzte Abschnitt des Verfahrens. Im Falle der Todesstrafe können Richter aufgrund ihrer eigenen Einschätzung der Beweislage entweder die Empfehlung der Jury übernehmen oder sie abändern. Jarvis' Verteidigungsteam glaubte, dass man von der Todesstrafe absehen würde, insbesondere da dies bei den anderen Angeklagten in diesem Mordfall – also dem Mann, der den Wärter niedergestochen, und demjenigen, der die Tat angeordnet hatte – der Fall gewesen war. Man hatte sie zu lebenslänglich verurteilt, wobei eine Berufung nicht möglich war.

Richterin Savitt brauchte einen Monat, um den Fall noch einmal zu überprüfen, bevor sie Jarvis im Juli 1990 zur endgültigen Urteilsverkündung vor Gericht zitierte.

Michael Satris, ein respektierter Strafverteidiger, hielt das letzte Plädoyer für Jarvis. Er stand und sprach traurig, ernst und wortgewandt. Er bat Richterin Savitt eindringlich, zu versuchen, »sich das Leben Jarvis Masters' vorzustellen, sich also in ihn hineinzuversetzen: zu spüren, wie es ist, schon im Mutterbauch von der Gewalt geschüttelt zu werden, die ihn bei der Geburt erwartete, der gleichen Gewalt, der er dann als kleines Kind ausgeliefert war, sowie später verlassen und zurückgewiesen zu werden«. Er bat sie, sich bewusst zu machen, was es bedeutete, im Getto zu leben und welchem Leiden und welcher Erniedrigung Jarvis ausgesetzt war.

Er forderte sie auf, Jarvis' Leben von dieser Warte zu betrachten, sich vorzustellen, wie er aus der Obhut seiner Mutter genommen und von seinen Schwestern getrennt wurde – dem einzigen Familienzusammenhalt, den er hatte –, und seine »Isolation zu spüren und seine Tränen zu weinen«.

Satris beschrieb Jarvis' weiteren Werdegang in Pflegefamilien, der ihn nach der glücklichen Zeit bei den Procks in eine Welt der Gewalt und des Verbrechens führte, in dessen Folge er wiederum in eine grausame Institution nach der anderen kam, wobei die Isolationshaft in San Quentin den traurigen Höhepunkt darstellte. »Wir wissen, was solche Haftbedingungen bei Menschen bewirken können.«

»Dabei ist bemerkenswert«, fuhr Satris fort, »dass er es geschafft hat, trotz der begrenzten Ressourcen und Gelegenheiten, die er hatte, aus dem Zyklus der Gewalt auszubrechen, und wie er das tat. Denn er *hat* den Durchbruch geschafft. Es ist offensichtlich, dass das langjährige Programm der Reifung, Rehabilitation und Entwicklung, oder wie auch immer Sie es nennen wollen, Wirkung gezeigt hat, da es Jarvis Masters ermöglicht hat, aus der Spirale der Gewalt auszusteigen. Und dies wiederum illustriert, wie unbesiegbar der menschliche Geist ist, über den wir alle, einschließlich unserer Kinder, verfügen. Er ermöglichte es Jarvis Masters, die Kraft und Zuversicht zu behalten, unter diesen Bedingungen, und trotz der Umstände, unter denen er aufgewachsen ist, standzuhalten. Wer hätte dies besser hinbekommen können als er?«

Satris schloss seine Rede mit der inständigen Bitte an die Richterin, »so tief Sie können«, in sich zu schauen, um das Urteil der Jury abzuändern und auf die Todesstrafe zu verzichten.

Als Nächstes bekam die Anklage das Wort. Sie argumentierte, dass »es weit mehr Indizien für seine Verschlechterung als sein Verbesserung« gäbe. Erneut zählte sie die verschiedenen Raubüberfälle auf, deren Jarvis überführt worden war, und wiederholte die Behauptung, er habe sich an den bereits genannten Gewaltverbrechen beteiligt. Damit endete das Plädoyer.

Nun war die Reihe an Richterin Savitt. Zuerst räumte sie ein, dass es in den Jahren des Prozesses kurze Momente gegeben hatte, in denen sie sich fragte, warum sie den Fall überhaupt übernommen habe. Sie sagte auch, dass sie gegen die

Todesstrafe sei, wobei es jedoch ihre Aufgabe sei, das Gesetz anzuwenden, ob es ihr gefalle oder nicht. »Es ist meine Pflicht.«

Dann wandte sie sich direkt an Satris: »Sie haben aus Jarvis einen Menschen gemacht«, erklärte sie. »Er wurde in eine Hölle geboren, und dies aus Gründen, die ich kaum verstehen kann. Wenn Leute keine Kinder haben wollen, sollten sie auch keine in die Welt setzen. Offenbar wusste seine Mutter nicht, wie man verhütet.« Sie gab zu, dass es eine Tragödie war, dass Jarvis von den Procks weggeholt wurde. Ab diesem Zeitpunkt, so fuhr sie fort, gab er sich auf und wurde ein sehr destruktiver Mensch.« Dann kam er in den Gefängnisapparat, »eine andere Hölle«.

Savitt atmete ein. Dann sagte sie etwas, das Jarvis verblüffte. Sie behauptete, ihn zu weiten Teilen zu verstehen – »so gut, wie es jemandem, der in der Mittelklasse aufgewachsen ist, möglich ist«. Anschließend kam sie zu den erschwerenden Umständen.

Als Beweise gegen ihn führte sie die Gewalt in seiner Vergangenheit an. Darunter die Raubüberfälle. Seine Weigerung, mit der BGF abzurechnen, sah sie als Indiz dafür, dass er sich noch nicht von der Gang losgesagt habe.

»Mr Masters«, sagte sie, »würden Sie bitte aufstehen.«

Jarvis kam der Aufforderung nach.

Während der vergangenen zwei Jahre hatte er wie erwähnt bisweilen ein kurzes Aufleuchten der Wärme im Gesicht der Richterin wahrgenommen. Nun machte alles, was er an Sympathie gesehen oder es zumindest wahrzunehmen geglaubt hatte, Härte Platz.

»Es ist der Beschluss des Gerichts, dass Sie die Todesstrafe erleiden sollen«, sagte sie. »Diese Strafe soll auf die durch das Gesetz festgelegte Weise im Staatsgefängnis San Quentin/Kalifornien vollstreckt werden.«

Teil 2

Die Zweite Edle Wahrheit: Die Ursache des Leidens

»Gott flüstert in unseren Freuden, er spricht in unserem Gewissen; in unseren Schmerzen aber ruft er.«[7]

C. S. Levis

7 C. S. Lewis; Hildegard Pieper (Übers.): Über den Schmerz, Brunnen 1988.

Kapitel 4

Verurteilt

Die Wächter schwiegen auf der Fahrt zurück vom Gericht, doch als der Gefangenentransporter auf das Gefängnisgelände rollte, endete die Stille. Jarvis' Ankunft wurde mit Hupen und dem Jubel von Wachleuten begrüßt. Durch die vergitterten Autoscheiben sah er, wie sie sich gegenseitig »Daumen hoch« zeigten. Sie feierten seine Todesstrafe.

Jarvis wurde vom Wagen in seine Zelle gebracht. Spätnachts hörte er Schritte und Klopfen an seiner Tür. Durch die Luke fiel der blendende Schein der Taschenlampen der Wärter in die Zelle. Sie forderten ihn auf, aufzustehen und an die Tür zu kommen. Jarvis war wie gelähmt. Er dachte, sie seien gekommen, um ihn umzubringen. Ein klarer Fall von Lynchjustiz. Er zitterte. Sich mit beiden Händen vor den Augen vor dem gleißenden Licht schützend, stolperte er nach vorne.

»Wir müssen Ihnen das hier vorlesen«, herrschte ihn einer der Beamten an. »Sie müssen das unterschreiben.«

Sie waren zu dieser späten Stunde nicht gekommen, um ihn zu ermorden, sondern um, den Vorschriften entsprechend, den Exekutionsbefehl zu verlesen, den er unterschreiben musste. Und so setzte Jarvis seine Unterschrift unter sein eigenes Todesurteil.

Am nächsten Morgen wurde wie gewohnt das Frühstück gebracht, und der Tag nahm seinen Lauf, so als sei nichts passiert. Wie üblich kam abends die Post, darunter ein großer Umschlag, auf dem eine Lisa Lenghorn als Absenderin angegeben war. In der beiliegenden Notiz erklärte sie, sie sei eine

Assistentin und Übersetzerin von Chagdud Tulku Rinpoche, dem buddhistischen Lama, dem Jarvis Monate zuvor geschrieben hatte. Leghorn ließ ihn wissen, Rinpoche freue sich, dass ihm Jarvis geschrieben habe. Mit im Umschlag lag ein kleines Buch namens *Life in Relation to Death* (Das Leben in Bezug auf den Tod), das die Abschrift eines Vortrags des Lamas beinhaltete. Sie riet ihm: »Lesen Sie es und schauen Sie, ob es Ihnen etwas sagt.«

Jarvis begann das Buch zu lesen und war von der ersten Seite an wie gebannt. Gleich zu Anfang beschrieb der Lama, dass die meisten Menschen sich keine Gedanken über den Tod machten. Und wenn sie darüber redeten, dann meist so leichtfertig, als sei es keine große Sache. Der Autor fuhr fort: »Das ist eine schöne Vorstellung – allerdings nur so lange, bis es so weit ist. Dann zeigt sich der Unterschied zwischen Theorie und Praxis. Denn im Tod hat man keine Kontrolle und verliert alles, was einem bis dahin vertraut war. Man wird von einem großen Wirbel der Angst, Orientierungslosigkeit und Verwirrung fortgerissen. Daher ist es so wichtig, sich gut auf den Augenblick vorzubereiten, in dem sich Körper und Geist trennen.«

Jarvis klappte das Buch zu und atmete tief. Ein ihm wohlbekanntes Gefühl der Angst überkam ihn und nahm ihm den Atem. Dennoch las er weiter. Der Lehrer sprach davon, dass sich alle auf den Tod vorbereiten müssten. Eine Methode hierfür sei, sich vorzustellen, auf welche Weise man sterben könnte, und der Lama nannte als Möglichkeit einen Flugzeugabsturz, einen Autounfall, eine Krankheit im Endstadium oder von einem Straßenräuber erstochen zu werden. Doch die Gaskammer erwähnte er nicht.

Eine andere Möglichkeit der Vorbereitung bestand in dem, was er »meditative Kontemplationen« nannte. Jarvis las den Abschnitt recht zügig durch, bis eine dieser Kontemplationen ihn erschaudern ließ: Man solle sich jeden Abend vor dem Einschlafen fragen: »Falls ich heute Nacht im Schlaf sterbe, was habe ich aus meinem Leben gemacht? War ich von Nutzen, oder habe ich anderen geschadet?«

Jarvis brauchte nicht lange über die Antwort nachzudenken: Er wusste, dass er niemandem geholfen, jedoch unermesslichen Schaden angerichtet hatte.

Er las die ganze Nacht. Als er die letzte Seite gelesen hatte und das Buch zuschlug, dämmerte es bereits. Dennoch war er hellwach. Er glaubte nicht an Omen, aber vielleicht hatte es doch etwas zu bedeuten, dass die Post am Tag nach seiner Verurteilung ihm einen Führer fürs Sterben gebracht hatte. Der Gedanke ließ ihn erschaudern.

Jarvis antwortete Chagdud Tulku und seiner Übersetzerin und bedankte sich für Buch und Brief. Er teilte ihnen mit, was seit seinem letzten Schreiben geschehen war: Man habe ihn zum Tode verurteilt, und er bemühe sich, so gut er konnte, sich mit dem Urteil abzufinden. Aber er habe Angst.

Die Gefängnispost war langsam, und so dauerte es einen Monat, bis er wieder von dem Lama hörte. Dieser versicherte ihm, dass er seine Angst und Verwirrung verstehe, er gleichzeitig im Grunde aber Glück habe, denn das, was er gerade erlebe, sei ein Geschenk. »Sie können die Situation für Ihr eigenes Wachstum nutzen und um anderen zu helfen«, fügte er hinzu. Die Worte empörten Jarvis. In der Todeszelle zu sitzen war sicherlich kein Geschenk.

Der Lama schrieb weiterhin, dass alle Menschen zum Tode verurteilt seien, in dieser Hinsicht sei Jarvis nicht allein. Dies ärgerte Jarvis ebenfalls. Chagdud Tulku hatte zwar sicherlich dahingehend recht, dass alle sterben müssen, aber die wenigsten leben knappe hundert Meter vom Ort ihrer Exekution entfernt. »Wir alle leben im Gefängnis, und wir alle haben den Schlüssel«, fügte der Lama an. »Das ist noch mehr überheblicher Scheißdreck«, dachte Jarvis. »Nicht Sie leben im Knast, sondern ich. Sie haben vielleicht einen Schlüssel, doch der zu meiner Zelle hängt am Gürtel meiner Wächter.«

Als der Lama ihm einige konkrete Ratschläge gab, ließ Jarvis'

Wut nach: »Machen Sie mit der Meditation weiter, denn auf diese Weise erhalten wir Einsichten in die Funktionsweise unseres Geistes und unserer Projektionen. Sowohl Angst als auch Trauer sind einzig und allein in Ihrem Geist.« Dies erinnerte ihn an die Worte von Melodys Lehrer, der gesagt hatte, Angst sei »nichts als ein Gedanke«.

Der Schlüssel, so Chagdud Tulku weiter, sei die Praxis. Jarvis sollte mindestens zweimal am Tag meditieren, selbst wenn es ihm schwerfalle. Er schrieb, er solle es sich erlauben, Zweifel, Verwirrung, Wut und Angst zu empfinden. »Es ist völlig normal, dass Sie sich so fühlen«, fügte er an. Abschließend schrieb er: »Wenn Sie Hilfe brauchen, lassen Sie es uns wissen. Wir sind für Sie da. Wir sind jetzt wie eine Familie.«

Eine neue Familie. Als Jarvis dies las, verschwanden die letzten Spuren seines Zorns.

Auch wenn Jarvis gewissenhaft versuchte, dem Rat des Rinpoche zu folgen, wurde seine Verzweiflung während der nächsten Monate nur noch größer. Seine Freunde und Anwälte besuchten ihn und bemühten sich, ihn zu ermutigen. Letztere erklärten, der Prozess sei eine Farce gewesen, und versicherten ihm, er würde in der Berufung gewinnen. Kelly Hayden, eine Kanzleiassistentin, mit der er sich angefreundet hatte, besuchte ihn und drückte ihr Bedauern aus. Sie erklärte ihm, sie sei davon überzeugt, dass sowohl Urteil als auch Strafmaß rassistisch motiviert seien. Sie sagte: »Nimm es nicht persönlich«, woraufhin beide sich erst entsetzt anschauten und anschließend in Gelächter ausbrachen – es war einer der seltenen kurzen heiteren Momente in dieser schwierigen Zeit.

Die ersten Tage nach der Urteilsverkündung kreisten seine Gedanken wie besessen um das Todesurteil sowie über die Worte, die die Richterin kurz vor der Urteilsverkündung gesagt hatte: »Wenn Leute keine Kinder haben wollen, sollten sie auch keine bekommen. Offenbar wusste seine Mutter nicht, wie man verhütet.« Andersherum ausgedrückt, so dachte er, bedeuteten diese Worte: »Wenn mich meine Eltern nicht gezeugt hätten, wäre die Welt ein wenig besser.«

Diese Worte bestätigten das negative Selbstbild, das er seit seiner Kindheit in sich trug. Die Richterin musste in seine Seele geschaut haben. Seine Geburt war ohne Nutzen. Diejenigen, die glaubten, er sei schlecht, hatten recht.

Carlette besuchte ihn, aber sie beide brachten nur wenige Worte heraus. Sie schluchzte eine Weile und verließ ihn wieder.

Er versuchte, das Buch von Chagdud Tulku noch einmal zu lesen, ertrug es aber nicht. In einem weiteren Brief an den Rinpoche gab er zu, dass er dabei war, in die »tiefsten Bereiche« zu fallen, und nicht zu wissen, ob er es schaffen würde, wieder aus ihnen herauszukommen. Da der Lama geschrieben hatte, er und Lisa seien für ihn da, wenn er sie brauchte, bat er nun um Hilfe, denn er habe sie dringend nötig.

Im Antwortschreiben schlug Lisa vor, zu Besuch zu kommen und mit ihm persönlich zu sprechen – ein Vorschlag, den er gerne annahm. Als ihr Besuchsantrag einen Monat später bewilligt wurde, kam sie nach San Quentin.

Jarvis hatte erwartet, auch sie stamme wie der Lama aus Tibet, doch sie sah eher wie ein Blumenkind oder eine Zigeunerin aus. Sie war mit Sicherheit keine kühle und distanzierte buddhistische Gelehrte. Er spürte ihre Offenheit und Güte. Und sie war sehr humorvoll.

Nach etwas Small Talk sagte sie, Rinpoche und sie könnten gut verstehen, dass er verzweifelt sei und es ihm in diesem Zustand schwerfalle zu meditieren. »Ja, es ist wirklich nicht leicht, aber es kann Sie retten. Meditation ist dann am schwersten, wenn wir voller Ängste sind, denn sie zwingt uns, uns ihnen zu stellen – und das, obwohl wir doch nichts sehnlicher wünschen, als vor ihnen davonzulaufen. Doch es gibt keinen anderen Ausweg.

Es ist nicht leicht, sich vorzustellen, was Sie durchmachen«, gab sie zu, »aber vielleicht kann man es damit vergleichen, einen hohen Berg zu besteigen. Wenn man sich überlegt, wie weit der Weg ist, kann einen das lähmen, und so macht man nie den ersten Schritt. Aber gehen Sie einfach.«

»Das würde ich ja gerne«, antwortete Jarvis, »aber ich kann nicht, ich habe es schon versucht.«

Anschließend sprach er etwas an, das ihn schon eine Weile beschäftigte: »In buddhistischen Büchern sind oft Bilder von Buddhisten in Roben abgebildet, die auf Berggipfeln sitzen oder in einem Garten voller weißer Blumen unter strahlend blauem Himmel ihre Gebete singen. Vielleicht funktioniert buddhistische Praxis unter solchen Umständen. Aber wie in aller Welt soll ich hier in diesem höllischen Loch zu einem fetten Mann aus Stein beten? Ich lebe unter Vergewaltigern und Mördern. Alle reden von Erleuchtung, also davon, im Licht zu sein. Ich aber lebe in der Hölle.«

Lisa antwortete mit einer Parabel über eine Frau namens Kisa Gotami, einer Zeitgenossin des Buddha, die den Tod ihres Sohnes nicht verkraftete. Als sie vor Trauer beinahe den Verstand verlor, riet man ihr, den Buddha aufzusuchen. Den leblosen Körper ihres Kindes tragend, machte sie sich von tiefer Trauer erfüllt auf die Suche nach ihm und fand ihn nach vielen Tagen. Sie flehte ihn an, ihr Kind wieder zum Leben zu erwecken. Er versicherte ihr, er könne eine Medizin herstellen, die ihn wieder lebendig mache. Allerdings fehle ihm dafür eine Zutat: Senfkörner aus einem Haushalt, der von jeglichem Leid verschont geblieben und in dem noch nie jemand gestorben sei. Er bat Kisa Gotami, ihm solche Senfkörner zu bringen.

Sie ging von Haus zu Haus und von Dorf zu Dorf und klopfte an eine Tür nach der anderen. Sie tat den Menschen leid, und sie hätten ihr gerne geholfen, aber die Körner, die sie besaßen, waren nutzlos, denn alle, die sie traf, hatten bereits Leiden erfahren müssen und einen geliebten Menschen verloren.

Sie ging in weitere Dörfer und besuchte noch mehr Familien, aber auch diesen war es nicht anders ergangen. Als sie an die tausendste Tür klopfte, hatte sie bereits jegliche Hoffnung verloren. Eine Frau öffnete, und erneut bettelte sie um Senfkörner, die sie auch bekam. Anschließend fragte Kisa Gotami sie, ob sie schon hätte leiden müssen. Und ja, auch ihr Leben war davon erfüllt gewesen, und sie vermisse ihre verstorbenen Verwandten und Freunde.

Gotami weinte. Sie weinte nicht wegen ihres eigenen Verlusts, sondern angesichts des Leids all jener, die sie getroffen hatte. Endlich verstand sie, was der Buddha sie hatte lehren wollen, nämlich, dass niemandem das Leiden erspart bleibt und keiner um den Tod herumkommt. Ihre Erfahrung und diese Erkenntnis halfen ihr, über ihre eigene Trauer hinwegzukommen. Sie empfand Mitgefühl für diese Menschen. Jarvis wusste gut, was Lisa ihr damit sagen wollte: In dem Augenblick, in dem Kisa Gotami dies verstand, wurde ihr nicht nur die Universalität des Leidens bewusst, sondern auch die Vergänglichkeit allen Lebens. Ihr wurde klar, dass ihr Sohn wie alle anderen sterben musste und dass sie ihr Leiden mit allen anderen Menschen teilte, was sie gleichzeitig mit ihnen verband: Dies half ihr, den Tod ihres Sohnes zu akzeptieren, und ihr Schmerz fand ein Ende. Und nicht nur das: Sie erwachte und erlangte den Zustand der Erleuchtung und realisierte die wahre Natur aller Phänomene.

Jarvis schwieg. Er hatte bereits viele buddhistische Geschichten gehört, aber diese berührte ihn – aus welchem Grund auch immer – wie keine andere.

Kurz darauf klopfte ein Wachmann an die Tür, um das Ende des Besuchs anzukündigen.

In der folgenden Nacht lag Jarvis auf der Matratze auf seiner Betonpritsche und lauschte den fortwährenden Geräuschen des Gefängnisses. Da waren Seufzen, das ihn an das Heulen des Windes erinnerte, sowie Husten und die abgehackten Schritte des Wachpersonals. Das erste Mal in all den Monaten, in denen er nicht hatte meditieren können, setzte er sich auf den Boden, kreuzte die Beine und setzte sich gerade hin. Er nahm einen Atemzug, der so tief zu sein schien wie kein Atemzug zuvor in seinem Leben.

In einem traumartigen Zustand sah er einen Mann, der dasaß und meditierte, und sein Körper war von Flammen eingehüllt. Er konzentrierte sich auf ihn und stellte erstaunt fest, dass er es selbst war. Wie mit einem Teleobjektiv schwenkte er von seiner Zelle hinaus auf den Gang und in die anderen Zellen, in die er irgendwie hineinschauen konnte. In jeder von ihnen befand sich ebenfalls ein Mann in Flammen. Er zoomte weiter und sah San Quentin aus der Vogelperspektive. Von dort sah er mehrere Tausend brennende Körper.

Noch weiter oben, auf Höhe der Wolken, sah er die brennenden Häuser der ganzen Bucht von San Francisco. Dann überblickte er Kalifornien, das ebenfalls in Flammen gehüllt war. Er stieg immer höher, sah auf das Land, den Kontinent und schließlich die gesamte westliche Hemisphäre. Anschließend schaute er aus dem Weltall herab. Von dort wirkte es, als treibe der Planet in einem schwarzen Raum. Das Wasser war blau, die Landmassen braun und grün. Und wo immer Menschen lebten, brannten Feuer.

Dann kehrte Jarvis ins Gefängnis zurück, zu den Tausenden Menschen, die in Käfigen lebten, die selbst für Tiere nicht groß genug waren. Er dachte an Kisa Gotami und verstand, dass überall um ihn Leiden war – überall dort, wo Menschen lebten. Er öffnete seine Augen und bemerkte, dass er zitterte und Tränen seine Wangen hinabflossen.

Kapitel 5

Erwachen

Einige der Gebäude von San Quentin waren eineinhalb Jahrhunderte alt. Wenn es regnete oder dichter Nebel herrschte, tropfte es von der Decke, und Wasser lief die Wände hinab. Solche düsteren Tage vergingen langsam, Tropfen für Tropfen.

Als Jarvis das erste Mal versucht hatte zu meditieren, hatte er es nicht länger als fünf Minuten lang durchgehalten, aber im Laufe der Zeit waren es mehr geworden, bis er zwei Stunden oder länger sitzen konnte. Nachdem er die Allgegenwärtigkeit des menschlichen Leids gesehen – *gespürt* – hatte, hörte er allerdings damit wieder auf.

»Ich kann nicht mehr«, sagte er Melody. »Ich bin müde, es ist einfach zu viel für mich.«

»Was ist passiert?«, fragte sie.

»Es liegt mir einfach nicht.«

Melody erwiderte: »Ich glaube, du hast Angst.« Und sie erinnerte Jarvis an ihre erste Begegnung mit der Meditation: »Dazusitzen und dem eigenen Schmerzen zu begegnen war das Schwierigste, das ich bis dahin getan hatte. Ich wollte wegrennen.« Sie machte eine kurze Pause. »Aufwachen tut einfach weh. Es ist ganz normal, Angst zu haben. Mach einfach weiter. Ein altes Sprichwort sagt: ›Es gibt nur einen Weg, und der geht direkt durch die Schwierigkeiten hindurch.‹ Und es ist wahr.«

Jarvis war an diesem Abend nicht weniger ängstlich, zwang sich aber dazu, zu meditieren. Er nahm die Lotoshaltung ein, schloss die Augen und atmete so tief ein, wie er konnte. Er atmete aus, wieder ein, machte weiter – auch wenn ihm danach war, aufzuhören.

Er richtete seine Achtsamkeit auf den Körper, nahm wahr, wie schnell sein Herz schlug und wie angespannt er war. Er untersuchte, welches Gefühl dem zugrunde lag – es *war* Angst.

Er empfand sie als brennend, sie war aus den gleichen Flammen, die er in seiner Vision gesehen hatte. Wenn er zu diesem schrecklichen Ort zurückkehrte, würden sie ihn aufzehren. Er erinnerte sich an die Methoden, die ihm Melody beigebracht hatte, und versuchte, das Bild der brennenden Körper wegzuschieben, doch es gelang ihm nicht.

Seine spontane Reaktion war zu fliehen, aber er tat es nicht und blieb am Ball. Er schaute genauer hin und erkannte, dass es kein brennender Mann war, sondern ein Kind, und schließlich sah er, dass das Kind *er selbst* war. Jarvis ging zu dem Körper in Flammen.

Er war vier oder fünf Jahre alt, es war also noch bevor die Behörden ihn von seiner Familie trennten. Er spielte gerade mit seinen Geschwistern, als Cynthia hereingerannt kam und den Kindern panisch zurief: »Packt eure Sachen!« Aber es war bereits zu spät. Die Haustür wurde aufgestoßen, und so schob sie die Kinder unter ihr Bett. Sie flüsterte voller Dringlichkeit: »Wagt nicht, euch auch nur im Geringsten zu bewegen.«

Jarvis hörte die Stimme eines Mannes: »Wo sind sie? Ich bringe dich um und die Kinder gleich mit.«

Er hörte, wie jemand ins Zimmer stürmte. Jarvis hörte seine Mutter »Nein!« brüllen, und er sah, wie die schweren Schuhe seines Vaters auf Cynthia zugingen. Dann hörte er ihre elendiglichen Schreie. Sein Vater schleifte sie aus dem Zimmer. Aus der Küche hörte er Geschirr, das zu Bruch ging, dumpfe Schläge und ihr Wimmern. Schließlich wurde die Wohnungstür zugeschlagen. Plötzlich war es still. Dann vernahm er das schleifende Geräusch von jemandem, der sich auf dem Boden entlang ins Schlafzimmer robbte. Aus seinem Versteck unter dem Bett sah er seine Mutter, die – obwohl sie selbst enorme

Schmerzen hatte – als Erstes nachschaute, ob ihren Kindern etwas passiert sei. Ihr Gesicht war blutüberströmt.

Als er seine Kindheitserfahrung noch einmal durchlebte, zitterte Jarvis. Er erinnerte sich an die Technik, die er gelernt hatte. »Ich will euch nicht«, sagte er, als er die inneren Bilder wegzuschieben versuchte. Die Panik ließ etwas nach, doch als er die Meditation beendete, war er schweißgebadet.

Bei den Meditationen der folgenden Monate kamen ihm noch weitere Erinnerungen. Nachdem sein Vater glücklicherweise ausgezogen war, zog der neue Freund seiner Mutter, Otis, bei ihnen ein. Cynthia sagte, er solle ihn »Stiefvater« nennen. Otis spielte und tobte mit ihm, und sie rangen und boxten zum Spaß miteinander. Erst verstand er nicht, weswegen die Erinnerungen Angst in ihm auslösten. Doch plötzlich wurde aus dem Spiel bitterer Ernst: Otis schlug ihm mitten ins Gesicht. Jarvis hörte ein Klingeln in seinen Ohren, und er schmeckte Blut. Er blickte auf und sah, dass Otis wieder auf ihn zukam, diesmal mit einem Stromkabel in der Hand. Er spürte die Schläge – ein, zwei, drei, vier, fünf Hiebe. Otis sagte: »Weine bloß nicht, sonst bekommst du doppelt so viele Schläge.«

Einmal schaute Jarvis in das strahlende Gesicht seines kleinen Bruders, den er in den Armen hielt. Cynthia und Otis hatten Zwillinge bekommen. Cynthia musste sich ihrer Schwierigkeiten als Mutter bewusst gewesen sein, denn sie erklärte Jarvis und seiner ältesten Schwester Charlene, dass sie sich um die Kleinen kümmern sollten – sie um das Mädchen und er um den Jungen.

Jarvis sorgte wirklich hingebungsvoll für den Kleinen. Er liebkoste ihn, hielt sein Fläschchen, wechselte seine Windeln und brachte ihn zum Lachen.

Eines Morgens, draußen war es noch dunkel, hörte Jarvis im Zimmer, in dem die Zwillinge schliefen, laute Schreie und rannte hinüber. Otis lehnte sich über das Kinderbett der beiden. Jarvis ging zu ihm und sah, dass sich Carl nicht bewegte. Er kitzelte seine kleinen Füße. Normalerweise lachte er dann immer.

»Er ist tot«, sagte Otis.

Charlene kam ins Zimmer gerannt, blickte Jarvis ins Gesicht und schrie: »Du hast jetzt einen Haufen Ärger!«

Jarvis versuchte, die Erinnerung beiseitezuschieben, aber es gelang ihm nicht. Er öffnete die Augen.

Er schrieb Lisa von dem Ereignis: »Bis vor Kurzem hat mich die Meditation beruhigt. Dank ihrer schaffte ich es durch die Nacht. Doch jetzt macht sie die Sache eigentlich nur noch schlimmer, weil sie all diese Scheiße hochbringt – all diese furchtbaren Erinnerungen, die ich eigentlich nur vergessen möchte. Ich brauche sie wirklich nicht. Es ist *too much.*«

Der Brief veranlasste Lisa, ihm beim nächsten Besuch ein Bild zu überreichen, das einen Buddha zeigte, der ein flammendes Schwert hielt. Sie sagte, es sei »der zornvolle Manjushri«.

Jarvis erwiderte: »Nun, dieser Buddha könnte in San Quentin vielleicht überleben.«

Jarvis fragte Lisa, warum Manjushri bewaffnet sei. Ging es bei dieser buddhistischen Geschichte nicht um Frieden statt um Kämpfen? Sie erklärte, dass das Schwert nicht dazu da sei, gegen äußere Feinde zu kämpfen, sondern gegen innere. Auf den ersten Blick scheine es Gewalt zu verkörpern, aber in Wirklichkeit sei es dazu da, »die Unwissenheit und die Abwehrmechanismen zu durchtrennen, die wir uns im Laufe unseres Lebens angeeignet haben«. Sie versicherte ihm, dass dieses Bild Manjushris ihm helfen würde, sich den beängstigenden Erinnerungen zu stellen, die bei der Meditation hochkamen. »Ich verstehe Ihren Wunsch aufzuhören«, fügte sie an. »Doch der Schmerz, den Sie spüren, ist eine gute Sache.«

Er schüttelte den Kopf: »Es fühlt sich aber gar nicht gut an.«

Sie entgegnete: »Aber es wird Sie befreien.«

Als er das nächste Mal meditierte, stellte er sich vor, dieses

Kriegerschwert in der Hand zu halten. In seiner Erinnerung suchte er nach Carl. Er fand ihn schnell, er war in einem kristallinen Kokon versteckt. Jarvis erstarrte. Er nahm das imaginäre Schwert, durchtrennte den Kokon und befreite seinen Bruder. Sein Brüderchen. Carl! Jarvis begann zu schluchzen.

Ohne dass er es bemerkte, brachten ihn Lisa und Chagdud Tulku mehr und mehr zum Buddhismus. Während der letzten zwei Jahre hatte Jarvis die Grundgedanken der Religion verinnerlicht und ihre Praktiken in seinen Tagesablauf integriert. So schwer sie ihm auch manchmal fiel, Meditation war nicht nur Teil, sondern sogar das Kernstück seines Lebens geworden. Er übernahm Vorstellungen wie die von Manjushri, die er nicht lange zuvor als kompletten Unsinn abgetan hätte.

In den Monaten, die nun folgten, fügte Chagdud Tulku seiner Praxis noch Yoga, Niederwerfungen[8] und Mantras hinzu. Lisa brachte ihm einfache Yogastellungen bei und lehrte ihn weitere Mantras, die sie als »Kette von Silben« vorstellte, die er wiederholen sollte, wenn er meditierte. »Die Wiederholung dieser gesegneten Silben reinigt Muster der Gedanken und der Rede. Wiederholen Sie sie. Sie werden Ihnen helfen, in Ihren sicheren Hafen zurückzukehren, wenn Sie im Geist abwandern.«

Sie erklärte ihm ebenfalls den Sinn der Niederwerfungen: »Indem wir unsere Hände vor der Stirn aneinanderlegen, ehren wir die Form der Erleuchtung, die von den Objekten unseres Vertrauens verkörpert wird«, sagte sie und zeigte ihm, wie man dies genau tat. »Wir führen die Hände dann zu unserem Hals, wodurch wir den Qualitäten der erleuchteten Rede unseren Respekt zollen, und dann zum Herzen, wobei wir die Qualitäten des erleuchteten Geistes würdigen.«

Bei Ganzkörperniederwerfungen wirft man sich auf den

8 Im tibetischen Buddhismus sind Niederwerfungen Teil der »Vorbereitenden Übungen«, die fortgeschritteneren Praktiken vorangehen.

Boden, was in der Besuchshalle nicht möglich war, und so erklärte sie sie ihm nur: »Wenn wir mit unserer Stirn, den Handflächen und den Knien den Boden berühren, reinigen wir die fünf ›Geistesgifte‹ Unwissenheit, Anhaftung, Ablehnung, Stolz und Eifersucht. Wenn wir wieder aufstehen, stellen wir uns vor, dass sich diese Geistesgifte als fünf Weisheiten manifestieren.«

Zunächst befremdete Jarvis diese Vorstellung. »›Befreite Gifte, die sich als Weisheit zeigen‹ und ›Qualitäten der erleuchteten Form ehren‹? Und dann soll ich mich auch noch verbeugen?«, dachte er.

Lisa bemerkte seine Widerstände und sprach sie sanft an: »Natürlich sind Ihnen all diese Vorstellungen und Praktiken noch fremd. Es genügt, wenn Sie über sie nachdenken. Wenn Ihnen eine buddhistische Idee interessant vorkommt oder Sie fesselt, kontemplieren und meditieren Sie über sie. Manche Praktiken scheinen vielleicht keinen Sinn zu ergeben, aber probieren Sie sie dennoch aus und sehen Sie, was passiert. Ein ganz zentraler Punkt der buddhistischen Lehren ist, dass man nichts als Dogma hinnimmt, nur weil es einem jemand erzählt hat. Versuchen Sie es und sehen Sie, ob es für Sie stimmig ist.« Sie gab zu, dass einem all die Rituale, Parabeln und Symbole des Buddhismus – wie etwa bei der Niederwerfung die eigene Kehle zu berühren, Silben in einer Sprache zu wiederholen, die man nicht versteht, oder die Darstellung eines Buddha-Aspekts mit einem Flammenschwert – seltsam und möglicherweise sogar albern vorkommen können, aber all dies diene dem gleichen Zweck: uns von den während des ganzen Lebens kultivierten Denkmustern zu befreien, die unser Leiden bedingen. Sie helfen uns, uns selbst und die Natur der Phänomene besser zu verstehen. Und sie geben uns die Mittel in die Hand, dank derer wir weniger leiden, da wir nach und nach lernen, worum es eigentlich geht. Sie öffnen unsere Herzen und führen uns letztendlich zur Erleuchtung. Lisa erinnerte ihn daran, dass er ihre Worte nicht einfach kritiklos hinnehmen sollte, forderte ihn aber auf, es zumindest auszuprobieren und selbst zu entscheiden, was er davon halte.

Zu Anfang war jede Niederwerfung eine körperliche Herausforderung, aber mit der Zeit wurde es einfacher. Er begann, sie in seine tägliche Praxis zu integrieren, und merkte, dass sie wirklich das bewirkten, was Lisa gesagt hatte, und tatsächlich den Geist »klärten und ihn auf die Meditation vorbereiteten«. Wenn er vor dem Meditieren Niederwerfungen machte und Mantras rezitierte, lösten sich Zeit und Raum auf. *Er* selbst schien zu verschwinden.

Jarvis praktizierte mit einer Ausdauer und Hingabe, die Lisa bislang bei kaum einem anderen gesehen hatte. Sie war von seiner Aufrichtigkeit, seinem Mut sowie der Tatsache, dass er selbst dann weitermachte, wenn er aufgrund einer Panikattacke lieber aufgehört hätte, beeindruckt. Auch seine Erkenntnisse fand sie bemerkenswert. Einmal sagte er: »Die Leute reden immer von perfekten Meditationskissen, und manchmal denke ich, es wäre sicher schön, eines zu haben, aber vielleicht sind Menschen ohne Kissen glücklicher.«

Sie bat ihn, das näher zu erklären.

»Ich habe in meinem ganzen Leben noch nie auf einem Kissen meditiert«, begann er, »sondern immer auf dem kalten, harten Boden gesessen. Es ist nicht gerade komfortabel, aber vielleicht ist es wie mit der Frau in der Geschichte, die an die tausend Türen klopfte. Diese Gefängnisböden tragen 150 Jahre Schmerz von San Quentin in sich. Sie haben davon gesprochen, dass es darum geht, das Leiden aller Leute zu empfinden. Hier ist der Ort, an dem es erlitten wird, und ich spüre *alles* ganz genau.«

Lisa imponierte, wie weit Jarvis in so kurzer Zeit gekommen war, und sie erzählte Chagdud Tulku von seinen letzten Erkenntnissen. Der Lama sagte Lisa, er überlege sich, Jarvis zu treffen, und fragte, ob das möglich sei.

Lisa traf die entsprechenden Vorbereitungen und begleitete Rinpoche schließlich an einem kalten Wintermorgen nach San Quentin. Sie gesellten sich zu einem Dutzend Männern, Frauen und Kindern, die am Osttor des Gefängnisses darauf warteten, hineingelassen zu werden. Ein Kind zerrte am Mantel seiner Mutter und zeigte auf den Mann mit dem langen, silbergrauen, zu einem Knoten hochgebundenen Haar und dem weißen Bart, der eine scharlachrote Robe über einem purpurroten Seidenhemd sowie einen bodenlangen burgunderroten Rock und Ledersandalen trug.

Nach einer Stunde instruierte ein Wachmann die Besucher, eine Reihe zu bilden und hereinzukommen. Chagdud Tulku sagte man, er solle seine Sandalen, seinen Rock und seine Mala ablegen, und durchsuchte ihn.

Dann führte Lisa ihn zu dem Besuchssaal des Todestrakts, wo sie zu zwei Stühlen dirigiert wurden, die vor einem der Plexiglasfenster standen. Auf der anderen Seite wartete Jarvis bereits auf sie.

Er war vor dem Besuch zwar nervös gewesen, doch jetzt, als er das Gesicht des Lamas sah, verschwand seine Aufregung. Die Gelassenheit, die dessen Augen ausstrahlten, beruhigte ihn.

Lisa übersetzte die Begrüßungsworte, die sie austauschten. »Sie durch das Glas zu sehen ist so, als wären Sie im Fernsehen«, sagte Chagdud Tulku und grinste über sein ganzes Gesicht.

»Ich kann es kaum glauben, dass Sie wirklich hier sind«, erwiderte Jarvis.

Nach einer Weile fragte Chagdud Tulku: »Warum sind wir durch ein Glasfenster getrennt, während die anderen unten in der Halle zusammen in Käfigen sitzen können?« Jarvis erklärte: »Manche von ihnen dürfen ihre Besuche dort empfangen und können so nah mit ihren Familien und Freunden sein, ich aber nicht – keiner von uns, die im ›Loch‹ einsitzen.« Chagdud Tulku hob die Augenbrauen und wiederholte: *»Im Loch?«*

Jarvis erwiderte: »Im Isolationstrakt. Wir nennen ihn ›das Loch‹.«

Der Lama entgegnete: »Das kenne ich.«

»Was meinen Sie damit?«, erkundigte sich Jarvis.

»Als die Chinesen Tibet besetzten, war ich ein junger Mann«, erklärte der Lama. »Viele tibetische Gefangene wurden in Lager gesteckt und öffentlich gedemütigt. Manche wurden geschlagen, und andere zwang man, Löcher auszuheben und dort zu leben. Das Loch war ihr Gefängnis. Wenn sie starben, begrub man sie in ihnen.«

Jarvis dachte: »Der Typ versteht, was es bedeutet, im Loch zu sein.«

»Ich hatte Glück, denn es gelang mir, aus Tibet zu flüchten«, fuhr Chagdud Tulku fort, »aber viele andere wurden ermordet. Dreiundzwanzig Mitglieder meiner Familie starben in dieser Zeit. Nur drei von uns überlebten.« Der Lehrer hielt inne und sagte dann: »Das Leiden war immens.«

In seiner Erinnerung reiste er zurück nach Tibet. »Sie waren hinter uns her, und so zogen wir jede Nacht weiter. Es war Winter, und in den Bergen war es eiskalt. Wir versteckten uns in einem Schlupfwinkel nach dem anderen, und das ein ganzes Jahr lang.«

Jarvis hörte gebannt zu.

Lisa erklärte, dass Rinpoche zur gleichen Zeit wie der Dalai Lama und Hunderttausende andere Tibeter geflohen war. Nach der Flucht half er beim Aufbau von Flüchtlingscamps und Exilgemeinschaften in Indien sowie Nepal. Anschließend kam er in die USA, von wo aus er Zentren für das Studium und die Praxis des tibetischen Buddhismus in Nord- und Südamerika, Europa und Australien gründete.

»Und im Todestrakt«, fügte Jarvis an.

Als Lisa dies übersetzte, strahlte der Lehrer und wiederholte zustimmend »und im Todestrakt«. Sie unterhielten sich eine Stunde lang, bis ihnen ein Wärter erklärte, die Besuchszeit sei vorüber. Der Lama sagte: »Vielleicht verstehen Sie es nicht gleich, aber es ist Ihr Karma, hier zu sein. Ich habe geschrieben, dass Sie Glück haben, hier zu sein. So schwer es zu akzeptieren ist, aber dies ist der Ort, an dem Sie jetzt sein müssen. Vielleicht sehen Sie es nicht, aber Ihr Glück besteht darin, an einem Ort zu sein, wo Sie das menschliche Leid so direkt erfahren. Dadurch können Sie verstehen lernen, dass alle lebenden Wesen einschließlich Ihrer selbst bereits vollkommen sind. Lernen Sie, dies zu sehen!«

Als der Wärter die Tür aufschloss, wandte sich Lisa ein letztes Mal an Jarvis: »Rinpoche hat gerade noch einmal betont, wie wichtig es ist, jeden Tag zu meditieren. In Ihrer Lage wird dies mehr helfen als alles andere.«

Als der Lama merkte, wie überwältigt Jarvis war, sagte er, von Lisa übersetzt: »Ich biete Ihnen viele neue Ideen an. Seien Sie also nicht enttäuscht, wenn Sie sie nicht gleich verstehen. Später wird Ihnen all dies klarer werden. Praktizieren Sie, und öffnen Sie Ihr Herz. Dann wird Ihr Geist von alleine folgen.«

Schließlich verabschiedete sich der Lehrer mit den Worten: »Wir lassen Sie jetzt allein. Denken Sie daran: Wir werden Ihnen helfen. Sie sind immer in unseren Gebeten. Wir denken immer an Sie.«

Abschließend fügte Lisa hinzu: »Rinpoche sagt, dass Sie sich bald wiedersehen, jetzt, wo er Ihr Lehrer und Sie sein Schüler sind.«

Mit diesem Gedanken ließen sie Jarvis nun allein, und als er wieder auf seinen Gang gebracht wurde, dachte er: »Ich bin sein Schüler, und er ist mein Lehrer.«

In der folgenden Nacht versuchte sich Jarvis an Rinpoches Worte zu erinnern. Vieles verstand er nicht, aber der Lama hatte ihn ja darauf vorbereitet, dass er die ganzen Lehren sicherlich nicht gleich verstehen würde. Er hatte ihm geraten: »Praktizieren Sie, und öffnen Sie Ihr Herz. Dann wird Ihr Geist von alleine folgen.«

»Ihr Geist wird folgen.«

Jarvis wiederholte die Worte, und sie erinnerten ihn an ein Erlebnis aus seiner Jugend. Er war neun Jahre alt gewesen, als Mamie Procks erkrankte. An einem Abend ließen sie ihn wissen, dass sie sich nicht mehr weiter um ihn kümmern konnten. Mamie zog ihn an sich, während er weinte, aber er stieß sie weg. Er hatte Geborgenheit und Liebe gefunden, und jetzt wurde er – ein weiteres Mal – zurückgewiesen.

Anschließend wurde Jarvis in neun Pflegefamilien und drei Jungendheimen untergebracht. In einigen von ihnen lebte er unter armseligen Bedingungen, bekam nicht einmal genug zu essen und wurde geschlagen. Mit 13 Jahren übergaben ihn die Behörden der Jugendstrafjustiz, da er wegen Bagatelldelikten – für Spritztouren gestohlene Fahrräder – verhaftet worden war. Er kam in Jugendstrafanstalten, wo er noch brutaler behandelt wurde: Man fügte ihm Verbrennungen zu, er wurde weiter geschlagen, in Schränke gesperrt und dazu gebracht, andere Jungen zu verprügeln. Wenn er sich weigerte, schlugen ihn die Betreuer nur noch mehr. Wenn er konnte, lief er weg und fand oft den Weg zurück nach Harbor City, wo er manchmal bei seiner Tante, Cynthias Schwester Barbaree, wohnte. Dort lief immer Musik – Barbaree legte immer wieder die gleichen Platten auf: Smokey Robinson, Gladys Knight und die Delfonics. Ein Lied von George Clintons Funkadelic liebte sie besonders: »Free Your Mind and Your Ass Will Follow«. Bei dem Gedanken, dass es George Clinton, also ein Funksänger, war, der ihm geholfen hatte, die Worte eines großen Lamas aus Tibet zu verstehen, musste Jarvis lachen. Er sagte es laut: »Befreie deinen Geist, und dein Hintern wird folgen.«

Kapitel 6

Zuflucht

Lisa begann ihren nächsten Besuch bei Jarvis mit den Worten: »Rinpoche war sehr beeindruckt, mit welcher Ehrlichkeit und mit welchem Engagement Sie praktizieren, und würde daher gerne wieder nach San Quentin kommen, um Ihnen mit einer Zeremonie die buddhistische Zuflucht zu geben und anschließend eine Ermächtigung zu übertragen. Sie beschrieb ihm das Ritual, bei dem er Zuflucht zu innerem Frieden, zu Buddha, Dharma und Sangha – den *Drei Juwelen* des Buddhismus – nehmen könne. »Das erste Juwel ist Buddha selbst«, erklärte sie ihm. Jarvis gefiel Melodys Definition des Buddha als »Ideal dessen, wie wir werden möchten«. Er verstand Dharma als das Studium der buddhistischen Lehren, wobei »studieren« sich nicht auf das Lernen der buddhistischen Geschichte, der Texte und Vorstellungen beschränkte, sondern auch ihre Anwendung und Integration in das eigene Leben umfasste. Und der Sangha war die Gemeinschaft all jener, die gemeinsam mit ihm auf dem buddhistischen Weg waren.

Mit diesem dreifachen Zufluchtsgelübde würde Jarvis auch formell ein Buddhist.

Lisa fragte: »Was halten Sie davon?«

Jarvis zögerte. Bislang hatte er eine recht eigene Interpretation der Religion praktiziert und davon ungemein profitiert. Sie brachte ihn dazu, so ziemlich all seine Überzeugungen zu hinterfragen und neu zu überdenken. Die Praxis selbst fiel ihm schwerer als alles, was er je getan hatte, aber er war sich sicher, dass Lisa vollkommen recht damit hatte, dass sie ihn retten könne. Dennoch wollte er noch immer kein Buddhist werden. Und was bedeutete das überhaupt?

Lisa sagte, er solle sich Zeit nehmen und über die Sache meditieren.

Als Jarvis Melody von Chagdud Tulkus Vorschlag berichtete, gestand er ein, dass er sich nicht sicher sei, was er tun sollte.

»Wieso zögern Sie?«

»Ich bin einfach nicht der Typ, der Vereinen beitritt«, erwiderte er, »und ich gebe mich nicht so leicht für *irgendetwas* her. Jedes Mal, wenn ich das bisher getan habe, ging es schief.«

Er dachte etwas nach und fuhr fort: »Vielleicht bin ich auch der Meinung, dass ich es nicht verdiene« – er schaute auf –, »und denke irgendetwas wie: Ich bin kein Buddhist, sondern« – erneut pausierte er – »ein *Hochstapler!*« Seine Stimme klang ernst.

Während Melody ihn schweigend ansah, ergründete er weiterhin seine Widerstände und fand eine Erklärung, wobei es ihm schwerfiel, sich diese einzugestehen – und noch viel mehr, jemandem davon zu erzählen. Er dachte: »Ein Buddhist sollte daran arbeiten, das Leiden zu beenden, doch was ist mit dem ganzen Leiden, das ich anderen angetan habe? Rinpoche hat keine Ahnung, wie brutal ich früher war.« Dieser Gedankte führte ihn zu einem noch schmerzhafteren: »Ich möchte ihn nicht enttäuschen.« Er hatte auf den Lehrer den Eindruck gemacht, er sei ein guter Mensch mit einer liebenswürdigen Einstellung, und so befürchtete Jarvis, Chagdud Tulku könne tiefer in ihn hineinschauen und die Wahrheit erkennen, die Richterin Savitt so treffend beschrieben hatte: Er war ein bösartiger Mensch, dem nicht mehr zu helfen war.

»Ich glaube, ich verdiene es nicht«, fuhr er fort.

»Jarvis«, entgegnete Melody, »wenn Sie es nicht wert wären, würde Ihnen kein derart hoch angesehener tibetischer Lama von sich aus anbieten, zu Ihnen zu kommen und Ihnen das Zufluchtsgelübde zu geben. Entspannen Sie sich einfach, und nehmen Sie es an, es ist eine wirklich gute Sache.«

Melody beantragte bei der Gefängnisleitung, dass die Zeremonie in der Kapelle des Todestrakts oder in einem ruhigen Raum abgehalten werden könne. Doch der Antrag wurde genauso abgelehnt wie die Bitte, dass man Chagdud Tulku erlaube, Segensobjekte mitzubringen, die er normalerweise bei dem Ritual verwendete. Nichtsdestotrotz fand es an einem Morgen des darauffolgenden Frühjahrs statt, an dem ein eisiger Wind durch die Golden-Gate-Meerenge blies. Jarvis stand früh auf und meditierte. Anschließend brachte man das Frühstück, aber er aß nichts. Kurz darauf kamen zwei Wärter, und einer fragte, ob er bereit sei mitzukommen, doch er antwortete nicht.

Der andere Wachmann fragte: »Haben Sie alles, was Sie brauchen?«

Jarvis überkam ein seltsames Gefühl. Aus irgendeinem unerklärlichen Grund war es ihm, als seien die Wärter nicht gekommen, um ihn zu dem buddhistischen Lehrer, sondern um ihn zu seiner Hinrichtung zu bringen. Er hatte das Gefühl, es sei der Zeitpunkt gekommen, in die Gaskammer zu gehen.

Die Wache wiederholte: »Masters, sind Sie bereit?«

Erstaunlicherweise war ihm die Antwort klar: Er war es.

»Haben Sie alles, was Sie brauchen?«

Diesmal bejahte er. Als er mit den Gefängniswärtern ging, erschien es ihm so, als liefe er in den eigenen Tod.

Als er schließlich Chagdud Tulku, Melody und einer Übersetzerin namens Tsering Everest gegenübersaß, wurde Jarvis bewusst, dass er tatsächlich zu seiner Exekution gegangen war – der Hinrichtung desjenigen, der er bis dahin gewesen war. Er schaute in die Augen seines Lehrers und setzte sich den Kopfhörer der Sprechanlage auf.

Die vier begrüßten einander. Tsering Everest stellte sich vor und fragte anschließend: »Geht es Ihnen gut? Sind Sie bereit?«

Wieder die gleichen Fragen ... Als er die Frage bejahte, durchlief ihn erneut ein Schauder, denn er merkte, dass er tatsächlich bereit war – nicht nur für die Zeremonie, sondern für alles, was in seinem Leben noch geschehen sollte.

Von Everest übersetzt, erklärte Chagdud Tulku: »Normalerweise würde ich Sie jetzt mit verschiedenen Ritualgegenständen segnen, aber es ist nicht schlimm, dass dies hier nicht möglich ist. Die Kraft der Zeremonie liegt darin, dass Sie meine Worte hören und sie wiederholen.«

Jarvis lehnte sich nach vorne, und Chagdud Tulku begann: »Sind Sie bei klarem Verstand?«

Jarvis bejahte erneut.

Everest erklärte nun: »Die Ermächtigung ist der Zugang zum Vajrayana« – zur tibetischen Form des Buddhismus, den der Lama lehrt –, »und das Versprechen, das mit ihm einhergeht, ist, allen Lebewesen zu helfen, zu ihrer wahren Natur zu erwachen.«

Chagdud Tulku ließ Jarvis einige Sätze und Rezitationen auf Tibetisch wiederholen. Er sprach von der Allgegenwärtigkeit des Leidens und den Gründen, warum es alle lebenden Wesen erfahren müssen. Er erinnerte Jarvis daran, dass er ihnen, so gut er konnte, helfen sollte, und wiederholte eine Unterweisung, die er ihm bereits bei seinem ersten Besuch gegeben hatte: Er solle die Vollkommenheit aller Lebewesen sehen.

Schließlich kam es zu der eigentlichen Zufluchtnahme, bei der Jarvis die Worte Chagdud Tulkus jeweils dreimal wiederholte: »Ich nehme Zuflucht zum Buddha.« – »Ich nehme Zuflucht zum Dharma.« – »Ich nehme Zuflucht zum Sangha.« Rinpoche erklärte, dass er sich mit jeder Wiederholung mehr öffne. Je offener er sei, umso mehr Vertrauen würde er in den Weg gewinnen, auf den er sich begeben habe – ein Weg, der zu Friede, Glück und letzten Endes zur Erleuchtung führe.

Nach der Zufluchtnahme erklärte ihm Chagdud Tulku, dass er ihm nun den Schutz einer gütigen, alle lebenden Wesen liebenden Manifestation des Buddha namens Rote Tara übertragen würde, der »Mutter der Befreiung«.

Jarvis stellte sich diese als scharlachrote, hexenartige Göttin vor, die wie Manjushris Schwert von Flammen umgeben war.[9]

»Beschäftigen Sie sich mit ihr«, sagte Chagdud Tulku. »Sie hat selbst den Weg zur Erleuchtung beschritten. Dabei legte sie das Versprechen ab, nach ihrer Erleuchtung das Leiden von allen, die sich an sie wenden, stets schnell zu lindern.«

Chagdud Tulku gab Jarvis die »Rote-Tara-Ermächtigung« und erklärte ihm, von Everest übersetzt, ihr Mantra *Om Tare Tam Soha*. Gleichzeitig lehrte er ihn, diese Form der Tara vor sich im Raum und über seinem Kopf zu visualisieren, wobei sie wärmendes Licht ausstrahlte. »Wenn Sie Angst haben, dann denken Sie daran, dass sie immer bei Ihnen ist«, ergänzte der Lehrer. »Rezitieren Sie dieses Gebet, und visualisieren Sie ihre lichtgleiche Weisheit, die Sie und alle lebenden Wesen mit Nektar segnet.«

Tsering Everest übersetzte das Gebet an Tara: »Tara, bitte sei meiner gewahr, wende die Hindernisse auf meinem Weg ab und hilf, dass meine guten Wünsche Wirklichkeit werden.«

Als die Zeremonie ihr Ende gefunden hatte und die Besucher sich erhoben, um zu gehen, sagte Chagdud Tulku: »Jarvis, jetzt, da du dieses Versprechen abgelegt hast, sind wir gemeinsam auf dem buddhistischen Weg. Die Rote Tara ist mit dir. Wenn du Angst hast, rufe sie und stelle dir vor, dass der Wind alle beängstigenden Gedanken davonträgt.«

* * *

Als Lisa und er sich in der folgenden Woche trafen, reflektierte Jarvis über die Zeremonie – er musste zugeben, dass ihm vieles noch immer ein Rätsel war. »Ich meine, was soll das bedeuten, dass die Rote Tara eine Gottheit ist, die mich beschützen soll? *Hier* drin?«

9 Wie bei der Darstellung des Manjushri symbolisieren die Flammen den Nachdruck, mit dem Tara alle Hindernisse überwindet.

Er erzählte, dass er in einem Buch nachgeschaut hatte und sie ziemlich anders aussah, als er sie sich vorgestellt hatte.

Sie trug eine Art goldene Krone, war scharlachrot, hatte einen Lichthof um sich herum und schwang Pfeil und Bogen. »Keine angebliche Gottheit wird mich hier drin schützen können«, fügte er an.

Am meisten beschäftigte ihn eine Aussage Chagdud Tulkus, die dieser bei seinem letzten Besuch, aber auch schon mehrere Male zuvor sowie in seinem ersten Brief gemacht hatte: nämlich, dass Jarvis Glück hatte und das Todesurteil ein Geschenk war. Jarvis hatte anfangs gedacht: »Wenn er das wirklich glaubt, ist er naiv.« Tatsächlich machte ihn diese Bemerkung noch immer wütend.

»Da ist eine Sache, die ich wirklich nicht verstehe«, sagte er zu Lisa. »Vielleicht hat er das gesagt, weil er möchte, dass ich mit der Situation besser klarkomme, aber wie kann er glauben, San Quentin sei ein Geschenk?«

»Sag mir, Jarvis«, antwortete Lisa, »wie wäre dein Leben verlaufen, wenn man dich nicht wegen Mordes verurteilt und hier im Todestrakt eingesperrt hätte? Sag selbst, was wäre dann geschehen?«

Jarvis schwieg eine Weile und dachte über ihre Frage nach. Schließlich antwortete er: »Es ist ganz klar, was dann passiert wäre. Ich hätte so weitergemacht wie vorher. Mit Gewalt. So funktionierte ich damals.«

Lisa hatte seine Zelle in San Quentin einmal mit der Zelle eines Mönchs in einem vom Staat finanzierten Retreat verglichen. Natürlich war dies ein Scherz gewesen, doch jetzt musste er wieder daran denken: »Es stimmt«, sagte er. »Es ist ein Ort, wo ich sitzen und diese ganzen neuen Ideen studieren und kontemplieren kann. Ich kann über die Fragen nachdenken, die in meinem Kopf kreisen, um sie dann in mein Leben zu integrieren. Woanders wäre ich nicht im Traum darauf gekommen, so etwas zu tun. Ich hätte mir meine Vergangenheit, diesen erschreckenden Mist, mit Sicherheit nicht angeschaut, sondern wäre weiter vor ihr davongelaufen.«

Dann kam ihm eine noch erstaunlichere Einsicht. »Weißt du«, sagte er, »um die Wahrheit zu sagen: Das Urteil hat mein Leben gerettet. Sonst wäre ich bereits tot. Ich meine wirklich tot.«

»Warum tot?«, fragte sie.

»Wenn ich die ganzen Jahre nicht in dieser Mönchsklause verbracht hätte, wäre ich noch auf meinem alten Weg, und das hätte ganz sicher dazu geführt, dass man mich entweder ermordet oder ...« – er hielt inne und rieb seine Augen – »... ich selbst jemanden umgebracht hätte. Und nach so einer Tat hätte ich nicht einfach so weiterleben können wie zuvor.«

Jarvis musste daran denken, wie aggressiv und brutal er gewesen war: »Ich hasste die Cops, verfluchte die anderen Häftlinge. Ich kämpfte. Wenn ich nicht mit der spirituellen Praxis begonnen hätte, wäre ich noch immer der gleiche Mensch, und wenn man mich dann etwa zwanzig Jahre später – wenn ich dann überhaupt noch am Leben gewesen wäre, denn alles sprach dagegen – aus der Haft entlassen hätte, wäre ich zurück nach Harbor City gegangen und hätte weitergemacht wie zuvor. Ich hätte Raubüberfälle begangen, auf andere geschossen, und auf mich wäre geschossen worden.« Er malte es sich weiter aus: »Ich hätte sicherlich jemanden ins Jenseits befördert oder wäre selbst in einen Leichensack verfrachtet worden.

Und selbst wenn ich es überlebt hätte« – diesbezüglich machte er sich keine Illusionen –, »wäre ich der gleiche Mensch wie vorher – und in spiritueller Hinsicht tot.«

Diese Aussicht schreckte ihn. »Hm, ja, so gesehen hat mir die Todesstrafe das Leben gerettet. Sie *schenkte* mir das Leben. Ich nehme an, dass es das war, was Rinpoche meinte, als er sagte, ich habe Glück gehabt. Mit der Verurteilung hat sich alles verändert.«

Und es kam ihm ein weiterer Gedanke: »Ich hätte nie begonnen zu meditieren und mich nie mit dem Buddhismus beschäftigt. Auf keinen Fall. All das hätte mich nie und nimmer interessiert. Und ich wäre nie Rinpoche begegnet. Und Melody. Kelly. Und auch nicht dir.«

Jarvis erinnerte sich an das mysteriöseste und eindrücklichste Erlebnis des Tages, an dem er Buddhist geworden war, nämlich das, welches er hatte, als die Wärter ihn am Morgen der Zeremonie in seiner Zelle abholten. Er erzählte Lisa davon: »Sie begleiteten mich hinunter, aber es schien mir nicht so, als würden sie mich zu einer Zeremonie führen, sondern zu etwas ganz anderem: zu meiner Hinrichtung. Zumindest empfand ich das so. Der Wärter fragte mich, ob ich bereit wäre, und ich wusste: Ich war es. Ich war bereit zu sterben. Was hatte das alles zu bedeuten? Ich glaube, es heute zu wissen: Die Person, die ich vorher gewesen war, war bereit zu sterben, und sie starb an diesem Tag tatsächlich.

Mein altes Selbst starb. Der Teil von mir, der desensibilisiert, dumpf und tot war.« Er schaute nach oben. »Und ich glaube, nach diesem Tod bin ich … jemand Neues geworden. Ich bin dabei, ein *neuer Mensch* zu werden.«

Lisa entgegnete: »In dir kommt der zum Vorschein, der du wirklich bist. Du entdeckst deine wahre Natur.«

Damals hatte Jarvis bereits mitbekommen, dass es im Buddhismus von Paradoxen und Widersprüchen nur so wimmelte, was ihn verwirrte. Manchmal schienen diese Widersprüche sein Verständnis zu überschreiten, doch gleichzeitig merkte er, dass der Geist zu weit mehr fähig ist, als man glaubt. Das Paradox, das ihm gerade bewusst geworden war, genoss Jarvis allerdings: Das Todesurteil, das seinen Tod bedeuten konnte, hatte ihm das Leben geschenkt.

Bei einem ihrer Besuche fragte ihn Melody, ob er seinen Text über die vernarbten Körper veröffentlichen wolle. Jarvis blickte sie mit weit aufgerissenen Augen an. Die Idee gefiel ihm, und so reichte er ihn bei einem Magazin namens *Wingspan: Journal of the Male Spirit* ein und vergaß die ganze Sache, bis ihm Melody einige Monate später eine Ausgabe mitbrachte. Als er den Artikel mit dem Titel: »Scars – Narben. Von Jarvis Jay Masters« entdeckte, starrte er auf die Seite. Ein etwas verletzlicher Ausdruck des Staunens ging über sein Gesicht. Äußerlich wirkte er so, als würde die Sache ihn nicht weiter beeindrucken, doch seine Augen spiegelten seinen emotionalen Konflikt zwischen Beklemmung und Selbstzweifel, zu dem sich etwas Neues gesellte: Stolz.

Susan Moon, Herausgeberin des Magazins *Turning Wheel,* war Mitglied von Melodys Schreiberinnengruppe. Susan las ihren Kolleginnen »Scars« und einige andere Geschichten von Jarvis vor und fand seinen Stil schnörkellos, lebendig und voll von bemerkenswerten berührenden Einsichten. Sie bereitete einen Besuch bei ihm vor.

»Es ist, als träfe ich einen alten Freund«, sagte sie, als sie ihm das erste Mal gegenübersaß. »Dank Ihrer Geschichten habe ich den Eindruck, ich kenne Sie.«

Sie unterhielten sich über das Schreiben sowie den Buddhismus und machten gemeinsam Schreibübungen, die jenen, die er mit Melody gemacht hatte, ähnelten. Bei einem Besuch zeigte Jarvis Susan einen Text, der von einer anderen Herausforderung, mit der er in diesem Jahr konfrontiert gewesen war, handelte. Eine Gruppe von Mitgefangenen hatte einen Angriff auf zwei Gefängniswärter geplant, von denen sie schikaniert wurden. Es wäre sinnlos oder sogar gefährlich gewesen zu versuchen, die Männer von ihren Plänen abzubringen. Jarvis fand eine andere Lösung, wie sie ihrem Zorn Ausdruck verleihen konnten, ohne dass dabei jemand körperlich zu Schaden kam.

Es war der 4. Juli, der US-amerikanische Unabhängigkeitstag, und die Wärter wollten früh nach Hause, um zu feiern. Jarvis schlug seinen Mitgefangenen vor, dass sie alle zu einer bestimmten Uhrzeit ihre Toiletten mit Handtüchern verstopfen und dann so lange die Spülung ziehen sollten, bis aus allen Zellen Wasser flösse und den Gang überschwemmte. »Wir werden dafür sorgen, dass sie etwas aufzuputzen haben«, sagte

Jarvis. »Und so können sie nicht früher heim. Das wird sie ziemlich nerven.« Jarvis' Plan machte ihnen Spaß. Es war genau die richtige Art, sich mit den Wachen anzulegen. Also steckten sie ihre Messer weg und überfluteten wie geplant den Gang. Die Beamten mussten an dem Tag lange bei der Arbeit bleiben … Sie waren stinksauer.

Jarvis und Susan arbeiteten gemeinsam an der Story. Jarvis war ein begnadeter Geschichtenerzähler, und Susans Verbesserungsvorschläge betrafen zumeist Struktur, Grammatik und die Ausarbeitung der Charaktere. Sie half ihm, selbst zu erkennen, wenn er sich in Klischees verlor, und diese durch seinen einzigartigen Stil zu ersetzen. Nachdem Susan die Erzählung mit dem Titel *Fourth of July* in ihrer Zeitung veröffentlicht hatte, überfluteten die Leserinnen und Leser sie mit Briefen.

Susan besuchte Jarvis fast jede Woche. Sie und Melody arbeiteten mit ihm an weiteren Texten. Einmal vertraute er Melody an: »Man hat die Menschen hier drin alle vergessen. Eine meiner größten Ängste ist, dass dies auch mit mir geschieht. Meine Geschichten bezeugen, dass ich gelebt habe und am Leben bin. Ich bin noch immer im Spiel. Und vielleicht«, so fügte er hinzu, »habe ich sogar etwas gefunden, das ich gut kann – etwas anderes als Überfälle und Kämpfen.«

Susan machte Jarvis mit Haiku vertraut, und sie schrieben gemeinsam. Anfangs sagte er, er hasse Poesie, aber das änderte sich, als sie ihm aus einer Gedichtsammlung mit Beiträgen von Maya Angelou, Langston Hughes und Alice Walker vorlas. Davon inspiriert, begann auch er, mit dieser Ausdrucksform zu experimentieren, und schon bald konnte er ihr sein erstes Gedicht zeigen.

Damals hatte Jarvis gerade ein Rezept für *Pruno* perfektioniert, den Gefängniswein, den die Häftlinge aus einem Brei aus Fruchtcocktail, Zucker und anderen Zutaten in einem verschließbaren Plastikbeutel fermentierten. Er sinnierte über das seltsame Unterfangen, Wein herzustellen, um das Leben im Gefängnis so erträglich wie möglich zu machen – so *normal* wie möglich –, und gleichzeitig auf die eigene Hinrichtung zu warten. Während er so zwischen diesen beiden Realitäten hin- und herpendelte, kam er auf die Idee, das Rezept für Pruno und den Wortlaut der Verlesung seines Todesurteils durch Richterin Savitt miteinander zu verweben.

Orangen schälen, in eine Plastiktüte geben
Und die Früchte darin zerdrücken.
Es ist die Überzeugung dieses Gerichts, die Anschuldigungen seien wahr und man solle
250 ml Fruchtsaft und 500 ml Wasser zufügen.
Das Urteil der Geschworenen annehmen, die an dem besagten Datum bestimmten, dass er mit dem Tode bestraft werden soll.
Den Beutel gut verschließen,
Und nachdem das Hohe Gericht am 21. August 1991 den Antrag auf Revision abgelehnt hat,
In die Spüle legen und für 15 Minuten unter laufendem warmem Wasser erwärmen,
Ist es der Beschluss des Gerichts, dass Sie die Todesstrafe erleiden sollen.
Nun Handtücher um den Beutel schlagen, um ihn warm zu halten.
Besagte Strafe soll in den Wänden von San Quentin vollzogen werden.
Das Ganze für 48 Stunden in der Zelle ruhen lassen.
Dem Ort, wo Sie getötet werden sollen.
Wenn die Zeit vorüber ist, dann 50 bis 60 Würfel weißen Zucker und sechs Teelöffel Ketchup hinzufügen.
Bis zu dem vom Gericht später zur Sicherstellung der Ausführung festzulegenden Datum
Den Beutel wieder verschließen
Möge man Sie der Obhut des Gefängnisdirektors von San Quentin übergeben,
Und noch einmal für 30 Minuten erwärmen.

Bis zur endgültigen Entscheidung nach Ihrer Berufung
Weitere 72 Stunden ruhen lassen, dabei
Ist dieser für Ihre weitere Inhaftierung verantwortlich. Es wird so angeordnet.
Täglich einmal für 15 Minuten erwärmen.
Um dies zu bekräftigen, wird die Anbringung des Siegels dieses Gerichts veranlasst.
Nach 72 Stunden mit einem Löffel den Brei abschöpfen.
Hierzu gebe ich als Richterin dieses Obersten Gerichtshofs meine Zustimmung.
Und den Rest in zwei Halblitertassen füllen.

Jarvis reichte das »Rezept für Gefängnisbowle« beim jährlichen Wettbewerb des PEN-Wettbewerbs für Gefängnisliteratur ein und gewann einen Preis.

Die Gegensätze in Jarvis' Leben waren schwindelerregend: Eines Morgens – er schwelgte gerade im Ruhm seiner Auszeichnung – wurde er plötzlich von einem Wärter, dem er auf dem Gang begegnete, gegen die Wand gestoßen. Hitze wallte durch seinen Körper und Wut durch seinen Geist, doch ihm blieb keine Wahl, als sich zu beherrschen und den Angriff ohne Gegenwehr über sich ergehen zu lassen. An einem anderen Morgen wurde er durch Schüsse auf dem Trainingshof aus seiner Meditation gerissen.

Aber das Schlimmste sollte im April des gleichen Jahres kommen.

Im Jahr 1972 hatte das höchste Gericht in Kalifornien entschieden, dass Hinrichtungen gegen die Verfassung verstießen, und ein Moratorium erlassen. 1977 wurde die Todesstrafe aber wieder zugelassen, wobei seither kein solches Urteil vollstreckt worden war. Dies sollte sich nun ändern, und man hatte die erste Hinrichtung für den 21. April 1992 anberaumt. Am Abend dieses Tages wurde Robert Alton Harris, verurteilt wegen Entführung und Mord, in der Gaskammer von San

Quentin hingerichtet. Jarvis' Schlaf in jener Nacht glich Folter: Er hatte einen Albtraum, den er Melody später in einem Brief schilderte. Er war mit Freunden auf einem Boot in der Mitte des Meeres. »Die Crew bereitete die Taucherausrüstung vor, um den Ozean zu erforschen. Die Taucherglocke war grün und wie eine Kapsel oder ein kleines U-Boot geformt. Sie hatte auf jeder Seite zwei kleine Bullaugen und vorne eine dicke Eingangsluke. Ich ging als Erster hinein. Kaum war ich drinnen, wurde die schwere Türe hinter mir zugeschlagen, und danach hörte ich das Geräusch des Kranes, der die Tauchkabine an einer Kette über Bord hievte und langsam ins Wasser ließ. Durch das Bullauge sah ich Tausende von Luftbläschen und Fischen. Ich tauchte tief und empfand es so, als würde ich von Mutter Erdes Schlund verschluckt werden. Schließlich bekam ich Angst. Keiner konnte mich hörten, als ich weiter sank. Ich rief Buddha, Allah, Jesus, Jehovah, Krishna an und brach zusammen. Ich begann, um mich zu schlagen, bekam Atemnot, übergab mich und hatte Zuckungen am ganzen Körper.«

Als Jarvis aus dem Traum erwachte, war sein Atem flach und schnell. Noch nie war er so desorientiert und verängstigt gewesen. In seiner Erstarrung tat er das Einzige, von dem er sich Hilfe versprach: Er kroch von der Pritsche auf den Boden, setzte sich mit gekreuzten Beinen und gerader Wirbelsäule hin und begann zu meditieren. Es war, als befände er sich in einem Ringkampf mit seinem Geist. Doch er schaffte es, sich aus der Panik zu befreien und wieder in seinen Körper zurückzukehren. Er brauchte eine ganze Stunde, um sich zu beruhigen.

Jarvis berichtete Lisa von dieser Nacht und fügte an, dass er nun endlich die Kraft der Meditation verstand. Als Melody ihm einst gesagt hatte: »Jarvis, Sie können Ihren Geist kontrollieren«, hatte er nicht genau gewusst, was sie damit meinte, aber jetzt tat er es. Es gab nicht viel in seinem Leben, auf das er einen Einfluss hatte, doch seinen Geist konnte er tatsächlich kontrollieren. Gleichzeitig wurde ihm klar, dass ihm Rinpoche einen wahren Rettungsanker geschenkt hatte, an den er sich nun halten konnte. Dank der Praxis kam er durch den Schmerz und die Angst, die Harris' Tod in ihm ausgelöst hatte. Meditation selbst hatte allerdings bei ihm enorm unterschiedliche Auswirkungen. Manchmal war er in einer so heiteren und ausgeglichenen Stimmung, wie er sie nie zuvor gekannt hatte. Dann wiederum fühlte er sich empfindlich und zerbrechlich, wenn er sich aus der Lotosposition erhob. An wieder anderen Tagen verlor er sich in dunklen Abgründen seines Geistes und fühlte sich anschließend ausgelaugt, schwitzte und war angsterfüllt.

Lisa hatte ihm den Verlust des Egos als Ziel der Meditation beschrieben. Und tatsächlich erlebte er dies manchmal. Sein Zeitgefühl löste sich auf. *Er* verschwand. »Melody«, schrieb er ihr einmal, »es war, als hätte ich San Quentin für eine Weile verlassen … Ich kann nicht erklären, was genau passiert ist, aber ich glaube, ich verstehe die Kraft dieser Praktiken jetzt. Ich denke, viele Gefangene würden nicht mehr unter der Last ihres Elends leben, wenn sie wüssten, dass das Verursachen unseres Unglücks genauso viel Anstrengung kostet wie seine Überwindung. Und wenn wir das tun, können wir uns befreien, ohne die Zelle zu verlassen.«

Kapitel 7

Der einzige Ausweg

Von etwas inspiriert zu sein war für Jarvis keine gewohnte Erfahrung, doch wenn er schrieb, erlebte er genau dies. Es war, als sei ein Teil von ihm zum Leben erwacht, der bislang geschlafen hatte. Er reichte weitere Artikel und Erzählungen ein, die auf progressiven Online-Plattformen wie dem Utne Reader, in spirituellen Magazinen und Männerzeitschriften erschienen. 1995 wurde »Scars« in einer Sammlung von Texten afroamerikanischer Autorinnen und Autoren mit dem Titel *Brotherman: The Odyssey of Black Men in America* veröffentlicht. Als er das Belegexemplar durchblätterte, das ihm der Herausgeber zugeschickt hatte, war er erstaunt, seinen Beitrag neben Gedichten von bekannten Schriftstellern wie Frederick Douglass, Henry Louis Gates Jr., Alex Haley, Cornel West und Richard Wright wiederzufinden.

Bei ihrem nächsten Besuch schlug Lisa Jarvis vor, seine Texte in einem eigenen Buch zu veröffentlichen. Er war einverstanden. Sie half ihm, die Erzählungen auszuwählen sowie zu editieren, und schließlich wurde im Herbst 1997 *Finding Freedom: Writings from Death Row* publiziert. Es erschien bei Padma Publishing, einem von Chagdud Tulku gegründeten Verlag.

Melody schrieb eine Einleitung, und der Rinpoche selbst steuerte ein Nachwort bei. Nach dem Erscheinen organisierte Lisa Lesungen des Buches mit Danny Glover[10] und Geronimo

10 US-amerikanischer Schauspieler, Filmregisseur, UNICEF-Sonderbotschafter, politischer Aktivist und Sänger.

Pratt[11]. Zuerst zirkulierte *Finding Freedom* hauptsächlich in buddhistischen Kreisen, wurde später jedoch auch allgemein bekannter. Man veröffentlichte Jarvis' Adresse in San Quentin im Buch, und schon bald bekam er Unmengen von Post.

Buddhisten wie Nicht-Buddhisten schrieben, um ihm ihr Mitgefühl auszusprechen, zu loben, wie gut er seine Situation meistere, und seine Transformation anzuerkennen. Sie erzählten Jarvis von ihrer eigenen Geschichte. Viele von denen, die sich zu »Scars« äußerten, schrieben über ihre eigenen Narben – sowohl von körperlichen als auch emotionalen – und berichteten von erlittenen Misshandlungen, Missbrauch, unterschiedlichsten Traumen, Sucht, Trauer, von Selbstmordversuchen, psychischen Krankheiten und vielen anderen Dingen, mit denen sie zu kämpfen hatten. Es verblüffte ihn, wie viele persönliche Details sie mit ihm teilten.

Das Buch wurde in Gymnasien gelesen, Lehrer nahmen es mit ihren Klassen durch und schickten ganze Pakete mit Briefen von jenen Schülerinnen und Schülern, die von seinen Worten inspiriert worden waren. Jarvis bekam Neuigkeiten von derzeitigen und ehemaligen Gang-Mitgliedern, Gefangenen, ehemaligen Häftlingen sowie ihren Familien. Er wusste nicht, wie er auf all die Briefe antworten sollte. Er hatte das Gefühl, dass er ihnen nichts zu sagen hätte, doch Lisa wandte ein, sie hätten ihm ja genau deswegen geschrieben, weil sie den Eindruck hatten, dass er ihnen weiterhelfen könne. Er brauche keine Angst zu haben, die Last der anderen auf seinen Schultern tragen zu müssen. Sie riet ihm, es stattdessen einfach anzunehmen, dass sich ihm jetzt die Möglichkeiten boten, anderen zu helfen, nach denen er gesucht hatte.

Jarvis antworte allen, bedankte sich für ihre Briefe, teilte weitere Geschichten, gab ihnen Trost und erkundigte sich nach ihrem Leben. Es war der Anfang von vielen neuen Kon-

11 Hochrangiges Mitglied der Partei der Black Panther. Er verbrachte selbst Jahre in Einzelhaft, nachdem man ihn schuldlos wegen Mordes verurteilt hatte.

takten, von denen nicht wenige jahrelang andauerten. Aus manchen von ihnen wurden echte Freundschaften.

* * *

Pema Chödrön ist eine buddhistische Nonne, die ähnlich wie der Dalai Lama die Prinzipien und Praktiken ihrer Religion lehrt und zahllosen Menschen auf der ganzen Welt Inspiration sowie Trost gibt. Neben ihrer Lehrtätigkeit ist sie Bestsellerautorin und leitet Meditationsworkshops und -retreats.

Eine Frau hatte Pema nach einem Vortrag im kalifornischen Sonoma ein Exemplar von *Finding Freedom* geschenkt. Sie empfand es als bemerkenswert, dass ein Gefangener im Todestrakt etwas derart Tiefsinniges geschrieben hatte. Besonders beeindruckt war sie von Jarvis' Weg zum Buddhismus. Wie Chagdud Tulku praktizierte auch sie den Vajrayana[12], und ihr gefiel, dass Jarvis nicht einfach nur die Praktiken dieser Tradition unhinterfragt übernommen, sondern an seine persönliche Situation angepasst hatte.

Pema schrieb Jarvis, und sie begannen einen intensiven Austausch. Seine Briefe bestätigten ihren ersten Eindruck: Er nahm seine buddhistische Praxis sehr ernst. Obwohl er allen Grund dazu gehabt hätte, verbittert und zornig zu sein, war er positiv und voller Freude. Immer wieder brachten sie seine Briefe sogar zum Lachen.

Bei ihrem ersten Treffen im Todestrakt wurde Pema, die das traditionelle safranfarbene Hemd mit Kragen und eine bordeauxrote Robe trug, in die winzige Besuchskammer geführt. Als Jarvis auf der anderen Seite des verkratzten Plexiglasfensters Platz nahm, strahlte sie.

Pema war zierlich, hatte kurz geschnittenes braunes Haar

12 Der Vajrayana ist eine Form des Mahayana-Buddhismus. Er legt großen Wert auf die reine Sicht – also darauf, die Vollkommenheit der Wesen zu sehen, von der Chagdud Tulku sprach, und bedient sich Visualisierungen von Gottheiten wie Tara und Manjushri. Der tibetische Buddhismus gehört zum Vajrayana.

und meerblaue Augen, die Freundlichkeit ausstrahlten. Für eine Weile saßen sie einfach da, sahen einander an und lächelten schweigend. Gleich zu Beginn ihrer Unterhaltung hatten sie den Eindruck, als würden sie eine alte Freundschaft wieder aufnehmen. Sie teilten Geschichten aus ihrem Leben und diskutierten Neuigkeiten aus aller Welt, Bücher und sogar Filme, deren Drehbücher Jarvis' Freunde ihm geschickt hatten. Pema empfand ihn als sogar noch besonnener, heiterer und lustiger als in seinen Briefen.

Jarvis war ebenso von ihr fasziniert. Inzwischen hatte er erfahren, dass sie eine berühmte Lehrerin und Schriftstellerin war, und dennoch wirkte die Frau ihm gegenüber bodenständig und eher zurückhaltend. Ihre Stimme war leise und tröstend – wobei Pema, wenn es darum ging, Witze zu machen und zu lachen, durchaus mit ihm mithalten konnte. Als sie ihm davon erzählte, wie sie ihre äußerst lebhafte vierjährige Enkelin babysittete, entdeckte er eine unerwartet schalkhafte Seite an ihr.

»Ich wusste einfach nicht mehr, was ich tun sollte, und war so frustriert, dass ich die Beherrschung verlor. Hier war ich also, eine buddhistische Nonne, deren größte Markenzeichen Ruhe, Gelassenheit und Toleranz sind, und wurde von einem Kleinkind in den Wahnsinn getrieben. Als ich mich endlich beruhigt hatte, sagte ich zu ihr: ›Hör zu, Schatz, das bleibt unter uns, ich habe einen Ruf zu verlieren.‹«

Pema besuchte ihn, wann immer sie in der Gegend war. Ihre Beziehung vertiefte sich über die Monate und Jahre. Jarvis nannte sie anfangs »Ani Pema«[13], dann »Dharmamom«, »Mom« und schließlich »Mama«. Letzteres sagte er mit Humor, aber gleichzeitig spiegelte es seine ganze Liebe zu ihr.

Jarvis hatte bereits einen spirituellen Lehrer, doch Pema half ihm bei konkreten Praxisfragen. Sie unterwies, ermutigte

13 Ani ist die respektvolle Weise, auf Tibetisch Nonnen anzusprechen, und entspricht in etwa dem christlichen Äquivalent »Schwester«.

und ermahnte ihn manchmal auch – allerdings ganz behutsam.

So schrieb er ihr einmal, dass es ihm schlecht ging. »Und weil ich nicht gut drauf war, ließ ich die Praxis schleifen.« Pema antwortete: »Vielleicht geht es dir aber auch umgekehrt schlecht, weil du die Praxis hast schleifen lassen.«

Sie unterschrieb die Postkarte mit »Mama ist bei dir« und malte mit violetter Tinte einen Smiley daneben.

Ein anderes Mal fragte Jarvis sie nach ihrem bürgerlichen Namen. Als sie »Deirdre Blomfield-Brown« antwortete, musste er lachen. »*Deirdre?*«, fragte er ungläubig und lachte erneut und noch lauter. »Eines Tages bist du also aufgewacht und hast dir gesagt: ›Ich denke, ich sollte mich jetzt anders nennen.‹ Aber warum hast du dir nicht etwas wie ›Sue‹ oder ›Patty‹ ausgesucht?«

Pema stimmte in sein Lachen ein. Was sie anschließend erzählte, faszinierte ihn: »Ich war ein braves katholisches Mädchen«, begann sie, »und ging auf die Miss Porter's School, eine sehr teure Mädchenschule an der Ostküste, die auch Jackie Kennedy besuchte. Dann machte ich an der University of California in Berkeley sowohl den Bachelor als auch den Master und unterrichtete anschließend an einer Grundschule. Ich heiratete, ließ mich wieder scheiden und heiratete erneut. Nach acht Jahren Ehe kam mein Mann eines Tages nach Hause und erklärte mir, dass er sich in eine andere Frau verliebt habe und mich verlassen würde.«

Jarvis konnte sich kaum vorstellen, wie es ihr damals ergangen sein musste: »Mannomann«, sagte er. »Das ist schlimm.«

»Ich war völlig am Boden zerstört«, fügte sie an. »Es war so endgültig. Er sagte nicht ›vielleicht‹ oder ›Lass uns zu einem Eheberater gehen‹. Ich wusste nicht mehr weiter. Ich hatte so viele hasserfüllte und andere bösartige Gefühle gegen meinen Mann und seine Freundin. In meiner Fantasie brannte ich ihr gemeinsames Haus nieder – und das, wo ich doch immer so ein nettes Mädchen gewesen war, eine echte ›Miss Sunshine‹. Ich dachte: ›Wow!‹, denn ich hatte nicht einmal gewusst, dass ich solche Gefühle in mir trug.«

Jarvis lachte erneut: »Ich kann mir nicht vorstellen, dass du ein Haus anstecken könntest. *Ich* wäre dazu in der Lage gewesen, aber *du?*«

»Ich musste irgendwie damit fertigwerden. Ich litt so sehr und war so verwirrt, dass ich eine Therapie begann. Ich versuchte es sogar mit Scientology und Urschreitherapie (allerdings nur so lange, bis ich ähnliche Schreie aus dem Nebenraum hörte). Ich beschäftigte mich ein wenig mit dem Mystizismus der östlichen Religionen und probierte es mit Meditation, aber nichts half.

Eines Tages blätterte ich in einer Zeitschrift und stieß auf einen Artikel mit dem Titel »Mit der eigenen Negativität arbeiten« von Chögyam Trungpa Rinpoche, einem tibetisch-buddhistischen Meister. Bei den Meditationen, die ich zuvor ausprobiert hatte, hatten die Lehrer stets geraten, die eigenen schlechten Gefühle wegzuschieben – sie zu transzendieren –, wobei ich immer nur dachte: ›Wenn ich könnte, nichts lieber als das, aber es gelingt mir einfach nicht.‹

Aber dieser Lehrer verkündete das Gegenteil. Er lehrte, dass man die Dinge, mit denen man zu kämpfen hatte, eben *nicht* hinter sich lassen oder überwinden sollte, sondern sprach davon, dass Schmerz, Trauer und Verzweiflung nützlich seien, da man von ihnen lernen könne. Er vertrat die Ansicht, man müsse diese Gefühle, die er ›negative Emotionen‹ nannte, erleben, um zu heilen.

Es war, als spräche er mich direkt und ganz persönlich an. Im Text erklärte er weiterhin, dass es keinesfalls so wäre, dass mit einem etwas nicht stimmte, wenn man so destruktive Emotionen hatte. Sie würden nur dann zum Problem, wenn man sich vom Erleben des Schmerzes und der Trauer abspaltete.«

Jarvis fragte: »Was meinst du mit ›abspalten‹?«

»Mir selbst einzureden, dass ich etwas falsch gemacht habe,

weil ich nicht wusste, wie ich mit der Situation umgehen und mein Leben ohne meinen Ex-Mann leben sollte. Und in meiner Fantasie sein Haus niederzubrennen.«

Sie lachte leise. »Ich merkte, dass es leichter war, Rachepläne zu schmieden, als den Schmerz über den Verlust und die Zurückweisung zuzulassen.«

Pema erklärte, dass sie den Schmerz aushalten musste, statt über Dinge nachzugrübeln wie: »Wie konnte er mir das antun«, »Wie werde ich ohne ihn weiterleben können?«, »Was habe ich falsch gemacht, dass er mich so plötzlich verließ« oder: »Wie kann ich ihn am besten foltern.«

»Ich las mehr von und über diesen Lehrer und den tibetischen Buddhismus und ging schließlich nach Europa, um ihn zu studieren. Nach weiteren zwei Jahren wurde ich zur Novizin ordiniert, und dabei bekam ich meinen neuen Namen.« Pema Chödrön bedeutet »Lotos, Fackel des Dharma« oder »Licht der Wahrheit«.[14]

»Und mir wurde bewusst, was hinter meinen Emotionen steckte«, fügte sie an. »Zuvor war ich davon ausgegangen, dass mein Schmerz nach der Trennung von dem Verlust kam, aber nun wurde mir klar, dass es in Wirklichkeit eine andere Art der Angst war. Ich hatte meinen Anker verloren, den Boden unter den Füßen, befand mich im freien Fall, und weit und breit war kein rettendes Netz, das mich hätte auffangen können. Es war also diese Haltlosigkeit, die mir *Angst* machte, doch gleichzeitig barg diese Situation auch eine Chance.«

Jarvis meditierte nun seit mehr als zehn Jahren. Er arbeitete dabei mit seinem Atem und praktizierte Achtsamkeit. All dies hatte ihn dabei unterstützt, die Belastungen des Prozesses und der Phase der Urteilsfindung auszuhalten. Die Praktiken hatten ihm außerdem geholfen, gesund zu bleiben und sich bei den Panikattacken, die er regelmäßig bekam, zu beruhigen.

14 Sie wurde im November 1974 vom 16. Gyalwa Karmapa, dem Oberhaupt einer der fünf großen tibetischen Traditionen, ordiniert.

Je besser er in die Meditation fand, desto mehr unterstützte sie ihn dabei, sich dem Trauma, das er erlebt hatte, zu stellen, es zu erforschen und von ihm zu lernen. Manchmal hatte er schreckliche Erinnerungen und Ängste – vor Wärtern oder vor der Hinrichtung –, aber dank der Meditation schaffte er es, diese beiseitezuschieben und zu versuchen, den Schmerz, den er sein ganzes Leben mit sich getragen hatte, zu überwinden. Doch jetzt sagte Pema, er solle seine schlimmsten Erinnerungen und Ängste erneut anschauen – um sie ganz bewusst in der Meditation zu betrachten. Sie erklärte ihm, er solle sie *nicht* wegschieben, *nicht* versuchen, sie zu transformieren, *nicht* vor ihnen davonlaufen, sondern bewusst *auf sie zugehen*.

Jarvis erwiderte: »Du machst wohl Scherze.«

»Das ist nicht mit einem Mal getan«, antwortete Pema, »sondern ein langfristiger Prozess. Wenn wir uns befreien wollen, müssen wir weiter gehen und tiefer schauen.«

Jarvis fühlte sich überfordert und hatte Angst: »Tiefer?« Er schüttelte den Kopf. »Nein, das will ich nicht!«

»Ich weiß«, erwiderte sie. Dann riet sie ihm: »Du glaubst sicherlich, es würde dich umbringen, wenn du dich all den schmerzhaften Situationen noch einmal stellst. Aber das wird es nicht. Natürlich tut es weh, aber nur wenn du dich diesen Empfindungen stellst, wird der Schmerz aufhören, dich zu verfolgen. Die Gedanken werden hochkommen, sie werden eine enorme Kraft haben, doch du schaust sie dir beim Sitzen einfach an. Du erlebst diese heftigen Gefühle und bleibst bei ihnen.

Die Leute glauben, dass man als Buddhist die Frustrationen des Alltags überwinden möchte, die belastende Vergangenheit und das Leiden. Doch es geht nicht darum, über dem Chaos des Lebens zu schweben, sondern darum, es auszusitzen. Man will die Vergangenheit nicht transzendieren, sondern sie voll und ganz erleben. Wenn du dich mit deiner Vergangenheit gänzlich verbindest und sie annimmst … verliert sie die Kraft, dir zu schaden, sie hat keine Macht mehr über dich. Alles, was zu tun ist, ist, sich diesen Erlebnissen zu stellen, sie weder als gut noch als schlecht zu bewerten und mit ihnen zu sitzen, selbst wenn sie einen beängstigen.« Sie fügte hinzu: »*Besonders*, wenn sie einen ängstigen.«

Das Beispiel, das Pema hierfür anführte, war für ihn zugleich berührend und schmerzhaft: »Stell dir vor, dein Kind wäre krank. Deine Angst ist so groß, dass du nichts lieber tun würdest, als vor den Sorgen wegzurennen, die so stark sind, dass sie dich regelrecht umzubringen scheinen. Du versuchst alles nur Erdenkliche, damit du sie nicht empfinden musst. Doch solange du sie nicht zulässt, gehen sie nicht weg. Und genau darum geht es: Du sitzt mit solchen Dingen, es fühlt sich zwar nicht gut an, dafür aber ehrlich und wahr. Wenn du aufhörst wegzurennen, kannst du *mit* deinem kranken Kind sein, und genau das möchtest du ja eigentlich – du willst für dein Kind da sein.«

Pema sprach ein Erlebnis an, das ihn seit seiner Kindheit verfolgte: den Tod seines kleinen Bruders. »Der Schmerz über Carls Tod war zu stark, als dass du ihn hättest zulassen und spüren können«, sagte sie, »daher ranntest du vor ihm weg, indem du dir alles Mögliche einredetest. Das ist ganz normal.«

»Was habe ich mir deiner Meinung nach eingeredet?«

»Einerseits ging es um Otis, der vielleicht etwas mit dem Tod von Carl zu tun gehabt haben könnte. Wenn dem so sein sollte, wäre dies unheimlich gewesen und hätte gleichzeitig bedeutet, dass sowohl du als auch deine Geschwister in Gefahr waren. Gleichzeitig würde es bedeuten, dass du mit dem Mörder deines kleinen Bruders zusammengelebt hast. Eine erschreckende Vorstellung. Bereits in dem Moment, als du Carl tot daliegen sahst, hörtest du auf, die Sache direkt zu erleben. Und ein weiterer Grund, warum du die Trauer nicht voll empfinden konntest, war, dass du dir einredetest, dass du selbst die Verantwortung für Carls Tod trägst und es deine Schuld war, da du ihn nicht genug beschützt hattest.

Und all das, was du dir in Bezug auf seinen Tod eingeredet hast, hat dein ganzes weiteres Leben geprägt. Es prägte deine Selbstwahrnehmung und bestimmte deine Entscheidungen. Wenn du für den Tod deines Bruders verantwortlich warst, hieß dies, dass du ein schrecklicher Mensch sein musstest, und diese Auffassung ließ dich unbewusst Dinge tun, um dein Selbstverständnis zu bestätigten. Und so kommt es, dass du dich jetzt, zwanzig Jahre später, in San Quentin befindest und des Mordes an einem Aufseher schuldig gesprochen und verurteilt worden bist. Du hast niemanden umgebracht, aber vielleicht glaubst du, du wärst tatsächlich für einen Tod verantwortlich – nämlich den von Carl. Ein Teil von dir – einer, der sehr tief in dir versteckt ist – denkt immer noch: ›Kein Wunder, dass ich im Todestrakt bin. Die Richterin hatte recht, ich verdiene es, hier zu sein.‹«

Pema machte eine Pause und ließ Jarvis Zeit, ihre Worte in sich aufzunehmen. Er war den Tränen nahe.

»Geh zurück und meditiere über das Erlebnis. Es ist beängstigend, und du glaubst, du würdest nicht überleben, es dir noch mal genau anzuschauen. Aber bei all den Geschichten, die wir uns erzählen, gibt es Pausen, und das ganz einfach deswegen, weil unser Geist so funktioniert. Es gibt eine Pause – und das ist der Augenblick, wo man wie aus einem Traum erwacht und sich dessen bewusst wird, was in einem gerade passiert. Und genau darin liegt die Chance. Man kann lernen, diese Pause wahrzunehmen und sich zu sagen: ›Jetzt bin ich wieder in dieser alten Geschichte.‹ Genau das ermöglicht es uns, diese loszulassen und sich wieder auf den Atem zu konzentrieren.

Du meditierst also und bist innerlich wieder zu Hause bei deiner Mutter und Otis. Du kommst ins Schlafzimmer und siehst, dass Carl tot ist. Dies ist die Situation, von der an du immer vor dem direkten Erleben davongelaufen bist und dir stattdessen etwas eingeredet hast. Du begannst dir auszumalen, was Otis möglicherweise getan haben könnte oder warum du für Carls Tod die Schuld trägst. Auch beim Meditieren bist du sofort wieder in diesem inneren Diskurs, doch dann kommt ein Moment, wo er aufhört. Das wird passieren – du wirst schon sehen. Und das ist genau der Augenblick, in dem du das innere Narrativ loslassen und dich auf den Atem konzentrieren kannst sowie in deinen Körper zurückkommst. Und anschließend kehrst du wieder in diese entscheidende Situation zurück, der du dein ganzes Leben lang ausgewichen bist.«

»Welcher Moment?«, fragte er, obwohl er die Antwort eigentlich gar nicht hören wollte.

»Als du reinkamst und dir klar wurde, dass Carl nicht mehr lebte«, antwortete Pema. »Das ist der Augenblick, in dem du dich innerlich abtrenntest, da es zu schwer war, den Schmerz zu ertragen. Und das hat verhindert, dass du die Erfahrung im Herzen erlebtest.«

»Ich sie im Herzen erlebte?«

»Ja, genau«, bestätigte sie. »Damit meine ich, dass du Carl geliebt hast. Du hast ihn unglaublich lieb gehabt. Und dann war er plötzlich nicht mehr da. Das ist der Schmerz, dem du begegnen und den du letztendlich zulassen musst. Geh in deinen Körper und spüre ihn dort. Dein Körper ist immer für dich da, genau wie dein Atem. Nur wenn du diese Empfindungen zulässt, kannst du dich befreien. Und, ja, der Schmerz wird enorm sein.«

Als Jarvis an diesem Abend meditierte, stellte er sich Carls Gesicht vor – und diese Vorstellung war nach all den Jahren noch immer sehr lebendig –, sein zärtliches Lächeln genau wie seine vertrauensvollen Augen. Dann hörte er innerlich Otis' Schrei und zuckte zusammen. Er lief in das Schlafzimmer, schaute in die Wiege und sah Carls leblosen Körper. Sein Brüderchen war tot.

Genau wie unzählige Male zuvor flüchtete er in Gedanken in die immer gleichen alten Geschichten, die um Otis' Rolle, seine eigene Verantwortung und den Ärger, den ihm die ganze

Sache bescheren würde, drehten. Doch dann kam es zu der von Pema angekündigten Pause. In diesem Moment sah er wieder das gesamte Bild. Zuvor hatte er sich innerlich von seinen Empfindungen und seinem Körper abgespaltet und war wieder der kleine Junge gewesen, der das Grauen das erste Mal erlebte. In der Pause erkannte Jarvis jedoch, dass er jetzt ein erwachsener Mann war und das schreckliche Ereignis Jahrzehnte zurücklag. So konnte er in seinen Körper und in das Kinderzimmer zurückkehren und die Situation bewusst erleben. Er sah Carl. Er berührte ihn. Doch dieser bewegte sich nicht. Er war tot. Der kleine, unschuldige Carl. Er liebte ihn so sehr. Und diese Liebe war reiner als alle Liebe, die er je für irgendjemand anderen empfunden hatte.

Er spürte den ganzen Schmerz, den er all die Jahre nicht hatte empfinden können. Und gleichzeitig war er erleichtert. Er begann zu schluchzen und konnte nicht mehr aufhören.

Auch wenn seine Meditation ihm weiterhin auch Heiterkeit und Ruhe brachte, zeigten sich bisweilen andere schreckliche Erinnerungen. Einmal, er war gerade nach Harbor City zurückgekehrt, traf er sich mit seinen größeren Brüdern Tommy und Robbie, Cynthias ältesten Kindern. Sie zwangen ihn, mit einem anderen Jungen zu kämpfen. Um sie herum bildete sich eine Traube von Leuten, die schrien: »Töte ihn, töte ihn!« Jarvis kämpfte wild, schlug und trat um sich. Tommy und Robbie ließen ihn auch mit Kindern ihrer Freunde kämpfen und wetteten auf ihn. Wenn er verlöre, würden sie ihn höllisch verprügeln. Er fühlte sich schlecht dabei, die Kids zu schlagen, schließlich hatten sie ihm nichts getan. Doch er kämpfte weiter und spürte die Schuldgefühle, die Schläge sowie die Wut auf seine Brüder.

Ein anderes Mal – er war damals 16 – hing Jarvis mit einem Jungen herum, mit dem er aus einer Verwahranstalt abgehauen war. Der Freund hatte einer Gang Drogen gestohlen, und als die beiden kurz darauf auf einer Party waren und aus dem

Fenster schauten, sahen sie draußen in einem Wagen Angehörige dieser Gang. Völlig bekifft, besoffen und bewaffnet, rannten sie aus dem Haus und eröffneten blindlings das Feuer. Der Wagen fuhr schnell davon, aber ihre Kugeln sprenkelten die Fassade des Hauses auf der anderen Straßenseite. Später erfuhr er, dass die Eltern der Familie, die dort lebte, ihre Kinder geschnappt und sich mit ihnen zu Boden geworfen hatten. Sie hatten sich zu Tode geängstigt.

In seiner Meditation spielte sich die Szenerie ein weiteres Mal ab, doch diesmal nicht aus seiner damaligen Perspektive, sondern aus jener der Familie. In seiner Fantasie entfloh er dem Erleben erneut – indem er sich ausmalte, was dann folgte: die Polizei, die Fahndungsausschreibung … Dann kam die Pause, und er kehrte zum Atem zurück. Er brachte sich dazu, zurückzukehren, wurde zu den Eltern, die ihre Kinder hielten. Er begann zu zittern. Er spürte den Schrecken.

»Ich muss mich bei all diesen Leuten entschuldigen«, erklärte Jarvis Pema bei einem ihrer nächsten Treffen. »Ich muss ihnen sagen, wie leid es mir tut.«

Er erinnerte sich an die Worte, die Chagdud Tulku bei dem Zufluchtsritual gesagt hatte: Er solle seine Fehler bekennen und um Vergebung bitten. Aber wen? Im Christentum folgt dem Beichten die Absolution, doch Jarvis erschien das zu einfach. Ein Pfarrer konnte einem leicht vergeben – schließlich hatte man *ihm* ja nicht geschadet.

»Ich würde mich gerne bei all diesen Menschen entschuldigen«, wiederholte er, »aber ich kann es nicht. Ich kenne ihre Namen nicht.«

Ani Pema riet ihm: »Suche in deiner Meditation die Mutter, den Vater und ihre kleinen Kinder. Denke an die Menschen in den Geschäften, die du überfallen, sowie an die Jugendlichen, mit denen du gekämpft hast. Wertschätze sie. Erkenne an, was du ihnen angetan hast. Weise sie nicht ab und bagatellisiere auch nicht den Schmerz, den du ihnen zugefügt hast. Doch verliere dich nicht in Schuldgefühlen. Es hilft weder den damaligen Opfern noch sonst irgendwem, wenn du dich von deiner Schuld herunterziehen lässt. Überwinde stattdessen deine Selbstbezogenheit, befreie dich von deiner Vergangenheit und blicke nach vorne. Konfrontiere dich weiterhin mit deinen Schmerzen, denn je weniger dich deine Vergangenheit lähmt, umso mehr kannst du dich um andere kümmern. Nutze alles, was du erlebt hast, als du andere verletztest, als Antrieb und Motivation, dich zu ändern, indem du dir sagst: ›Von nun an werde ich mein Leben nutzen, um anderen zu helfen.‹ Das, Jarvis, ist die Herausforderung, der du dich jetzt stellen musst. Das ist dein Karma.«

Kapitel 8

Karma

Das Wort *Karma* klang in Jarvis nach.

Er hatte es bereits von Chagdud Tulku gehört, der ihm sagte, es sei sein Karma, im Todestrakt zu sein. Auch Lisa hatte davon gesprochen – eigentlich jeder Buddhist, den er getroffen oder von dem er etwas gelesen hatte.

Das erste Mal war ihm das Wort während der Phase der Auswahl der Geschworenen seines Prozesses begegnet, als ein Kandidat von sich behauptete, er sei Buddhist. Als die Richterin fragte, ob er als solcher für die Todesstrafe stimmen könne, bejahte er es. Er glaubte an eine Art Auge-um-Auge-Justiz und war der Überzeugung, dass diese Strafe dem Verurteilten sogar nutzen könne, indem er sozusagen sein »spirituelles Bankkonto ausgleiche«, um so sein »Karma wieder in Ordnung« zu bringen.

Dieses Statement widerte Jarvis an. Bringe meinetwegen jemanden um, aber versuche nicht, dein Gewissen mit der Behauptung zu beruhigen, es sei zu seinem Besten.

Jarvis fragte Pema, ob sie an derartige ausgleichende Transaktionen eines spirituellen Bankkontos glaube: »Bedeutet Karma das? Und wenn ja, was ist dann mein Karma?« Müsste er sterben, um seine karmische Schuld zu begleichen, auch wenn er niemanden umgebracht hatte?

Pema erwiderte: »Nein. Bei Karma geht es weder um gerechte Strafe noch um ausgleichende Gerechtigkeit. Keiner verdient es, in ein gewalttätiges Elternhaus oder mit einer schrecklichen Krankheit geboren zu werden. Trotzdem erleiden viele genau dies. Keine Eltern haben es verdient, dass ihr

Kind stirbt, aber auch dies passiert recht häufig. Ganz gleich, ob du in eine privilegierte oder eine arme Familie, ob du gesund oder krank geboren wirst, all dies hat nichts mit Gerechtigkeit zu tun, denn das *Leben* ist nicht fair. Wenn Eltern ihr Kind verlieren, geschieht dies nicht wegen ihres Karmas. Aber die Situation, mit der sie danach konfrontiert werden, ist ihr Karma – also die Frage, wie sie auf die Sache reagieren. Alle Eltern werden erst einmal traurig, wütend oder verbittert sein, und manche bleiben es ihr ganzes Leben. Auch wenn das verständlich ist, so ist es nicht die einzige Option. Manche kommen über den Schmerz hinweg, indem sie Dankbarkeit für ihre gemeinsame Zeit mit dem Kind entwickeln, ihren Sohn oder ihre Tochter im Herzen bewahren und sich an die Liebe erinnern, die sie gemeinsam teilen durften. Andere widmen ihr Leben der Unterstützung von anderen Eltern, die trauern.

Pema erklärte, dass es nicht entscheidend sei, *warum* Jarvis in San Quentin im Todestrakt war. Sein Karma äußerte sich in der Tatsache, *dass* er da war, und das Einzige, was zählte, sei, wie er mit der Situation umginge. Viele im Todestrakt verzehrten sich in Bitterkeit, Rachegedanken, und manche würden sogar verrückt. Jarvis hatte einen anderen Weg gewählt, nämlich den Buddhismus mit all seinen Konsequenzen. Sie erklärte, dass in Bezug auf Karma nur zwei Fragen relevant seien: »In welcher Lage befinde ich mich?« Und: »Wie nutze ich sie sinnvoll?«

Jarvis war entschiedener als je zuvor, seine Zeit, so gut er konnte, zu nutzen, um sich auf das zu konzentrieren, was Pema als sein San-Quentin-Karma bezeichnet hatte. Er praktizierte engagierter denn je. Er stand morgens zwischen vier und fünf Uhr auf, machte für eine halbe Stunde Niederwerfungen und dann eine Stunde lang Yoga. Danach meditierte er für zwei Stunden oder länger und rezitierte mit der Mala in der Hand Mantras. Viele Buddhisten benutzen diese Gebetsketten, die aus kleinen, auf einen Faden aufgezogenen Holz- oder Edelsteinkugeln bestehen. Jarvis durfte keine »echte« Mala besitzen, und so hatte er Löcher in Aspirintabletten gebohrt, die er auf einen Faden aufzog, den er von einer Socke abgewickelt hatte.

Jarvis las weiter buddhistische Literatur und war auch an der Geschichte der Religion einschließlich aller wissenschaftlichen Erkenntnisse über den historischen Buddha interessiert. Während des Tages und am Abend bemühte er sich, so viele Kontakte wie möglich mit den Gefangenen auf seinem Gang zu haben, auch wenn er sich natürlich nur mit Mithäftlingen der benachbarten Zellen unterhalten konnte. Auf dem Hof bot sich Gelegenheit, auch mit anderen Insassen Zeit zu verbringen. Sie spielten gemeinsam Basketball oder unterhielten sich. Er ging ganz bewusst auf Mitgefangene zu, die isoliert oder verwirrt wirkten, sprach sie freundlich an und versuchte, eine Unterhaltung in Gang zu bringen. Wie damals die Leute, die er in »Scars« beschrieben hatte, waren manche ärgerlich, während andere sich darüber zu freuen schienen, mit jemandem über ihr Leben reden zu können. Manche wollten etwas über sein »buddhistisches Zeug« erfahren. Statt viel zur Religion selbst zu sagen, beschrieb er Meditation und erzählte ihnen buddhistische Weisheitsgeschichten.

Nach dem Abendessen spielte er manchmal Schach, hörte Musik, die Nachrichten, dann wiederum schaute er fern oder schrieb. Mithilfe einer Schnur, der sogenannten *Fishline*, die er aus Bettlaken gefertigt hatte, ließ ihm ein Insasse, der weiter hinten im Gang lebte, fein säuberlich gefaltete Briefe zukommen.[15] Der Mitgefangene konnte nicht lesen, und so las Jarvis ihm seine Briefe, so laut er konnte, vor. Nicht nur der Mann selbst, sondern auch all die anderen Gefangenen auf dem Flur hörten gebannt zu, während Jarvis die Briefe der

15 Der Name kommt daher, dass man wie beim Angeln die Schnur auswerfen und wieder einholen kann, um Briefe oder anderes zu befördern.

Mutter zum Besten gab. Ihre liebenden Worte wiegten sie in den Schlaf.

Dank der sich vertiefenden Kontakte zu den Häftlingen und der ausgefüllten Tage war Jarvis so zufrieden wie nie zuvor. Sein Leben war erfüllt und kostbar. Doch dann, am 17. November 2002, erreichte ihn eine niederschmetternde Neuigkeit. Chagdud Tulku Rinpoche war schon einige Zeit krank gewesen. Bereits bei seinem letzten Besuch war er zu schwach gewesen, um seinen Rollstuhl zu verlassen. Dennoch erschütterte es ihn zutiefst, als ihn Lisas Nachricht erreichte, der Meister sei gestorben.

Einige von Chagdud Tulkus Schülern feierten die Umstände seines »physischen Todes« regelrecht: Nachdem er aufgehört hatte zu atmen, so behaupteten sie, saß er noch weitere fünf Tage in Meditationshaltung, wobei sein Körper keine Anzeichen von Verfall oder Totenstarre zeigte. Sie behaupteten, der Lehrer sei von seiner körperlichen Form befreit worden und hätte sein »Parinirwana« vollzogen.[16] Nichts von alledem konnte Jarvis nachvollziehen. Er wusste nur, dass der Tod des Lamas ihm das Herz brach.

Jarvis dachte an den ersten Brief, den er Chagdud Tulku zwölf Jahre zuvor geschrieben hatte, sowie an dessen Antwort, die er am Abend nach der Verkündung seines Todesurteils erhalten hatte. Es war, als sei es gerade erst geschehen – und gleichzeitig ein ganzes Leben her. Von diesem Augenblick an hatte Rinpoche ihn fortwährend ermutigt und bestätigt. Er hatte ihm die Zufluchtsgelübde gegeben, die ihn zu einem Buddhisten machten. Wie sehr er ihn geprägt hatte, verstand Jarvis, als ein Mitgefangener, der ein Gespräch von ihm mitangehört hatte, ihn fragte: »Wie kannst du in diesem Drecksloch leben und Buddhist sein?«

Ohne zu zögern, antwortete Jarvis: »Für mich ist die Frage

16 Den Tod eines bereits verwirklichten Praktizierenden nennt man Parinirwana: Kraft seiner Verwirklichung kann er sogenannte »reine Bereiche« besuchen und dann bewusst wählen, ob und wo er wiedergeboren wird.

eher: ›Wie kann man in diesem Loch überleben, *ohne* Buddhist zu sein?‹«

Jarvis stellte sich vor, dass Rinpoche sicherlich schmunzeln würde, wenn er wüsste, dass er anfing, so zu denken wie er. Welchen Einfluss Chagdud Tulku auf ihn gehabt hatte, merkte er auch, als er daran dachte, wie ihn dieser einst »Bodhisattva« genannt und einen solchen als jemanden definiert hatte, der sein Leben dazu nutzt, anderen zu helfen. Damals hatte dies Jarvis erschreckt. »Dann bin ich das *Gegenteil* eines Bodhisattva«, erwiderte er, »denn ich schütze andere nicht vor dem Leiden, sondern verursache es. Was habe ich je getan, um anderen zu helfen?«

Der Lama entgegnete, das sei die falsche Frage. Jarvis hoffte, er würde ihn darüber aufklären, was die richtige Frage sei, doch der Lehrer zuckte nur mit den Schultern.

An diesem Abend, an dem er darüber nachsann, was der Lehrer ihm bedeutet hatte, kam ihm nun die Antwort. Die Frage war nicht, was er getan hatte, um anderen zu helfen, sondern, was er jetzt tun würde.

Als ihm klar wurde, dass er die Antworten selber finden konnte, dachte er erneut, dass dies Chagdud Tulku freuen würde. Und Jarvis lächelte, da er in diesem Augenblick verstand, dass der Lama immer in ihm weiterleben würde.

Und tatsächlich führte Rinpoche Jarvis weiterhin, wenn auch auf andere Weise. Er hatte ihm erlaubt, vom Buddhismus das zu übernehmen, was ihm half, und sowohl seine eigenen Vorurteile als auch die der anderen darüber zurückzuweisen, was einen »guten Buddhisten« ausmache. Er zeigte ihm, dass die Lehre wie das Leben selbst voller Paradoxe und Widersprüche ist. Und er führte ihn zum zentralen Paradox des buddhistischen Weges: dass man umso weniger leidet, je mehr man das Leiden akzeptiert.

Je länger Jarvis über seinen Lehrer nachdachte, desto klarer wurde ihm, dass dessen andere Schülerinnen und Schüler recht hatten. Es *gab* etwas zu feiern: das Leben des Lehrers und die Art, wie er sie verändert hatte. Wir sind alle Gefangene und sitzen im Gefängnis. Wir sind alle zum Tode verurteilt. Und wir können uns alle befreien.

Vor seinem Tod hatte Chagdud Tulku eine Reihe seiner Schülerinnen und Schüler zu Lamas ordiniert. Lisa war eine von ihnen. Er gab ihr den Namen Lama Shenpen Drölma. Shenpen bedeutet auf Tibetisch »anderen helfen« und Drölma »Tara«, die Mutter der Befreiung, auf die Rinpoche Jarvis eine Ermächtigung gegeben hatte. Drei Jahre später etablierte Lama Shenpen ein Retreat-Zentrum in New Mexico/USA. Von nun an war sie seltener in der Gegend, und dennoch blieben beide in Kontakt. Da Shenpen weggezogen und Chagdud Tulku gestorben war, wurde Pema nun seine Hauptlehrerin, wobei die Fackel nicht formell weitergegeben wurde und sich ihre Beziehung nicht maßgeblich änderte: Pema und Jarvis hatten schon zuvor den Dharma gemeinsam studiert, und sie begleitete ihn ohnehin bereits in seiner Praxis. Die Lehrerinnen-Schüler-Beziehung stand ihrer Freundschaft in keiner Weise im Wege.

Sie studierten buddhistische Konzepte, die ihm neu waren, und kehrten zu jenen zurück, von denen er bereits gehört hatte, wie Karma und die Vier Edlen Wahrheiten. Jarvis hatte bereits oft von den Drei Juwelen gehört. Er hatte zu ihnen Zuflucht genommen. Bezüglich der ersten beiden von ihnen – Buddha und Dharma – hatte Jarvis keine Fragen, sie schienen vollkommen eindeutig zu sein – zumindest so eindeutig, wie etwas im Buddhismus sein konnte. Und über das dritte »Juwel« – den Sangha – hatte er bislang noch nicht sonderlich viel nachgedacht. Pema erklärte ihm nun, dass er all jene umfasse, mit denen er auf dem buddhistischen Weg unterwegs sei, einschließlich der Nonnen, Mönche, Lehrer und Laienpraktizierenden, also auch den unmittelbaren Kreis von Menschen, »mit denen er seine Erfahrungen teilte, zusammen studierte und sich gegenseitig Dinge beibrachte«.

Jarvis unterbrach sie: »Wie eine Gang.«

Das Wort »Gang« war ihm vollkommen spontan gekommen, und es schüttelte ihn durch und durch.

Pema war ebenfalls überrascht und wollte wissen, was er damit meinte.

»Genau das zeichnet auch eine Gang aus«, sagte Jarvis nachdenklich. »Auch in ihr sind Leute, die auf dem gleichen Weg sind, die die gleiche Ausbildung bekommen, die gleichen Bücher lesen und nach denselben Prinzipien leben.« Und er fügte an: »Ich nehme an, dass damals die Gang mein Sangha war.«

»Das denke ich auch«, stimmte sie zu.

»Gleichzeitig spiegelte die Gang, was ich damals war – wer wir alle waren«, entwickelte er seinen Gedanken weiter, »denn wir waren alle auf dem gleichen Weg.«

»Erzähle mir mehr über diesen Weg.«

»Es war ein Weg der Gewalt. Wenn man das leichteste Anzeichen von Schwäche zeigte, hatte man ein Problem. Und das gemeinsame Lernen? Wir lernten, nichts zu spüren.« Er hielt inne, atmete tief ein und ergänzte: »Ich glaube, dass ich in diesen Sangha geboren wurde, den Sangha all der Kids der Nachbarschaft, mit denen ich auf dem gleichen Weg war – einem Weg, der ins Gefängnis führte. Unterwegs wurden wir geschlagen, wobei man uns sagte: ›Wenn du weinst, bekommst du es noch mal so heftig‹ oder: ›Kämpfe nicht, doch wenn du es tust, solltest du schon besser sein als der Mistkerl, mit dem du dich schlägst. Wenn du verlierst, brauchst du gar nicht erst nach Hause zu kommen.‹ Wenn man vor einer Bestrafung davonlief, bekam man es hinterher nur noch schlimmer. Ich lernte, nie einen Rückzieher zu machen, auch wenn ich wusste, dass man mich dafür schlagen würde. Oder gerade, weil ich das wusste. Den Jungs – und sogar Lehrern und Erziehern – war klar, dass sie sich besser nicht mit mir anlegen sollten. Wenn sie es doch taten, lernten sie ziemlich schnell, es künftig zu lassen.«

Jarvis erinnerte sich an die Zeit, als er nach seiner Flucht aus einer Jugendstrafanstalt der kalifornischen Jugendbehörde nach Harbor City zurückgekehrt war. Sein Bruder Tommy sagte, er könne bei ihm bleiben, wenn er ihm bei seinen Herogeschäften helfen und bei Deals mit einer Schrotflinte Wache stehen würde. »Er sagte: ›Du musst auf niemanden schießen, sondern nur deine Knarre zeigen.‹ Ich wollte nicht, aber Tommy beharrte: ›Was ist los mit dir? Ich versuch, dir Arbeit zu verschaffen. Die Jugendhaft hat dich zu ’nem Schlappschwanz gemacht.‹ Ich gab nach – zum einen, weil ich Tommy nicht enttäuschen wollte, aber vor allem, um ihm zu zeigen, dass ich kein Weichei war. Schwach zu sein war das Schlimmste, was einem passieren konnte. Das war der Weg, auf dem wir uns gemeinsam befanden.«

Unsere Lehrer in San Quentin waren die Revolutionäre, unsere Praxis waren Gehorsam, Einschüchterung und Gewalt. Es ging dabei darum, sich aufzuopfern, falls nötig auch auf Kosten des eigenen Lebens. Unser Sangha hier bestand aus den ›Soldaten‹, mit denen wir gemeinsam trainierten.«

Sie saßen für eine Weile schweigend da, bis Pema die Stille brach: »Du hast jetzt einen anderen Sangha. Und ich verstehe ihn als Menschen, die sich entwickeln wollen, die sich auf der Suche befinden, die gütig, respektvoll, einfühlsam, unterstützend und liebevoll sind.« Jarvis nickte. Die Wahrheit ihrer Worte berührte ihn tief. Er hatte jetzt *tatsächlich* einen Sangha – einen echten Sangha. Es hatte mit Melody begonnen, und jetzt war er zu zwei Dutzend Freundinnen, Freunden und Mitpraktizierenden angewachsen, die sich gegenseitig halfen und füreinander da waren.

* * *

Jarvis’ Sangha war tatsächlich auf ganz natürliche Art gewachsen und wurde weiterhin größer, da seine Mitglieder immer wieder neue mitbrachten. Nicht lange nach Chagdud Tulkus Tod erzählte Pema ihrer Freundin Pamela Krasney von Jarvis und ermutigte sie, ihn zu besuchen. Als die Anwältin für

Gefängnisreform es schließlich tat, war sie überrascht, sofort eine persönliche Verbindung mit ihm – einem Menschen im Todestrakt – zu spüren. Und Jarvis ging es genauso. Er bemerkte, dass sie lebendiger als alle anderen zu sein schien, die er bisher kennengelernt hatte.

Bald wurde Pamela zu einer seiner engagiertesten Unterstützerinnen und engsten Freundinnen. Bei einigen Besuchen brachte sie auch ihren Mann Marty und ihre Kinder Samantha und Parker mit. Sie schrieben sich Briefe, und Jarvis erhielt Postkarten von ihren Reisen. Und sie wurden Mitglieder der Jarvistas, der Gruppe, die sich gebildet hatte, um auf Jarvis' Begnadigung hinzuarbeiten.

Pamela war Jarvis' vehementeste Fürsprecherin. Sie stürmte in das Büro von Jarvis' Berufungsanwälten, gab ihnen (ungefragten) Rat zu dem Verfahren und drängte sie, beim Gericht dafür zu sorgen, dass es mit Jarvis' Fall voranging. Einmal erzählte Pamela Melody, dass sie ihre Verbindungen genutzt habe, um Richterin Savitts Privatnummer herauszubekommen. Sie würde sie anrufen, um sie mit ihrem Urteil über Jarvis zu konfrontieren. Melody war entsetzt: »Du kannst doch eine Richterin wie sie nicht einfach so anrufen, als sei sie eine Bekannte von dir, und über ein Kapitalverbrechen reden.« Pamela hörte nicht auf sie. Savitt ging ans Telefon, tadelte sie aber wegen des Anrufs. Pamela war dies egal, und sie lud die Richterin zum Mittagessen ein. (Savitt lehnte ab.)

Pamela schrieb in Jarvis' Angelegenheit mehrere Hundert Briefe und sponserte gemeinsam mit Marty sein Kantinenkonto, sodass er Chips und Schokoriegel kaufen konnte, und beide schenkten ihm Bücher und einen Fernseher. Jarvis hatte großes Interesse an der Geschichte der Weltkriege sowie den Biografien von Präsidenten, Erfindern und Bürgerrechtlern. Als er sein Interesse an Astrologie bekundete, schickte Pamela Bücher zum Thema und eine Sternenkarte, die Jarvis mithilfe der Ränder von Briefmarkenbögen an seiner Wand befestigte. Er studierte die Sonnen- und Mondphasen und rechnete das

Datum der nächsten Mondeklipse aus, die man vom Gefängnishof aus beobachten konnte.

Als der Tag gekommen war, ging Jarvis ins Freie und breitete die Karte auf den Bodenplatten aus. Er schaute nach oben in den wolkenlosen Himmel – und tatsächlich: Da war sie!

In einem Dankesbrief schrieb er Pamela: »Als die anderen Leute im Hof sahen, was ich tat, schauten sie ebenfalls hoch. Sie reichten die Karte herum und stellten Fragen. Ich blickte um mich und sah, dass alle Männer zum Himmel schauten. Es war eines der erstaunlichsten Spektakel, die ich je gesehen habe. Dann schaute ich rüber zu den Wärtern in den Wachtürmen – auch sie sahen nach oben. Alle guckten einfach nur zum Himmel und starrten gebannt den Mond an. Dann begann der Mond langsam zu verschwinden, einfach so. Normalerweise war es auf dem Hof recht laut, aber an diesem Tag war es mucksmäuschenstill.«

Marie Williams[17] hatte an einem buddhistischen Retreat in einem Meditationszentrum in Sonoma County teilgenommen, dessen Leiter *Finding Freedom* empfohlen hatte. Williams besorgte es sich und war von der Beschreibung der Veränderung des Autors völlig fasziniert. Dieser Mann hatte den größten Teil seines Lebens im Gefängnis verbracht und somit allen Grund, verbittert, verhärtet und voller Rachegefühle zu sein. Doch stattdessen wirkte er optimistisch und fröhlich.

Marie schrieb Jarvis, und sie begannen einen lebhaften Austausch. Jarvis wollte alles über ihr Leben in San Francisco und sie alles über Jarvis wissen – über seine Familie, seine Kindheit und seine Zeit im Gefängnis. Auch ganz einfache Dinge wie das, was er aß, wie er seine Zeit verbrachte, wie seine Zelle aussah (Letztere beschrieb er als einen Schlafsaal einer Universität, für die er sich nie beworben hatte).

17 Sie erzählte mir von ihren Erfahrungen unter der Bedingung, dass ich ein Pseudonym verwende, um ihre Privatsphäre zu schützen.

Der Briefkontakt wurde immer intensiver und häufiger, und nach einem Jahr fragte Marie Jarvis, ob es ihm recht wäre, wenn sie ihn besuche. Sie füllte die entsprechenden Anträge aus, und nachdem ihr Gesuch genehmigt war, kam sie nach San Quentin.

Marie war nie zuvor in einem Gefängnis gewesen und entsprechend nervös, als sie die Sicherheitskontrollen passierte. Schließlich kam sie in den Besuchssaal. Ein Aufseher führte sie zu einem Stuhl vor einem kleinen Fenster, auf dessen anderer Seite Jarvis auf sie wartete.

Nachdem sie sich nur durch Briefe kannten, waren sie beim ersten Treffen beide etwas nervös und reserviert. Sie sahen einander unsicher durch die Plexiglasscheibe an, und schließlich lächelten sie beide. Jarvis brach das Eis und begann mit etwas Small Talk. Sie hatte ihm von ihrer Familie geschrieben, doch er wollte gerne mehr wissen. Sie sprachen über Religion. Marie erzählte, dass sie katholisch erzogen worden war, die Religion sie dann jedoch enttäuscht hatte. Ihre Scheidung verbrauchte ihre verbleibende Sympathie für die Kirche. Sie war keine Buddhistin und beschrieb ihre spirituelle Ausrichtung als eine Mischung von östlicher sowie westlicher Religion und Humanismus. Ihr tat Meditation gut, und das war auch der Grund, warum sie an dem Retreat teilgenommen hatte, bei dem sie von seinem Buch erfahren hatte.

Jarvis war ein lebhafter Geschichtenerzähler, und sein Lachen war ansteckend. Er sprach davon, wie er war, bevor er Buddhist wurde. »Wenn Sie mir damals auf der Straße begegnet wären, hätten Sie besser die Seite gewechselt.« Er erzählte ihr von seinem Weg zum Buddhismus.

Im Laufe des Besuchs verlor sich ihre Nervosität, und sie vergaß, dass sie in einem Gefängnis war. Nachdem der Damm gebrochen war, unterhielten sie sich zwei Stunden lang angeregt, bis der Wärter den Besuch beendete.

Jarvis und Marie schrieben sich weiterhin. Die Briefe wurden länger, neugieriger sowie persönlicher, und sie besuchte ihn erneut. Er stellte sie Pamela vor, und die beiden gingen gemeinsam essen. Marie äußerte ihr Interesse, mehr über Jarvis' Prozess zu erfahren, und so gab Pamela ihr Einkaufstüten voller Dokumente. Je mehr Marie las, desto überzeugter war sie von Jarvis' Unschuld. Das Unrecht der Verurteilung machte sie zornig. Sie begann, Treffen der Jarvistas zu besuchen und bei ihrer Kampagne für Jarvis' Freilassung mitzuarbeiten.

Ein weiteres Jahr verstrich. Marie besuchte ihn immer häufiger. Wenn sie das Gefängnis verließ und wieder an die frische Luft unter dem blauen Himmel kam, musste sie daran denken, in was für eine höllische Zelle Jarvis zurückkehrte. Sie weinte. Sie konnte einfach nicht begreifen, dass ein derart intelligenter und feinfühliger Mann wie er sein Leben eingesperrt verbrachte. Doch dann musste sie an den Kontrast zwischen der Umgebung, in der er lebte, und seiner positiven Einstellung, seiner Unbeschwertheit und seinem Tiefgang denken, und ihre Trauer machte Erstaunen Platz. Um ehrlich zu sein: Er war positiver und fröhlicher als so manche ihrer Bekannten, die in »Freiheit« lebten.

Sie stellte sich vor, wie es wäre, wenn sie sich nicht im Gefängnis, sondern unter normalen Umständen kennengelernt hätten.

Auch Jarvis dachte viel an Marie. Doch er zügelte seine wachsende Zuneigung zu ihr, da ihm ihre Freundschaft sehr wertvoll war und er ihr nicht mit seinen Gefühlen Angst machen wollte. Allerdings fanden seine Gefühle für sie sehr wohl ihren Weg in seine Briefe. Es war nicht zu übersehen: Seine Worte wurden vertrauter, und er sah seinerseits, dass auch die ihren sich änderten. Sie begann, in ihren Briefen von der »Herzensverbindung« zu sprechen, die sie teilten.

Kapitel 9

Töte den Buddha

Während der vielen Jahre in San Quentin im Isolationstrakt, aber auch schon zuvor, war Jarvis oft willkürlich und ganz ohne Vorwarnung auf einen anderen Gang verlegt worden: Ein Gefängniswärter kam einfach, sagte, er solle sich fertig machen, er würde umziehen. Wenn er Glück hatte, durfte er seine wenigen Habseligkeiten mitnehmen.

Während all der Jahre lebte er neben einigen der berüchtigtsten zum Tode verurteilten Häftlinge, so zum Beispiel für ein ganzes Jahr neben dem Mörder und Gang- und Sektenführer Charles Manson.

Als Jarvis Mitte der Neunzigerjahre in eine neue Zelle des Isolationstrakts verlegt wurde, hörte er plötzlich die Stimme seines neuen Nachbarn, der ihn mit »Willkommen, Bruder!« begrüßte.

Es war Stanley »Tookie« Williams, ein Mitbegründer der Crips, einer der berüchtigtsten Straßengangs Amerikas. In dem Jahr, in dem Jarvis in San Quentin inhaftiert wurde, war Williams wegen vierfachen Mordes zum Tode verurteilt worden.

Tookie war nur wenige Kilometer entfernt von Jarvis aufgewachsen: Sein Viertel in South-Central Los Angeles lag in unmittelbarer Nachbarschaft von Harbor City. Beide Gegenden waren von Armut und Gewalt geprägt. Obwohl sich ihr sozialer Hintergrund derart ähnelte, unterschieden sie sich hinsichtlich ihres Benehmens und ihrer Erscheinung merklich. Der um etwa zehn Jahre jüngere Jarvis war um die 1,80 Meter groß, schlank, gut rasiert und hatte kurzes ordentliches Haar. Tookie war kleiner, hatte aber den Körperbau eines Gewichthebers, und seine Haare waren zu Zöpfen geflochten. Auch wenn Jarvis ausgelassen sein konnte und die Leute manchmal gerne neckte, war er doch von einem eher zurückhaltenden Naturell, während Tookie als wild, impulsiv und unberechenbar galt.

In den Monaten, in denen sie in benachbarten Todeszellen lebten, sprachen sie über ihre Familien in Südkalifornien und ihre Erlebnisse in Jugendstrafanstalten. Sie unterhielten sich auch über das Schreiben. Wie Jarvis hatte auch Tookie Artikel und Bücher veröffentlicht, darunter auch seine Memoiren. Außerdem arbeitete er an einem Kinderbuch, in dem er junge Menschen über Drogen und Gangs aufklärte. Sie lasen gegenseitig ihre Texte und gaben sich Kritik und Anregungen.

Hinter seiner harten Fassade und entgegen seinem Ruf war Tookie herzlich und offen. Jarvis schätzte seine Bemühungen, den Schaden, den er angerichtet hatte, dadurch zu mildern, dass er sich von den Crips losgesagt hatte und daran beteiligt gewesen war, einen Friedensvertrag zwischen seiner ehemaligen Gang und den mit dieser verfeindeten Bloods auszuhandeln.

Drei Monate später wurden sie wieder getrennt, da Jarvis erneut in eine andere Zelle verlegt wurde. Es sollte ein ganzes Jahrzehnt dauern, bis sie sich wiedersahen. 2005 hatte Jarvis erfahren, dass man Williams' Berufung endgültig abgelehnt und bereits das Datum seiner Hinrichtung festgelegt hatte. Anfang Dezember sah Jarvis seinen Freund ein letztes Mal im Besuchssaal. Williams traf seine Anwälte, um in letzter Minute noch einmal Strategien auszuarbeiten, die ihm das Leben retten sollten. Jarvis rief laut: »Hey, Mann, wie geht's?« Tookie antwortete: »Left Hand!« – die Mithäftlinge nannten Jarvis »Left« oder »Left Hand«, da er Linkshänder war. »Lang ist's her, Bruder!« Jarvis erwiderte: »Ich denke oft an dich!« Tookie versicherte ihm, dass er nicht hingerichtet werden würde – seine Anwälte wüssten das zu verhindern!

Nur vier Tage später, am 13. Dezember 2005, erfuhr Jarvis, dass Tookies Exekution für Mitternacht geplant war.

In dieser Nacht lag ein verhängnisvoller Schatten über dem Todestrakt. Hubschrauber kreisten über dem Gefängnis. Vor San Quentin versammelten sich Demonstranten, zumeist Williams' Unterstützer und Gegner der Todesstrafe. Auch Jesse Jackson und Joan Baez waren vor Ort. Baez sang »Swing Low, Sweet Chariot«.

Einige Gefangene auf den Gängen versuchten, die drohende Hinrichtung zu ignorieren, aber viele hörten im Radio die Reportagen über die letzten verzweifelten Versuche, sie in letzter Minute doch noch abzuwenden. Als Erstes kam die Meldung, dass sich das höchste Gericht Kaliforniens weigerte zu intervenieren, um die Todesstrafe auszusetzen. Dann erfuhren sie, dass auch das oberste Gericht der Vereinigten Staaten es abgelehnt hatte, sich mit dem Fall zu befassen. Schließlich erklärte Gouverneur Arnold Schwarzenegger – Tookies letzte Chance –, er wolle ihn nicht begnadigen.

Kurz nach Mitternacht erreichte den Todestrakt die Nachricht, dass man Tookies Hinrichtung vollzogen habe.

Als Jarvis kurz danach Pema sah, ließ er seiner Trauer freien Lauf. Er sprach über die insgesamt sechs anderen Menschen, die man, seit er in der Todeszelle saß, exekutiert hatte. All diese Todesfälle hatten Jarvis erschüttert, doch Tookies Tod traf ihn weit mehr.

Jarvis erzählte, viele Häftlinge hätten sich während des Abends der Hinrichtung im Fernsehen Sportsendungen angeschaut, und andere hätten sich unterhalten, wobei ihre Gespräche lauter als sonst waren – so als wollten sie das Ereignis, das nur einige Hundert Meter entfernt stattfand, übertönen. Jarvis war ebenfalls danach, alldem zu entfliehen und gemeinsam mit den anderen das Geschehen auszublenden, aber er tat es nicht. Er konnte es nicht. »Es war, als würde man mir das Herz herausreißen«, erklärte er Pema.

Dann sagte er: »Ich dachte, dieser buddhistische Scheiß wäre dazu da, einen zu beschützen.«

Pema schaute ihn an und seufzte: »Jarvis. Nichts schützt uns vor Schmerz und Trauer. Es ist reines Wunschdenken, zu glauben, es gäbe etwas, das uns davor bewahrt. Und sicherlich willst du dem Tod eines anderen gegenüber nicht teilnahmslos bleiben. Was für ein Mensch wärst du dann? Sicherlich ein sehr herzloser.«

»Manchmal ist es einfacher, ein herzloser Mensch zu sein«, erwiderte er.

»Ja, vielleicht. Aber möchtest du je wieder eine solch gefühllose Person sein wie früher?«

Es folgte eine Minute des Schweigens, bevor Jarvis schließlich »Nein, natürlich nicht« flüsterte.

Die folgenden Monate waren von der Trauer über Tookies Tod geprägt, und gleichzeitig musste er auch an sein eigenes Todesurteil denken sowie daran, dass noch Hoffnung auf Gerechtigkeit bestand – und damit die Möglichkeit, dass er freigesprochen würde.

Von Gesetzes wegen bestand nach seiner Verurteilung im Jahr 1990 eine fünfjährige Wartefrist, bevor das Gericht einen Anwalt für die Berufung wählen würde. Daher bat Jarvis Melody, selbst einen Anwalt zu suchen, der den Fall gleich übernehmen würde. Sie wandte sich an Joe Baxter, der ebenfalls Buddhist war.

Baxter besuchte Jarvis noch im selben Jahr. Sein Haar war wild und seine Augen blaugrau; er sprach langsam und bedächtig. Er trug einen etwas zerknitterten Anzug und ein Hemd mit Streifenmuster, und auch sonst wirkte er eher wie ein typischer Anwalt aus dem Süden, und das, obwohl er aus Brooklyn stammte.

Baxter berichtete Jarvis, er habe sich seinen Fall angeschaut. In seinem Prozess hätte es nur so von Verfahrensfehlern und Verletzungen seiner Rechte gewimmelt. Er fügte an, es gäbe hinreichend Gründe, das Urteil anzufechten, und war bereit, den Fall zu übernehmen.

Jarvis war Anwälten gegenüber misstrauisch. Die vielen Jahre in Jugendvollzugsanstalten und Gefängnissen lieferten dafür Grund genug, ganz zu schweigen von seinem Todesurteil. Dennoch war er Baxter, der sich bald darauf mit den Berufungsanwälten Richard Targow und Scott Kauffman zusammentat, dankbar. Letzterer arbeitete auch für das kalifornische Berufungsprojekt *California Appelate Project* (CAP). 2001 reichten die Anwälte mit einer 515-seitigen Begründungsschrift die Berufung an. 2005 folgte die Eingabe der Habeas-Corpus-Petition[18]. Doch in den darauffolgenden Jahren bewegte sich erst einmal nichts. Erst am 14.2.2007 – es war Valentinstag – erhielt Jarvis von Baxter eine Nachricht, wonach das höchste kalifornische Gericht aufgrund einer der Eingaben bereit war, den Fall noch einmal aufzurollen. Das Gericht von Marion County, das ihn verurteilt hatte, wurde angewiesen, sich in einem Hearing mit den Anschuldigungen der Anwälte zu befassen, das Verfahren sei eine Farce gewesen. Joe erklärte Jarvis, das Hearing könne ein neues Verfahren oder sogar seine Freilassung nach sich ziehen.

Am gleichen Tag kam Marie zu Besuch, und beide waren in Hochstimmung: Es war das schönste Valentinstagsgeschenk, das man ihnen hätte machen können.

* * *

In der Zeit nachdem Jarvis Schüler von Chagdud Tulku geworden war, verbreitete sich in buddhistischen Kreisen auf der ganzen Welt die Neuigkeit, dass ein zum Tode verurteilter Häftling bei dem großen Lama den Buddhismus studierte. Nachdem er Schüler von Pema geworden war, wurde sein Fall noch bekannter, da sie ihn in ihren Büchern, Kursen und Vorträgen erwähnte. In den darauffolgenden Jahren schrieben

18 In den USA ist dies ein Mittel, um die Freilassung aus rechtswidriger Haft zu erwirken.

ihm immer mehr buddhistische Praktizierende – sowohl Laienschüler als auch Mönche und Nonnen. Viele von ihnen besuchten ihn. Einmal berichtete ein Wärter Pamela, dass Jarvis' Besucherliste die längste im ganzen Todestrakt sei. Meistens genoss er die Besuche, von denen er fast immer etwas lernte. Aber es kam auch vor, dass sie ihn verwirrten und ermüdeten. Einmal beklagte er sich bei dem Soto-Priester und stellvertretenden Abt des *Berkeley Zen Center* Alan Senauke, mit dem er sich angefreundet hatte: »Einige der Typen, die hier auftauchen, sind wirklich völlig abgehoben und drängen mir ihre spirituellen Tipps auf. Sie treten so auf, als seien sie Buddha in Person. Doch in Wirklichkeit gleichen sie Touristen, und der Todestrakt ist für sie wie ein exotisches Reiseziel. Sie sammeln Trophäen und brauchen noch einen zum Tode Verurteilten für ihre Sammlung.« Viele dieser selbst ernannten »hoch entwickelten Buddhisten« hatten etwas Belehrendes und Moralisierendes. Mit erhobenem Zeigefinger erklärten sie ihm, er habe den Buddhismus völlig falsch verstanden. »Sie sagen, ich meditiere nicht richtig, lese die falschen Bücher und würde im Übrigen nicht verstehen, worum es bei alledem eigentlich geht.« Er war enttäuscht, denn er hatte eigentlich erwartet, dass solch »fortgeschrittene« Praktizierende ihn mit ihrer Bescheidenheit, Weisheit und Würde inspirieren würden.

Als Antwort gab Alan ihm ein Zen-Koan des Zenmeisters Lin Chi: »Wenn du Buddha triffst, dann töte ihn«, und kommentierte: »Wenn du möchtest, dann denke darüber nach: ›Töte den Buddha.‹«

»Den Buddha töten?«, fragte sich Jarvis verwundert. »Warum? Wie?« Als er Jarvis' Verwirrung bemerkte, lächelte Alan ihn an und sagte, dass er der Antwort erlauben sollte, von alleine zu kommen. »Entspanne dich einfach.«

Sowohl buddhistische Ordinierte als auch Laienpraktizierende kamen weiter in den Todestrakt, um Jarvis zu treffen. Joe Baxter schickte Ram Dass, den früheren Harvardprofessor und engen Freund von Timothy Leary, zu einem Besuch. Jarvis war von dem Autor des berühmten spirituellen Führers der frühen Siebzigerjahre *Be Here Now* schon alleine deswegen beeindruckt, weil er die Wachen dazu brachte, ihm zu erlauben, barfuß nach San Quentin zu kommen.

Ein anderes Mal schickte ihm Joe einen jungen Amerikaner mit rasiertem Schädel, Mala, Sandalen und roter Robe – dem vollen Programm. Während der Mönch ihn belehrte, bemerkte Jarvis, dass es wieder einer von jenen war, die mit der dick aufgetragenen Lebenslüge daherkamen, sich wie ein Guru aufspielen zu müssen und so zu tun, als ob sie tiefe Einsichten übermittelten, obwohl sie nicht die Qualitäten eines echten spirituellen Meisters besaßen.

Während der Mönch langatmig über seine Reise nach Tibet und Indien sowie sein Treffen mit dem Dalai Lama schwafelte, empfand Jarvis das Gleiche wie bei vielen anderen dieser angeblich spirituell entwickelten Menschen, die ihn besucht hatten: nämlich, dass sich ihre arrogante Art nicht mit dem Buddhismus vereinbaren ließ. Der Mönch machte ihn wahnsinnig, und er war drauf und dran, den Besuch vorzeitig zu beenden.

Mitten im Gespräch streiften die Blicke des Mönchs durch den Saal, wobei er die Getränkeautomaten am anderen Ende entdeckte und erklärte, er wolle sich eine Cola holen. Jarvis schaute ihm zu, wie er zu den Automaten ging und ein paar Vierteldollarmünzen einwarf. Allerdings ohne Erfolg. Der Mönch schlug gegen die Maschine, aber es tat sich immer noch nichts, weswegen er erschreckend heftig gegen den Automaten trat.

Alle im Saal starrten den kahlköpfigen Mönch an. Einer der Wärter schüttelte nur mit dem Kopf.

Der Entsagende kam zurück, zeigte seine leeren Hände und erklärte: »Der Automat hat mir mein Geld gestohlen.« Anschließend fuhr er mit seinem Sermon über Frieden, Ruhe und Überwindung des Verlangens fort.

Jarvis unterbrach ihn: »Einen Moment, bitte. Sie sprechen

von Erleuchtung und Entsagung und all diesen Dingen, doch warum wollten Sie dann dem Automaten den Garaus machen? Wie soll ich das verstehen?«

Der Mönch schaute ihn an, als liege die Antwort auf der Hand. »Ich wollte halt meine Cola.«

Jarvis lachte. Ihm wurde bewusst, dass ihm der Mönch inmitten all dieser belehrenden Worte unbeabsichtigt eine Unterweisung gegeben hatte: Die Robe, seine Predigt, all dies war nichts als ein Schutz gegen seine eigene Verwirrung. Er war kein höheres selbstloses Wesen, das die Begierde überwunden hatte und an dem die Trivialitäten des Lebens abperlten, ohne ihn weiter zu berühren. Er kannte vielleicht mehr tibetische Worte als Jarvis, aber abgesehen davon unterschieden sich die beiden nicht maßgeblich. Der Mönch klammerte sich verzweifelt an seine buddhistische Praxis, um in den Wirren der Welt den Kopf über Wasser halten zu können. Jarvis sah ihn erneut an und verstand, dass er genau wie wir alle zu kämpfen hatte. Eine Welle der Empathie erfüllte ihn, und so genoss er den Rest des Besuchs.

Als der Besuch vorüber war und Jarvis zu seiner Zelle zurückgebracht wurde, dachte er noch einmal über den jungen Mann mit seiner wehenden Robe nach. Ihm wurde klar, warum ihn dieser Typ und die ganzen anderen überheblichen Mönche, die bei ihm gewesen waren, so genervt und sogar wütend gemacht hatten: Im Grunde wünschte er sich nichts sehnlicher, als dass diese Besucher genau dem Bild entsprachen, das sie vorzugeben versuchten: eine Fleischwerdung Buddhas zu sein, die gekommen war, um ihn zu retten.

Langsam dämmerte ihm die Bedeutung des Koans, das Alan ihm gegeben hatte, auch wenn er sich nicht sicher war, ob er richtiglag. Jede und jeder seiner Lehrerinnen und Lehrer hatte ihm erlaubt, den Buddhismus so zu interpretieren, wie es für ihn hilfreich war. Er hatte erfahren, dass der Buddhismus einen genau dort abholt, wo man gerade steht, und man immer das aus den Lehren anwenden kann, was man umzusetzen in der Lage ist. Im Gegensatz zu anderen Glaubensrichtungen kannte die buddhistische Lehre kein striktes Regelwerk, und selbst die grundlegenden Prinzipien konnte man sehr flexibel auslegen. Und trotz alledem stellte er sich Buddha immer noch als eine Art Gott vor, der irgendwo weit über dem Leiden auf einem Berggipfel thronte und der ihn irgendwann retten würde, indem er ihn aus San Quentin herausbeamen und zu sich auf diesen Gipfel fernab von allem Leiden holen würde. Doch genau das war der Buddha, den er töten musste: die Illusion, dass die Rettung irgendwo außerhalb von ihm selbst zu finden sei. Ihm wurde klar, dass der Buddha dazu nicht in der Lage war, genauso wenig wie Jesus oder Allah. Nur wir selbst können uns aus unserem eigenen Leiden befreien.

Teil 3

Die Dritte Edle Wahrheit: Das Ende des Leidens

»Unser ganzes bisheriges Leben haben wir damit verbracht, Antworten auf unser Leiden und unsere Probleme zu finden. Doch der Versuch, die alten Gewohnheiten zu überwinden, gleicht jenem, einen Erdrutsch aufzuhalten: Es bedarf eines großen Maßes an Anstrengung, Geschick, Geduld, Ausdauer und Mut.«

Lama Shenpen (Lisa Leghorn)

Kapitel 10

Verbindung

Baxter und seine Kollegen arbeiteten nicht nur an der Berufung, sondern versuchten gleichzeitig, Jarvis aus dem »Loch« zu holen, dem Isolationstrakt. Es gibt Studien, die eindeutig belegen, dass Einzelhaft zu bleibenden psychischen Schäden führt, auch wenn es keiner wissenschaftlichen Untersuchungen bedarf, um zu sehen, welch verheerende Auswirkungen Wochen, Monate und erst recht Jahre und Jahrzehnte des Lebens, die man alleine in so einer kleinen Zelle verbringt, bewirken können. Gerichte haben beschieden, dass Einzelhaft eine grausame und untragbare Form der Bestrafung darstellt. Ein Bericht der Vereinten Nationen besagt, dass ein Aufenthalt von mehr als zwei Wochen unter diesen Haftbedingungen mit Folter vergleichbar ist. Jarvis war seit 22 Jahren im Loch.

Die Jarvistas hatten ebenfalls eine Kampagne ins Leben gerufen, um die Verlegung aus dem Einzeltrakt zu erwirken. Die Aktivistinnen und Aktivisten schrieben dem Gefängnischef von San Quentin, verschiedenen Repräsentanten der kalifornischen Gefängnisbehörden und Politikern.

Einmal brachte der Anwalt Scott Kauffman Marie Kopien von den Briefen, die der Gefängnischef erhalten hatte: Es waren Hunderte Schreiben aus aller Welt. Daraufhin schrieb Marie der kalifornischen Strafvollzugsbehörde, und gemeinsam mit Pamela traf sie den Ombudsmann von San Quentin, den Landrat des Bezirks Marin sowie Abgeordnete des Staats Kalifornien. Unter Berufung auf seine kriminelle Vergangenheit und seine Mitgliedschaft in der BGF ignorierte das Gefängnis alle Petitionen und lehnte jahrelang die Forderungen der Anwälte ab.

Doch eines Morgens im März 2007 wurde Jarvis mit den Worten geweckt, er solle sich fertig machen. Die Bemühungen der Anwälte und Unterstützer hatten endlich gefruchtet – er kam in den Normalvollzug.

»Es kommt einer runter.«

Die Worte des Wärters hallten durch den riesigen Block. Auf das grüne Licht der Sicherheitskräfte im Erdgeschoss wartend, hielt ihn die Wache am Oberarm fest. Anschließend führte er ihn aus dem Isolationstrakt in den Ost-Block, wo man ihn in einer kleinen Zelle einsperrte. Das Erste, was Jarvis in seiner neuen Behausung auffiel, war der ohrenbetäubende Lärm. Der Isolationstrakt hatte seine eigenen Geräusche, aber meistens wurden diese durch die soliden Zellentüren abgedämpft. Hier hingegen waren die Türen aus Gittern und Stahlnetzen, und so drangen die Geräusche hindurch, vermischten sich zu einer Katzenmusik aus Rufen, Alarmtönen, Weckern, Durchsagen, dem Schlagen der Zellentüren sowie dem Gedudel der Fernseher und Radios. Jarvis hatte seit dem Tod von Mamie Procks epileptische Anfälle, wobei dies seit über zehn Jahren nicht mehr vorgekommen war. Doch hier, in der ersten Nacht in der neuen Zelle, bekam er den schlimmsten Anfall seines ganzen Lebens.

Zwei Jahrzehnte lang hatte er sich nichts sehnsüchtiger gewünscht, als aus dem Isolationstrakt verlegt zu werden, doch jetzt fühlte er sich so ungeschützt und war von den ganzen neuen Eindrücken derart überwältigt, dass er am liebsten dorthin zurückgekehrt wäre.

Während der 22 Jahre im Isolationstrakt war Jarvis' Hofgang auf einen kleinen Hof beschränkt gewesen. Manchmal durfte er sich dort sogar nur in einem Laufkäfig bewegen, der einem mobilen Hundezwinger glich. In diesem konnte er vielleicht gerade einmal ein Dutzend Schritte gehen, und so lief er diese Distanz Tausende Male hin und her. Als Jarvis das erste Mal im Hof des Ost-Blocks war, ging er zehn Schritte und erstarrte. Er atmete ein und tat schließlich einen weiteren Schritt, atmete erneut und ging einen weiteren.

Wann immer er Panik verspürte, meditierte Jarvis, und so gewöhnte er sich langsam an das neue Zuhause. Erstmals seit zwei Jahrzehnten hatte er nun eine richtige Zahnbürste. Zuvor durfte er nur die Bürste, nicht aber den Griff benutzen, den er ja als Waffe hätte missbrauchen können. Statt der kleinen Portionen Zahnpasta, die in Papierbechern verpackt waren, bekam er nun eine ganz normale Zahnpastatube. Melody brachte ihm eine echte Mala aus lackierten Perlen. Nicht ohne eine gewisse Nostalgie legte er seine Aspirinkette beiseite.

In der neuen Zelle ersetzte eine Pritsche das gewohnte Betonbett. Sie war an die Wand geschraubt, und so hatte er viel mehr Platz, da er seine Sachen jetzt unter dem Bett verstauen konnte. Anders als zuvor durfte er fortan von Freunden Geschenke empfangen. Pamela und Marty bestellten für ihn bei einem vom Gefängnis akkreditierten Lieferanten einen neuen Fernseher und einen CD-Player. Auch schickten sie ihm einen elektrischen Wasserkocher, in dem er Wasser für Top Ramen (einen Instant-Nudelsnack) und löslichen Kaffee erhitzen konnte.

Über zwanzig Jahre lang hatte Jarvis seine Briefe, Geschichten und sogar sein Buch mit einer Kulimine verfasst. Im Ost-Block wurde ihm erlaubt, ein weiteres Geschenk von den Krasneys anzunehmen: eine elektrische Schreibmaschine von IBM.

Jarvis dekorierte seine Zelle mit Fotos von seiner Mutter und von Freunden, Postkarten, die diese ihm von ihren Reisen um die Welt geschickt hatten, Postern von Bob Marley, Jimi Hendrix sowie der Schauspielerin Pam Greer – und einem Bild des Buddha.

Dank der Unterstützung der Krasneys und anderer Freundinnen und Freunde hatte Jarvis Geld auf seinem Gefängniskonto. Er nutzte es, um Süßigkeiten, Chips, die Instantnudeln und andere Snacks zu kaufen. Er begann einen Handel mit Mars, Snickers und Kit-Kat-Riegeln, die er gegen Briefmarken eintauschte. Immer wenn er fünfzig Dollar zusammenhatte, schickte er sie an die Human Kindness Foundation, eine gemeinnützige Stiftung, die vom Wert der Briefmarken Bücher für die Gefängnisbibliothek kaufte.

Im Hof des Isolationstrakts gab es ein kleines Basketballfeld, das in erbärmlichem Zustand war. Der Boden hatte Risse, war voller Unkraut und die Baseballkörbe ohne Netze. Der Basketballplatz des Ost-Blocks hingegen hatte die normale Größe, neue Netze und frisch gekalkte Linien. Nach zwanzig Jahren im »Loch« kam ihm der Hof vor wie das *Staples Center.*[19]

Zu den neuen Privilegien, die Jarvis am wichtigsten waren, zählte, dass er sich nun mit seinen Bekannten auf neue Art in Verbindung setzen konnte: Ihm war jetzt erlaubt, ein Telefon zu benutzen, das man dann auf einem Wägelchen zu seiner Zelle fuhr. Er rief Freunde an, die für ihn ein Guthabenkonto bei dem Telefonanbieter des Gefängnisses einrichteten, und so konnte er telefonieren – allerdings immer nur in 15-Minuten-Intervallen, da dann die Verbindung unterbrochen wurde. Dies war allerdings nicht weiter schlimm, da er dann einfach noch einmal anrief, und so telefonierte er manchmal für Stunden.

Doch die sicher außergewöhnlichste Neuerung betraf die Besuche. Im Isolationstrakt war Jarvis durch ein dreckiges und verkratztes Plexiglasfenster von ihnen getrennt gewesen. Der naheste »körperliche« Kontakt war, die Hände an die jeweils gegenüberliegende Seite des Fensters zu drücken. Im Ost-Block hingegen konnte er die Gäste in einer der Besuchszellen des Besuchssaals treffen, deren vergitterte Wände mit Plexiglas ummantelt waren. Sie erinnerten an die Käfige in altmodischen Zirkussen, wobei dort Schwarzbären oder Sibirische Tiger eingesperrt waren, keine Menschen. In jeder dieser Zellen

19 Das Staples Center ist eine riesige Sportarena in Los Angeles.

standen Plastikstühle und ein Tisch. Sobald alle im Käfig waren, nahmen Wärter Jarvis die Handschellen ab und verschlossen die Gittertür. Mit so befreiten Händen konnte er seine Freundinnen und Freunde berühren und sogar umarmen.

Als Pema das erste Mal in diese neue Umgebung kam, schauten sich beide erst einmal einige Augenblicke lang an. Dann grinsten sie über das ganze Gesicht und umarmten sich.

Und dann kam Marie. Den beiden war erlaubt, sich zur Begrüßung und zum Abschied zu umarmen. Die übrige Zeit konnten sie sich nur an den Händen halten, doch sie genossen es, die Wärme und den Pulsschlag des anderen zu spüren. Schließlich kam der Tag, an dem Marie aussprach, was beide schon lange empfanden: »Ich glaube, ich bin dabei, mich in dich zu verlieben.«

Jarvis war überwältigt: Sie teilte seine Gefühle! Er antwortete: »Mir geht es genauso.«

Auch wenn sich trotz ihres Bekenntnisses rein äußerlich nichts an ihren Briefen und Treffen änderte, so teilten sie nun andere Empfindungen. Beide waren schüchterner und verletzlicher. Jarvis war voller Freude, aber nicht sicher, ob er den guten Gefühlen trauen konnte und ob sie andauern würden.

Bereits sechs Monate bevor er aus dem Isolationstrakt verlegt wurde, hatte er begonnen, davon zu träumen, ihr einen Heiratsantrag zu machen, war dazu aber zu aufgeregt gewesen. Was würde eine Heirat für zwei Menschen bedeuten, da sie immer durch eine dicke Glasscheibe voneinander getrennt waren? Auch jetzt, wo er nicht mehr im Isolationstrakt war, zögerte er noch. Dass sie ihrer Liebe Ausdruck gegeben hatte, war eine Sache, aber ob sie ihn heiraten wollte, eine andere. Er befürchtete, sie würde ablehnen, und gleichzeitig sorgte er sich, es würde sie möglicherweise erschrecken, wenn er zu weit ginge. Doch jetzt, wo er nicht mehr im Isolationstrakt war und bei den Treffen nicht mehr durch eine Glasscheibe von ihr getrennt, fasste er an einem Tag Mut, ging vor ihr auf die Knie und fragte, ob sie seine Frau werden wolle. Zuerst schwieg sie.

»Ja, ich möchte!«, antwortete sie schließlich. »Aber ich finde, wir sollten in der Luft der Freiheit heiraten. Wenn du draußen bist.«

Jarvis' Herz schlug heftig.

* * *

Für Marie stand außer Zweifel, dass man ihn freiließe. Er war unschuldig, und die Gerechtigkeit würde siegen. Sie musste. Nachdem sie sich bereits unermüdlich für seine Verlegung aus der Einzelhaft eingesetzt hatte, schloss sie sich nun Pamela und den anderen an, die für seine Begnadigung kämpften. Oft genug stellte sie sich vor, wie es sein würde, wenn er aus San Quentin entlassen und in die Freiheit gehen würde. Und genau das wäre der richtige Zeitpunkt, um zu heiraten. Doch als Rick Targow ihr erzählte, dass es, selbst wenn Jarvis im bevorstehenden Hearing recht bekommen würde, noch Jahre dauern könne, bis man ihn freilassen würde, änderte Marie ihre Meinung. Sie erfuhr außerdem, dass sie als seine Frau im Falle einer Kontaktsperre oder Krankheit das Recht hatte, vom Gefängnis darüber Auskunft zu erhalten, wie es ihm ginge. Außerdem hätte sie Einblick in das Verfahren und könnte medizinische Entscheidungen treffen, wenn Jarvis dazu gerade nicht in der Lage war.

Also war sie einverstanden, nicht länger zu warten.

Sie heirateten im Juni in zwei Zeremonien. Die erste, rechtlich bindende wurde von einem Gefängniskaplan durchgeführt. Eine Woche später kam Pema, um ein traditionell buddhistisches Hochzeitsritual abzuhalten, auch wenn sie dieses für den Todestrakt etwas abändern musste. Normalerweise benutzt man bei einer solchen Zeremonie sechs Schalen, die jeweils eine der Tugenden einer guten Ehe symbolisieren. Da sie diese Schalen jedoch nicht ins Gefängnis mitnehmen durfte, platzierte Marie sie – jeweils mit einer Blume, Räucherstäbchen, parfümiertem Wasser, etwas Nahrung und einer Glocke – bei sich zu Hause auf dem Küchentisch, fotografierte jede einzelne und ließ Abzüge machen.

Bei dem buddhistischen Hochzeitsritual legte Marie die Bilder in einem Kreis auf den kleinen hölzernen Tisch des Käfigs, der sich so in einen Altar verwandelte. Marie und Jarvis hielten sich an der Hand, und Pema fragte sie, ob sie sich versprachen, die von den Schalen symbolisierten Qualitäten »Großzügigkeit, Güte, Enthusiasmus, Disziplin, Weisheit und vor allem Mitgefühl zu kultivieren – und zwar nicht nur füreinander, sondern für alle Lebewesen, und«, wie sie anfügte, »zueinander nett zu sein, denn das ist das Wichtigste«.

Als die Zeremonie vorbei war, fotografierte die diensthabende Wache das frisch vermählte Paar. Anschließend aßen sie gemeinsam Brownies, die Pema im Verkaufsautomaten gezogen hatte.

Jarvis bekannte, dass keine seiner früheren Beziehungen lange angedauert hatte und er nicht wusste, wie man eine solche führt. Als Zwölfjähriger wurde er von einem Mädchen in die Liebe eingeführt, die wiederum das erste Mal in ihrem Leben mit ihrem Onkel geschlafen hatte. Als Jugendlicher hatte er in Harbor City Freundinnen, aber diese Beziehungen waren stets nur von kurzer Dauer. Jarvis dachte darüber nach, ob er es je miterlebt hatte, dass Männer ihre Frauen nett und liebevoll behandelt hätten. Es gab einen – Dennis Procks, der Mamie abgöttisch liebte. Aber das war der Einzige, der ihm einfiel. Ansonsten schlugen die gleichen Männer, die ihm erklärten, man müsse Frauen respektieren, ihre Freundinnen, Frauen und Töchter. Er hatte miterlebt, wie Mädchen geprügelt, aus ihrem Zuhause geworfen und von ihren Müttern, die selber Prostituierte waren, als »Huren« beschimpft wurden, und das Gleiche galt für ihre Väter, die Zuhälter waren. Seine Mutter war von einem gewalttätigen Mann nach dem anderen misshandelt worden.

Jahre zuvor hatte er sich mit Melody darüber unterhalten, was Männlichkeit für ihn bedeutete, und sie hatte ihm zu diesem Thema Bücher mitgebracht. In einer der Diskussionen fragte sie ihn: »Welches Frauenbild entwickelt ein Junge, dessen Mutter – eine Prostituierte – manchmal liebevoll war, dann aber auch wieder nicht, die selbst gewalttätig war und die es nicht schaffte, ihren Sohn vor der Brutalität ihrer Männer zu schützen?«

Düster dreinblickend, antwortete Jarvis: »Man hat nicht viel Vertrauen und wird nicht unbedingt zu jemandem, dem man vertrauen kann. Und man lernt, sich aus dem Staub zu machen, bevor man selbst verlassen wird.«

Jetzt, wo er verheiratet war, sprach er mit Pema über seine Befürchtungen.

»Ich habe Angst, es zu vermasseln«, vertraute er ihr an.

Sie redeten eine Weile darüber, und schließlich sagte Pema: »Ich muss daran denken, dass du einmal erzählt hast, du fühltest dich schlecht, weil du deine Mutter und deine Schwestern nicht vor deinem Vater und anderen Männern beschützen konntest. Du hattest diese Schuldgefühle, obwohl du ihnen gar nicht hättest helfen können, schließlich warst du noch ein Kind. Es ist nicht logisch, aber vielleicht denkst du deshalb, dass du das Vertrauen einer Frau gar nicht verdienst.«

Jarvis erwiderte: »Die Sache mit Marie ist anders als alles, was ich je empfunden habe. Und ich möchte auch, dass es so bleibt.«

Pema: »Du hast dich verändert, du bist nicht mehr der Gleiche, der du damals warst.«

In den Monaten, die folgten, stand die Frage im Raum, ob er nun eine enge Beziehung führen könne. Jarvis und Marie mussten Herausforderungen meistern, mit denen andere Paare nicht konfrontiert werden. Im Gefängnis gibt es keinen

Honeymoon. Sie sahen sich und telefonierten, so oft es ging, schrieben zahllose Briefe, hatten aber keine Privatsphäre. Ihre Besuche wurden überwacht und die Briefe gelesen. Manchmal konnten sie sich wegen einer Kontaktsperre wochen- oder sogar monatelang nicht sehen oder sprechen. Wenn sie von Gewalt im Gefängnis hörte und sie ihm nicht helfen konnte, wenn er krank war, sorgte sich Marie um ihn. Gleichzeitig redete sie sich ein, das sei in Ordnung. Es würde schon gut werden. Alles würde gut, wenn er endlich freikäme.

Kapitel 11

Vergeben

»Mama, ich habe meinem Vater geschrieben.«

Als Pema Jarvis' Brief erhielt, war sie gerade in ihrem Kloster im kanadischen Nova Scotia, wo sie die Hälfte des Jahres verbrachte, und machte ein Retreat.

»Dass ich ihm geschrieben habe, ist der Überredungskunst Maries zu verdanken«, schrieb Jarvis. »Er antwortete und erzählte von seinen Problemen – Diabetes, Nierensteine und einem Herzinfarkt. Er will mich besuchen. Ich war unglaublich wütend auf ihn, und ich bin immer noch nicht sicher, ob ich ihn sehen will.«

Harline Masters hatte seinen Sohn bald nach seiner Verhaftung besucht – und seither nie wieder. In den letzten zwanzig Jahren hatte Jarvis nichts von ihm gehört. Bei Maries nächstem Besuch sagte er ihr, er wolle ihn nicht sehen. Der Mann sei ein »Hurensohn«. Sie bat ihn, das zu überdenken, da sein Vater alt und krank sei und er ihn möglicherweise das letzte Mal sehen würde. Schließlich war Jarvis einverstanden.

* * *

In den späten 1980ern erzählte Jarvis Melody im Rahmen ihres Berichts über sein Leben von der Nacht, als er sich mit seinen Schwestern unter dem Bett versteckt hatte und Harline anschließend auf seine Mutter losging und drohte, die Kinder umzubringen. Bei anderen Gelegenheiten bedrohte er die Kinder mit einem altmodischen geraden Rasiermesser und steckte in einem Wutanfall sogar das Haus in Brand. Jarvis verdankte seiner

Tante und seinem Onkel das Leben, da sie die schreienden Kinder aus der Wohnung retteten. Bald danach verließ Harline seine Familie, und seitdem hatte er seinen Sohn kaum noch gesehen. Als Melody ihn in der Strafbemessungsphase des Prozesses ausfindig machte, um ihn zu befragen, bat er sie um Geld.

Melody kommentierte damals Jarvis' Erinnerungen mit den Worten: »Er war ein furchtbarer Vater.«

Jarvis' Reaktion erschreckte sie.

»Vielleicht war er gar kein so schlechter Vater«, erwiderte er. »Vielleicht war er sogar *der beste*, den man haben konnte.«

»Wie meinen Sie das?«, wandte Melody ein. »Er hat Sie *verletzt*. Er hat Sie *verlassen*.«

»Aber was sollte er tun?«, fuhr Jarvis fort. »Ein guter Vater gibt einem nicht, was man will, er gibt, was man braucht. Die Aufgabe von Vätern ist es, ihre Kinder zu schützen, und das hat er gemacht.«

»Aber er hat Sie *terrorisiert!*«

»Sicher, aber damit gab er mir ein Geschenk. Er lehrte mich zu hassen, und diesen Hass *brauchte* ich. Ich brauchte den Hass auf meinen Vater, um zu überleben. Ohne ihn wäre ich sicher schon tot.«

Er bemerkte, dass sie ihn immer noch ungläubig ansah. Also fuhr er fort. »Jedes Mal, wenn ich mit jemandem auf der Straße kämpfte, wenn man mich angriff und ich zurückschlug und mehr austeilte, als ich eigentlich konnte, immer dann, wenn brutale Erzieher, Pflegeeltern oder wer auch immer versuchten, mich zu brechen, und ich die Misshandlung mit einem Lächeln einsteckte, woraufhin sie mich noch brutaler schlugen oder mich zu Boden warfen und mich traten, in all diesen Situationen war es mein Vater, der mir den Zorn dafür gab, darauf zu reagieren. Und ohne ihn wäre ich sicher nicht mehr am Leben.« Er kniff die Augen zu. »Wenn ich meine Angst zugelassen hätte, wäre ich schon tot. Er hat mir beigebracht, was ein echter Mann ist, nämlich einer, der keine Angst hat, ein gnadenloser Kämpfer. All das hat er mich gelehrt.«

Melody nickte, dann fragte sie ruhig: »Aber ist ein echter Mann eher einer, der hasst und kämpft, oder jemand, der gütig und freundlich ist und für seine Kinder sorgt?«

Jarvis erwiderte: »Okay, diese Frage hat mir noch nie jemand gestellt.«

Harline wurde in Waco, Texas, geboren. Sein eigener Vater saß damals gerade in Kalifornien im Gefängnis ein, da er Vieh gestohlen und Urkunden gefälscht hatte. Harline ging mit seinen Eltern nach Kalifornien und bewarb sich, als er alt genug war, bei der Armee. Nach seiner Entlassung zog er nach Südkalifornien. An einem Abend fuhr er mit einem Wagen, auf dessen Heck *»Love Bandit«* geschrieben war, auf eine Party, auf der er Cynthia Campell kennenlernte.

Ungeachtet der Warnung von Cynthias Mutter, ihre Tochter habe Probleme, heirateten sie wenige Wochen später. Cynthia brachte ihre beiden Söhne Tommy und Robby mit in die Ehe. Bald darauf bekam sie mit Harline Charlene und im Jahr 1962 Jarvis. Etwas später wurde Birdy geboren. 1967 verließ Harline seine Familie.

Nachdem Jarvis dem Besuch seines Vaters zugestimmt hatte, traf Marie die entsprechenden Vorbereitungen. Am Morgen des großen Tages war Jarvis nervös. Als er in den Besuchskäfig kam, sah er, dass Marie alleine war. Sie erklärte ihm, sein Vater habe abgesagt. Er hätte ein Bowlingturnier, bei dem er möglicherweise viel Geld gewinnen könne.

Jarvis war wütend. »Ein Bowlingturnier?«, fragte er ungläubig. Er fühlte sich wie ein Idiot, weil er zugestimmt hatte, seinen Vater zu sehen, doch dann dachte er über Harlines Ausrede nach. Er musste lachen und fühlte sich auf seltsame Art erleichtert. »Wie kann ich auf einen Vater wütend sein, der seinen Sohn in all den Jahren nicht besucht hat und dann wegen Bowling absagt.«

Er dachte an das buddhistische Sprichwort: »Erwarte von

einem Stein nicht, kein Stein zu sein«, und musste wieder lachen.

Eine Woche später meldete sich Harline bei Marie und fragte, ob sie einen weiteren Besuch arrangieren könnten. Sie fragte Jarvis, doch dieser lehnte ab.

»Kannst du ihm nicht verzeihen?«, fragte sie. »Er ist alt und krank.«

Jarvis erklärte: »Die Verletzungen sind zu groß. All diese Erinnerungen. Ich habe über alles nachgedacht – über das, was er meiner Mutter angetan hat, meinen Geschwistern, mir … Es gibt keinen Grund, ihn zu treffen.«

Doch in den sechs darauffolgenden Monaten gelang es Marie, ihn zu überzeugen. Erneut erinnerte sie ihn daran, dass es möglicherweise das letzte Mal sein könnte, dass Jarvis seinen Vater treffen würde.

* * *

Am verabredeten Morgen wartete Jarvis im Käfig auf seinen Vater. Wäre er wieder nicht gekommen, es hätte ihn nicht weiter verwundert. Doch diesmal kam er. Neben seiner Ich-AG im Recycling-Business – Harline sammelte in seinem alten Pick-up Dosen und Flaschen – arbeitete er als Schülerlotse, und so erschien er in seiner Arbeitsuniform, die aus einem ausgewaschenen gelben Polohemd, einer mit neongelben Streifen verzierten gelben Hose und einem gelben Anorak bestand.

Als er seinen Sohn sah, rief er: »Jay!« So hatte er Jarvis in seiner Kindheit immer genannt.

Sie sahen einander in die Augen, und für Jarvis war es, als blickte er in einen Spiegel.

Der Wärter kam in den Käfig und nahm Jarvis die Handschellen ab. Dieser umarmte Marie und sah dann seinen Vater erneut an und sagte: »Hey.« Sie umarmten sich flüchtig.

Harline nickte zum Gruß und sagte: »Mein Sohn!«

Sie setzten sich, und Harline sprach das Offensichtlichste aus: »Mensch, das ist verdammt lange her.« Jarvis lächelte. »Yeah.«

Jarvis versuchte, den alten Mann vor sich mit dem gewalttätigen Monster in Einklang zu bringen, das so oft im Crackrausch zusammengebrochen war und schließlich seine Familie verlassen hatte.

Aus irgendeinem Grund – vielleicht aufgrund seiner buddhistischen Praxis, die ihn gelehrt hatte, sich mit seinen schlimmsten Erinnerungen zu konfrontieren, sprach Jarvis seine damalige Brutalität an. »Ich muss dir sagen, welche Erinnerung mir immer als Erstes kommt, wenn ich an dich denke«, sagte er und schilderte, wie Cynthia die Geschwister unter dem Bett versteckt und Harline anschließend gewütet hatte, wobei er seine Mutter schlug und drohte, die Kinder umzubringen. »Ich war die ganze Zeit unter dem Bett und habe alles mitbekommen und deine Schuhe gesehen.«

Harline wirkte verstört. Er nahm die Brille ab, strich mit seinen Fingern über die Augen und setzte anschließend die Brille wieder auf.

Nach einer Weile sagte er: »So etwas habe ich nie getan. Das war ich nicht.« Er starrte Jarvis an. »Es waren die Schuhe von jemand anderem. Das war ich nicht.«

Jarvis war verwirrt. Zuerst dachte er, sein Vater spräche nicht die Wahrheit, doch dann hatte er eine Vision – so als würde in ihm eine Diashow ablaufen. Er sah, wie seine Mutter aus dem Fenster schaute und rief: »Papa kommt. Packt eure Sachen zusammen.«

Jarvis erinnerte sich an all diese »Papas«. Cynthia nannte alle, die zu Besuch kamen – manchmal für eine Nacht, manchmal für länger –, »Papa« oder »Onkel«. »Begrüßt Papa«, sagte sie dann für gewöhnlich ihren Kindern, oder: »Das ist Onkel Soundso.«

Er überlegte sich: »Ich war damals gerade einmal vier Jahre alt. Was bekommt man in diesem Alter schon mit?« Und: »Vielleicht war der Mann wirklich nicht mein Vater?«

So viel in seinem Leben hatte er auf die Erinnerung an ein Paar Schuhe gebaut. Der Zorn und der Hass auf seinen Vater begleiteten und motivierten jeden Schlag, den er gegen wen auch immer austeilte – die Jungs auf der Straße genauso wie die Wärter und Mithäftlinge in Gefängnissen.

Jarvis erinnerte sich an all den Schmerz, den sein Vater zweifelsohne zu verantworten hatte, die Schläge, die Vernachlässigung. Doch nichts davon war ihm jetzt noch wichtig. Sein Vater war ein alter Mann, Mitglied eines Bowling-Teams und arbeitete als Schülerlotse. Jahrelang war er von Crack abhängig gewesen, doch jetzt war er endlich clean. Die Frau, mit der er dreißig Jahre lang zusammengelebt hatte, war vor nicht langer Zeit verstorben, und er zog ihre Enkelin groß.

Und jetzt saß er ihm hier gegenüber. Und was war mit Jarvis' Wut und Hass? Er wusste, dass sie noch da waren. Sie zu überwinden würde mehr Zeit und Aufarbeitung bedürfen, doch zu seiner Überraschung empfand er etwas Neues, eine Art Wärme. Als er seinen Vater wieder ansah, sah Jarvis in seinem Gesicht ein schwaches Strahlen.

Dann kam ein Wachmann und erklärte, die Besuchszeit sei vorbei. Jarvis stand auf, um sich bei seinem Vater für sein Kommen zu bedanken. Aber Harline stand schon vor dem Wärter. »Ich brauche noch mehr Zeit mit meinem Sohn. Ich habe ihn viele Jahre nicht gesehen.«

Der Mann war respektvoll, aber entschlossen. »Es tut mir leid, Sir. Die Besuchszeit ist vorüber.«

»Einen Scheiß ist sie!«, protestierte Harline. »Ich bleibe!«

Jarvis schaute zu seinem Vater. »Es ist schon gut«, beruhigte er ihn. »So sind nun mal die Regeln.«

Dann sagte Jarvis: »Komm zu mir.« Diesmal umarmte er ihn herzlich. Weinte sein Vater? Jarvis hielt ihn noch etwas länger und ließ ihn dann los, aber Harline umarmte ihn weiter. Dann kamen auch Jarvis die Tränen.

Auf dem Rückweg zu seiner Zelle dachte Jarvis über den Besuch nach. Harline hatte den Beamten angebrüllt. Ihm wurde klar, dass es das erste Mal gewesen war, dass sich sein Vater für ihn eingesetzt hatte. Das verbesserte seine Stimmung noch weiter. Später meditierte er in seiner Zelle. Er faltete sein Laken, legte es auf den Boden und setzte sich. Freude erfüllte ihn, es war die Freude … zu vergeben. Er empfand etwas, von dem er sich nie hätte vorstellen können, dass er es für seinen Vater empfinden könnte. Ein Gefühl erfüllte ihn, das er erst nicht richtig einordnen konnte. Erst langsam kam ihm, was es war: Er empfand für diesen alten Mann … Liebe.

Pema war überglücklich, als Jarvis ihr von Harlines Besuch berichtete. Sie erzählte ihm eine berühmte buddhistische Geschichte von einem Mönch, der mit einem seiner Schüler unterwegs war. Beide schickten sich gerade an, einen Fluss zu überqueren, als eine Frau auf sie zukam und sie bat, ihr zu helfen, da sie den mächtigen Strom nicht alleine passieren konnte. Der ältere Mönch nahm sie auf den Rücken, trug sie durch den Fluss, setzte sie vorsichtig am anderen Ufer ab und ging seines Weges.

Sein Schüler war außer sich, da es den Mönchen ihres Ordens nicht erlaubt war, Frauen zu berühren. Als er seinen Lehrer eingeholt hatte, fragte er: »Wie konntet Ihr das tun?« Der ältere Mönch antwortete: »Ich habe sie schon längst am Ufer abgesetzt, aber du scheinst sie noch immer zu tragen.«

Pema fragte: »Wie lange hast du die Last der Erlebnisse mit deinem Vater mit dir herumgeschleppt?« Es war eine große Erleichterung, dies jetzt nicht mehr tun zu müssen.

Das Erlebte führte zu einer ganzen Reihe von Gesprächen mit Pema, die sich um Vergeben drehten. Sie schlug ihm vor, er solle eine Liste jener Menschen in seinem Leben verfassen, die er am meisten gehasst hatte. Es wurde eine lange Liste. In vielen Fällen war der Hass verständlich. Wer würde nicht auf diejenigen zornig sein, die einen geschlagen, von der Familie getrennt, zum Kämpfen gezwungen, mit Verbrennungen traktiert, verlassen und betrogen hatten? Wer würde nicht auf angebliche »Brüder« wütend sein, die einen verleumdet und eines Verbrechens beschuldigt hatten, für das man gar nicht verantwortlich war? Wer würde nicht Hass auf Richterin und Geschworene empfinden, von denen man wegen dieses nicht begangenen Verbrechens zum Tode verurteilt worden war? Darüber hinaus hatte er unter den Misshandlungen von brutalen Verwandten, Pflegeeltern, Betreuern und Gefängnisbediensteten gelitten sowie darunter, dass Psychologen und Sozialarbeiter ihr Versprechen, ihm zu helfen, nicht gehalten hatten – und vieles mehr.

Pema riet ihm, sich in seiner Meditation auf jeweils einen dieser Menschen zu konzentrieren. Er begann mit jenen, die ihn verletzt hatten, als er noch jung war. Als er sich ihre Grausamkeit wieder vor Augen führte, überkam ihn Zorn. Jedes Mal war es, als habe er einen Albtraum. Doch wie Pema ihm schon oft erklärt hatte, gab es irgendwann eine Pause – und in diesem Moment erkannte er, dass all dies nichts als Erinnerungen waren, er gerade meditierte und all das anwenden konnte, wozu sie ihm geraten hatte. Er atmete. Von den Erinnerungen befreit, nahm er Kontakt mit seinem Körper auf. Dann stellte er sich vor, der betreffenden Person gegenüberzusitzen. Er schaute ihr in die Augen und entdeckte etwas, das ihm nie zuvor aufgefallen war: Hinter all der Gewalttätigkeit und dem Zorn entdeckte er Leiden. Und angesichts dieses Leidens begann sich seine heftige Wut aufzulösen.

Als er schließlich zu den Geschworenen und den Zeugen kam, die falsch ausgesagt hatten und so maßgeblich zu seinem Todesurteil beigetragen hatten, ergriff ihn eine weitere Welle des Zorns. Ihm war bewusst, dass seine Abscheu in diesen Fällen gerechtfertigt war. Doch wenn er bei ihnen seine inneren Widerstände überwand und sich vorstellte, ihnen in die Augen zu schauen, nahm er sie ebenfalls anders wahr. Er sah Trauer, Einsamkeit sowie Verwirrung und ihre Narben. Sein Hass verwandelte sich in etwas, das Zärtlichkeit ähnelte, auch wenn diese positiven Gefühle bisweilen nicht lange anhielten.

Sobald er sich ihre Gesichter vorstellte, loderte der Ärger wieder auf. Er dachte: »Ihr Leiden entschuldigt nicht den Schmerz, den sie mir zugefügt haben. Sie haben mein Leben zerstört.«

Er erinnerte sich an etwas, das Pema ihm einmal gesagt hatte: »Wir verändern uns, doch es braucht seine Zeit.«

Und so sagte er sich: »Ich kann ihnen nicht verzeihen – noch nicht.«

Bei Richterin Savitt war es noch schwieriger. Von allen, die ihn in den Todestrakt gebracht hatten, dachte er an sie am häufigsten. Während des Verfahrens war sie manchmal eine Art Mutterfigur für ihn gewesen, doch er erinnerte sich auch an den maskengleichen verhärteten Ausdruck in ihrem Gesicht, als sie das Urteil verkündete. Als er über sie meditierte, entdeckte er hinter dieser Maske ein ängstliches Mädchen.

Jarvis musste daran denken, wie sie zum Ende der Urteilsfindung gesagt hatte, sie sei gegen die Todesstrafe, aber ihr Beruf verlange von ihr, ihr Gewissen manchmal außen vor zu lassen und dem Gesetz zu folgen. Ihm schien, sie sei damals hin- und hergerissen und verwirrt gewesen. Er stellte sie sich vor, wie es ihr wohl nach dem Verfahren gegangen war, und nahm an, dass es für sie, die eigentlich gegen die Todesstrafe war, sicher nicht einfach gewesen war, mit dem Bewusstsein zu leben, einen Menschen zu etwas verurteilt zu haben, was sie eigentlich ablehnte.

Als sie die Strafe verkündete, räumte sie ein, dass es die schwerste Entscheidung ihres Lebens gewesen sei. Sie glaubte, sich an die von den Geschworenen vorgeschlagene Strafe halten zu müssen, aber er spürte, dass sie damit zu kämpfen hatte.

»Wenn jemand eigentlich das Richtige tun möchte, dabei aber scheitert, fällt es leichter, ihm oder ihr zu verzeihen, als wenn der oder die Betreffende sich gar nicht erst bemüht hätte«, sagte er Pema bei ihrem nächsten Besuch. »Nachdem ich in ihrem Gesicht Verwirrung und Angst gesehen hatte, konnte ich nicht einfach so weiter auf sie wütend sein. Das bedeutet nicht, dass ich ihr nicht weiterhin manchmal Vorwürfe machen werde, und ich weiß auch nicht, ob ich ihr je vollkommen verzeihen kann. Doch wenn ich an sie denke und mir klarmache, dass sie wie wir alle bei all ihren Fehlern versucht, irgendwie ihr Leben auf die Reihe zu bekommen, fühlt es sich anders an.«

»Dieses Gefühl«, erwiderte Pema, »nennt man Mitgefühl.«

Kapitel 12

Ein anderer Weg

In der gleichen Woche rief Jarvis Pema an, um sie über die Ereignisse im Todestrakt auf dem Laufenden zu halten. In der vergangenen Woche hatte er auf dem Hof Freddie Taylor getroffen, seinen besten und ältesten Freund im Gefängnis. Dieser war 1985 wegen vorsätzlichen Mordes zum Tode verurteilt worden, und so war er bereits im Todestrakt, als Jarvis wegen seiner angeblichen Beteiligung am Mord an Burchfield dorthin verlegt wurde. Die beiden hatten eine ähnliche Geschichte. Wie Jarvis war auch Freddie in Erziehungsanstalten und anderen staatlichen Institutionen aufgewachsen, wo er ähnlich brutal behandelt worden war wie sein Freund. In Freddies Anstalt waren fast alle Kinder weiß. Bis zum Alter von sieben oder acht Jahren dachte er, er hieße wirklich »Nigger«, da ihn alle so nannten. Auch hatte er mit Jarvis gemeinsam, dass er im Folson-Gefängnis, in dem er zuvor eingesessen hatte, von der BGF trainiert und schließlich von ihr aufgenommen worden war. Sie gaben ihm den Namen »Yero«, was auf Suaheli »zum Soldat geboren« bedeutet.

Als sich die beiden kennenlernten, war Jarvis in seiner gehässigsten und härtesten Phase und voller Zorn, da man ihn wegen des Mordes angeklagt hatte. Jarvis war oft aggressiv, bekämpfte sowohl Mithäftlinge als auch Wärter. Er unterzog sich gerade der politischen Schulung und Indoktrinierung, die ihn bald zu einem Mitglied der BGF machen sollte, und genoss seine Stellung in einer der mächtigsten Gangs in San Quentin.

Sie teilten jedoch nicht nur ihre Herkunft und die Erfahrungen in der BGF, sie hatten auch den gleichen Sinn für Humor. Wenn sie zusammen waren, lachten sie so viel und so laut, dass ihnen häufig selbst Leute vom anderen Ende des Hofs zuriefen, sie sollten »verdammt noch mal endlich die Klappe halten«, woraufhin sie meist in nur noch schallenderes Gelächter ausbrachen.

Freddie lernte Jarvis kurz nachdem Cynthia gestorben war kennen und tröstete seinen Freund. Er ermutigte ihn auch während seines Verfahrens sowie erst recht nach der Verurteilung. Umgekehrt stand Jarvis Freddie bei, als dessen erster Termin für seine Exekution festgelegt worden war und – nachdem seine Anwälte eine vorläufige Suspendierung erreicht hatten – ein neues Datum für die Hinrichtung angesetzt wurde. Er ermutigte ihn, nicht zu verzweifeln. »Warte es ab, es wird schon gut ausgehen.«

Als Freddie erfuhr, dass Jarvis meditierte, war er anfangs skeptisch. »Was ist das für ein Schwindel?«, fragte er ihn. Wenn Jarvis vom Buddhismus erzählte, wurde er regelrecht verletzend: »Verdammt, du machst dich über mich lustig, oder? Du bist ein verdammter Buddhist? Du betest diesen fetten Motherfucker an? Das ist doch totaler Schwachsinn!«

Doch er erlebte mit, wie sich Jarvis veränderte. Anfangs wusste er nicht genau, was anders war, aber schließlich merkte er, dass sein Freund nicht mehr dauernd vor Wut kochte und ständig auf Ärger aus war. Freddie verglich Jarvis' Art, auf die Todesstrafe zu reagieren, mit dem Hass, den die meisten ihrer Kollegen entwickelten: Viele von ihnen wurden im Laufe der Zeit vollkommen von ihrem Zorn aufgefressen. Auch bei Jarvis loderte die Wut bisweilen noch auf, und so rempelte er an einem Tag beispielsweise einen Aufseher an und verbrachte daraufhin einige Wochen in der »Beruhigungszelle«. Doch im Gegensatz zu den meisten seiner Mithäftlinge, die sich in einer Abwärtsspirale befanden und immer bösartiger oder verrückter wurden, waren solche Reaktionen bei ihm eher selten. Jarvis war ein verdammter Buddhist geworden! Freddie machte lange Zeit zynische Bemerkungen darüber, die allerdings der Verblüffung Platz machten, als er mitbekam, dass Jarvis auf dem Hof Dinge tat, die sich sonst kein Häftling traute, da so etwas einen leicht das Leben kosten konnte.

Es war ein nebliger Morgen. Jarvis kam nach langer Zeit, in der er in einen anderen Bereich verlegt gewesen war, auf den Gefängnishof, wo er seinen Freund endlich wiedersah. Dieser war in ein heftiges Gespräch mit anderen Inhaftierten verwickelt. Er näherte sich ihm von hinten und sagte zu Freddie: »Was geht ab, Hackfresse?« Dieser drehte sich um, rief »Left« und umarmte ihn.

Freddie verließ die anderen und gesellte sich zu seinem alten Freund. Bei aller Freude über ihr Wiedersehen wirkte er jedoch abgelenkt. Er blickte über den Hof und zeigte dann auf einen Mann, der am Zaun kauerte. »Fag wird es treffen«, sagte er. »Sie werden ihn umbringen – er ist eine ›Ratte‹, denn er hat einen Häftling bei einem Wärter verraten. Er ist ein toter Mann.«

Freddie sah den Schrecken, der in Jarvis' Gesicht geschrieben stand. »Aber sie können ihn doch nicht umbringen.«

Die Antwort überraschte Freddie. »Verflucht. Warum nicht?«

Jarvis schwieg eine Minute und erklärte dann: »Genau das wollen die Cops doch erreichen. Auf diese Art haben sie uns immer wieder dazu gebracht, uns zu bekriegen. Wir dürfen ihnen nicht in die Falle gehen.«

Ehe sichs Freddie versah, überquerte Jarvis den Hof und ging zu dem angeblichen Verräter. Mit ihm zu reden brachte sein eigenes Leben in Gefahr, und Freddie bereitete sich bereits darauf vor einzugreifen, um seinem Freund zur Seite zu stehen. Doch zu seiner Überraschung stürzte sich niemand auf ihn, man ließ ihn gewähren. Jarvis kam zurück und erklärte, der Typ habe den anderen nicht angeschwärzt, sondern man habe ihm eine Falle gestellt. Freddie antwortete: »Was zum Teufel glaubst du, dass er dir sagen würde? Meinst du, er würde es zugeben? Und die Wahrheit will sowieso niemand hören, der Motherfucker weilt nicht mehr lange unter den Lebenden.«

Statt zu antworten, ging Jarvis zu den drei Leuten, die bereits drauf und dran waren, den jungen Mann anzugreifen. »Die Cops«, so erklärte Jarvis ihnen, »haben ihm eine Falle gestellt. Sie wollen, dass wir ihn kaltmachen.«

Die Männer waren sprachlos. Jarvis fuhr fort: »Sie benutzen uns als ihre Vollstrecker. Fallt nicht auf ihr Spiel herein. Sie hassen ihn, weil er schwul ist. Für sie ist es ein Sport, uns dazu zu bringen, miteinander zu kämpfen und uns gegenseitig umzubringen.«

»Was zum Teufel …«, sagte der Jüngste von ihnen. »Wer bist du überhaupt, alter Mann?«

Jarvis erwiderte: »Ich bin schon verdammt lange hier. Als ich nach San Quentin kam, warst du noch nicht einmal auf der Welt.« Er schaute dem Jungen direkt in die Augen. »Hör zu. Die Cops zählen darauf, dass ihr euch wie gewohnt verhaltet. Sie kennen uns ganz genau und hoffen, dass ihr auch jetzt so reagiert, wie ihr es normalerweise tut, nämlich ohne viele Fragen zu stellen. Noch bevor jemand richtig nachdenkt, fliegen Kugeln, und jemand stirbt. Und dann landet ihr im Loch. Hört damit auf und denkt erst einmal gut darüber nach.«

»Ich glaube«, antwortete der Junge, »du bist ein Schwächling.«

Früher hätte das Jarvis auf die Palme gebracht, und er hätte nicht gezögert, ihm zu beweisen, dass das Gegenteil der Fall war. Damals hätte das *Kid* bereits am Boden gelegen. Jarvis dachte kurz daran, wie viel Ärger er sich in seinem Leben damit eingehandelt hatte, dass er beweisen wollte, kein Feigling zu sein. Und ihm gegenüber stand ein junger Mithäftling, der versuchte, ein genauso krasser Typ zu sein, wie er es einmal gewesen war – ein Mann, der sich mit einem alten Hasen anlegt. Jarvis lächelte ihn an.

Inzwischen war Freddie dazugekommen, und Jarvis wandte

sich ihm und den anderen drei zu. »Ihr wisst, dass es stimmt«, sagte er. »Die Cops wollen, dass er stirbt, können es aber nicht selbst erledigen. Wollt ihr diesen Arschlöchern die Arbeit abnehmen?«

Der Junge sagte: »Er ist eine verdammte *Made*.«

Jarvis erklärte: »Schau mal, hier drin läuft das folgendermaßen ab: Die Wölfe suchen ein Schaf als ihre Beute aus – und der angebliche Verräter ist so ein Schaf. Deswegen müssen wir solche Schafe schützen.«

Freddie war von der Reaktion der Männer völlig verblüfft. Eben waren sie noch äußerst verhärtet und entschlossen gewesen, einen Menschen zu töten, und jetzt waren sie … ruhig. Einer der beiden Älteren schaute den Jungen an und sagte dann: »Du musst dich vor diesem Motherfucker in Acht nehmen, sonst wird er dein Hirn ficken – dieser Motherfucker von Buddhist im Todestrakt.«

Die anderen beiden lachten.

Als Nächstes fragte einer von ihnen: »Left, hast du das Spiel gesehen? Die San Francisco Giants sind in der Endrunde.« Die Männer begannen, sich über Baseball zu unterhalten, und der junge Homosexuelle war in Sicherheit.

»Was zum Teufel hat das alles zu bedeuten?«, fragte ihn Freddie, als sie wieder alleine waren. »Du bist wie diese Motherfucker, die ein Kraftfeld um sich herum aufbauen.« Er sah in Jarvis etwas, das er nicht genau benennen konnte. Erst dachte er, sein Freund sei unglaublich leichtsinnig gewesen, als er sich in eine so gefährliche Situation begeben hatte, die leicht zu einer Messerstecherei hätte eskalieren können. Doch dann merkte er, dass das Gegenteil der Fall war. Das Bild eines Kraftfeldes war nicht völlig unangebracht. Jarvis strahlte nun eine ganz spezielle Energie aus – nicht jene Art von Kraft, die man normalerweise im Gefängnis respektiert und die auf Angst und Kontrolle basiert, sondern eine andere. Jarvis brachte die Leute dazu, innezuhalten – innezuhalten und nachzudenken.

Freddie sagte: »So ist also ein Buddhist. Puh. Friede und so 'n Scheiß. Gewaltlosigkeit.«

Jarvis zuckte die Achseln. »Ich weiß nur, dass Töten zu noch mehr Töten führt, denn das ist das, was wir immer getan haben.« Damit meinte er ihre Erfahrungen in den Vierteln, in denen sie aufgewachsen waren. »Die ganze Rache«, sagte Jarvis. »Du weißt, wie alles den Bach hinuntergegangen ist und es weiterhin tun wird. ›Du hast mich beleidigt. Ich werde dich kaltmachen.‹ – ›Du hast meine Schwester erschossen, deshalb werde ich deine Mutter töten.‹ Wir kennen das alle. ›Mein Vater schlägt meine Mutter. Ich werde den Hurensohn umbringen …‹ Aber so zu denken ist gefährlich. Denn das führt nicht nur zum Tod meines Vaters, ich schieße auch auf alle, die mich daran hindern wollen. Und wohin soll das dann noch führen?«

»Das ist also dein verdammter Buddhistentrip«, sagte Freddie. Er schloss die Augen, legte seine Hände wie zum Gebet zusammen und imitierte ihn: »Ommmmm.« Jarvis lachte und sagte: »Der Buddhismus lehrt, dass es immer auch einen anderen Weg gibt.«

Als Jarvis abends alleine in seiner Zelle war, ließ er den Morgen noch einmal Revue passieren. Etwas verwirrt und besorgt fragte er sich: »Was habe ich mir eigentlich dabei gedacht?« Er hatte noch nie zuvor etwas derart Riskantes gemacht. Freddie hatte ganz zu Recht gesagt, dass man ihn hätte niederstechen können, als er sich in die Mitte der Jungs begab. Doch in dem Moment, als er sich einmischte, dachte er nicht im Geringsten an die Gefahr. Seine Handlungen liefen wie automatisch ab – so, als seien sie von unsichtbarer Hand gelenkt.

In ihrer Jugend hatten sowohl Jarvis als auch Freddie Gras geraucht sowie Kleber und Farben geschnüffelt. Freddies Drogenkarriere ging jedoch weiter, und er wurde von Heroin, Methamphetamin und anderen starken Drogen abhängig. In den Jahren in San Quentin spritzte er sich mehrere Male unbeabsichtigt eine Überdosis und wäre beinahe daran gestorben. Aber sein Überlebenswille war unbeugsam. Die Überdosen rüttelten ihn auf, und jedes Mal wurde er wieder clean und blieb es eine Weile. Nachdem er etwa ein halbes Jahr lang keine Drogen »eingefahren« hatte, sah Jarvis an einem Tag auf dem Hof, dass Freddie wieder rückfällig geworden war: Er hatte glasige Augen, seine Pupillen waren ganz klein, und er zitterte. Jarvis ging zu ihm, um ihn zu umarmen. »Was geht ab, Bruder?«, fragte er ihn.

Freddie stieß ihn fort, doch Jarvis flüsterte in sein Ohr: »Es ist in Ordnung, Mann. Wir kriegen das schon wieder hin.«

»Was?«, erwiderte Freddie bissig. »Von was zur Hölle redest du?«

Jarvis wiederholte: »Wir werden es hinkriegen. Wir werden wieder clean.«

Freddie ging ein paar Schritte zurück und zischte: »Was soll diese ›Wir‹-Scheiße?«

Jarvis erwiderte: »Yero, wenn du scheiterst, dann scheitern wir beide – zusammen.«

Freddie dachte, man habe Jarvis »wirklich ins Hirn geschissen«, da er so idiotisch daherredete. Als dieser ihm noch dazu vorschlug, zu meditieren, wurde er wütend. »Versuche es einfach«, insistierte Jarvis, »du hast nichts zu verlieren.« – »Verdammt, vergiss es«, erwiderte Freddie. Er ging in seine Zelle zurück und fuhr sich eine Ladung Drogen ein.

Am nächsten Tag kam Freddie wieder in den Hof. Als Jarvis zu ihm ging, hatte Freddie Mühe zu sprechen: »Ich habe fast mein ganzes Leben lang gesessen«, lallte er. »Ich hatte schon zwei Hinrichtungstermine. Die meisten aus meiner Familie sind tot, und meine Schwester lebt etwa 2500 Kilometer entfernt. Ich bekomme keinen Besuch, und niemand schreibt mir. Meine Sucht ist heftig – ich bin ein Junkie. Genau das bin ich.«

Ein paar Wochen später erhielt Freddie die ersten Briefe. Erst einen, dann zwei und schließlich ein Dutzend. Die Leute erkundigten sich nach ihm und boten ihm Hilfe an. Anfangs konnte sich Freddie keinen Reim darauf machen, doch als eine Schreiberin in ihrem Brief anmerkte, sie kenne Jarvis, wurde ihm klar, dass es offenbar sein Freund gewesen war, der sie gebeten hatte, ihm zu schreiben. Freddie beantwortete die Briefe und begann, mit einigen der Leute regelmäßig zu korrespondieren.

Jarvis bat Freddie immer wieder, es doch einmal mit der Meditation zu versuchen: »Probiere es einfach aus, Bruder. Für mich. Hör zu: Anfangs habe diesen ganzen buddhistischen Mist gehasst und hielt all die Lehren über Leiden, Tod und dass man sich mit seiner eigenen Scheiße konfrontieren muss für Geschwätz. Aber die Sache ist die: Diese Scheiße jagt dich so lange, bis du dich ihr stellst. Und Meditation hilft dir dabei. Um nichts anderes geht es. Hier drin wird es dir mehr nützen als alles andere.«

Schließlich willigte Freddie ein. Jarvis leitete ihn an: »Du setzt dich hin und atmest. Atme tief durch die Nase ein. Spüre, wie die Luft deine Lungen füllt. Halte eine Sekunde lang den Atem an und lass ihn dann langsam wieder ausströmen. Wenn deine Gedanken zu wandern beginnen, achte wieder auf deinen Atem.«

Als sie sich einige Tage später wieder auf dem Hof trafen, berichtete Freddie, dass er tatsächlich damit angefangen habe beziehungsweise es versuche. »Dieser Meditations-Bullshit fühlt sich gut an.«

Wieder ein paar Tage später fragte Jarvis Freddie, ob er sich überlege, wieder clean zu werden. »Ich denke dauernd daran«, erwiderte Freddie.

»Sollen wir es versuchen?«

Freddie rollte mit den Augen – schon wieder »wir« –, und noch am selben Abend ließ er sich mit der »Fishline« eine Ladung Heroin herunter auf seinen Gang schicken.

Eine Woche später bekam Freddie ein Päckchen mit einem Buch. Jarvis hatte Pamela gebeten, ihm *The 12-Step Buddhist*[20] zu schicken, eine buddhistische Version der zwölf Schritte der Anonymen Alkoholiker. Freddie brachte es am nächsten Tag mit auf den Hof und fragte Jarvis: »Was zum Teufel ist das?«

»Lass uns das ausprobieren«, erwiderte dieser, »und schauen, um was es dabei geht.«

Die beiden Männer lasen gemeinsam. Im ursprünglichen Zwölf-Punkte-Programm der Anonymen Alkoholiker wird von den Abhängigen erwartet, dass sie sich eingestehen, dass sie keine Macht über die eigene Sucht haben und ihr Leben einer höheren Macht übergeben. Die buddhistische Version ersetzt dies durch eine Reihe von Meditationen und Kontemplationen. Jarvis las diese laut vor, und die beiden diskutierten die Punkte anschließend. Bei der ersten, *Samma-Sankappa* genannt, meditierte man »von Liebe und Mitgefühl und dem Wunsch motiviert, das eigene Leben zu verändern«. Es hatte eine Zeit gegeben, in der sich Jarvis nicht hatte vorstellen können, auf dem Hof zu sitzen. Damals hatte er Melody erklärt, dies sei im Gefängnis zu gefährlich. Aber jetzt überlegte er es sich nicht zweimal – und es störte ihn auch nicht, dass ihn andere Gefangenen nebst Wärtern anstarrten und darüber ihre Witze machten –, und Freddie folgte seinem Beispiel. Sie setzten sich auf eine der Bänke im Hof, und Jarvis leitete seinen Freund an. »Atme«, sagte er. »Meditiere über die folgenden Worte … Liebe, Mitgefühl … Denke darüber nach, dass du dein Leben ändern willst, und mache dir bewusst, dass dies auch wirklich möglich ist.«

Dann schlug Jarvis Freddie vor, jedes Mal, wenn er den Drang verspürte, high zu werden, stattdessen zu meditieren. »Es wird hart sein«, sagte Jarvis. »Sogar verdammt hart. Das Verlangen wird kommen, doch dann wird es eine Pause ge-

20 Darren Littlejohn: The 12-Step Buddhist: Enhance Recovery from Any Addiction, Atria Books 2009.

ben.« Ihm war, als würde er Pema channeln. »Und dank dieser Pause kann man sich anschauen, was gerade passiert. Tut man dies, bricht man die Macht der Sucht. Achte darauf, was du dabei empfindest. Erlaube dir, es anzuschauen. Dann versuche, in das Verlangen hineinzuatmen. Schaue, ob du es wegatmen kannst. Spüre, wie es weggeht.«

Freddie praktizierte die folgende Woche und berichtete Jarvis von seinen Fortschritten. »Ich bin schwach geworden«, sagte er an einem Tag. »Ich habe mir wieder einen Schuss gesetzt und wurde high. Verdammt, es ist einfach zu schwer. Die Sucht war einfach stärker. Ich kann nicht anders.« In Freddies Gesicht war ein rotblauer Bluterguss, der von der Stirn bis zum Ohr reichte.

»Was zum Teufel …?«, fragte Jarvis. »Was ist passiert?«

Freddie erzählte, dass er sich am Abend zuvor im Rausch sicher gewesen sei, dass er noch am gleichen Tag hingerichtet werde, und deswegen habe er versucht, dem zuvorzukommen und sich umzubringen, indem er seinen Kopf gegen die Wand schlug.

»Es tut mir so leid, Mann«, sagte Jarvis. »Das ist echt hart. Es tut mir total leid. Doch wir sind noch nicht am Ende. Dieses Teufelszeug macht einen verrückt, paranoid, das kommt vor. Aber, Mensch, du hast nur eine dicke Beule. Wir kriegen das in den Griff. Und verurteile dich deswegen nicht, so was passiert halt. Es ist wirklich sauschwer. Aber wir haben es schon mal geschafft, und wir werden es wieder tun. Du machst das großartig, Mann, wirklich großartig.«

Jarvis las den nächsten der zwölf buddhistischen Schritte vor, *Samma-Sati,* in dem man Achtsamkeitsmeditation praktiziert, »um ein vollständiges Gewahrsein von sich selbst, seinen Gefühlen, Gedanken, den Menschen um einen herum, der Umgebung und der Realität zu entwickeln«.

Jarvis erklärte: »Das Verlangen wird wiederkommen. Wenn du es bemerkst, atme wie zuvor ein. Achte sowohl auf das, was in dir passiert – die Gedanken, Ängste –, als auch auf das, was außen geschieht – die Geräusche, Gerüche sowie Wärme oder Kälte. Doch dann gewinnt wieder das Verlangen die Oberhand. Atme erneut ein. Komme zum Gewahrsein dessen, was in dir und um dich herum geschieht, zurück. Mach es einfach, so gut du kannst.«

Eine Woche später erzählte Freddie Jarvis, dass er jetzt mit dem Entzug begänne. Diesmal wirklich. Im Gefängnis gab es keine Medikamente für eine sanfte Entgiftung. Der einzige Weg war *Cold Turkey,* er musste also durch die Hölle gehen, doch er hatte es bereits zuvor durchgestanden. In der folgenden Nacht sammelte Freddie all seine Kraft. Wie Jarvis es vorgeschlagen hatte, setzte er sich in Meditationshaltung hin. Das Verlangen, die Droge einzufahren, kam, und er überwand es. Sich in Fieberanfällen schüttelnd, wälzte er sich am Boden. Er dachte an Jarvis und richtete sich wieder auf, saß gerade und atmete. Als Nächstes bekam er Zuckungen am ganzen Körper. Er schrie. Als die Krämpfe nachließen, meditierte er weiter. Dreißig Stunden lang dauerten seine Qualen. Danach blieb Freddie noch zwei weitere Tage in der Zelle, bevor er wieder in den Hof kam. Als er seinen Freund sah, umarmte er ihn heftig. »Wir haben es geschafft«, sagte er und strahlte dabei über das ganze Gesicht.

Zum Sechs-Monate-Enzugsjubiläum schenkte ihm Jarvis Schokoriegel, die Pamela ihm in einer Art Care-Paket zugeschickt hatte. »Ich bin stolz auf dich, Bruder«, sagte er. Dann aßen die beiden Männer ihre Süßigkeiten in der Sonne.

Zu diesem Zeitpunkt hatte Jarvis bereits festgestellt, dass man auf dem buddhistischen Pfad Fortschritte und Rückschritte machte, wobei Rückschritte ein Fortschritt sein konnten und umgekehrt – oder wie Pema es ausdrückte: »Im Buddhismus geht es nicht darum, einen bestimmten Stoff zu studieren, dann einen Test zu bestehen und so den nächsten Bewusstseinszustand zu erreichen.« Wir können zurückfallen, weil wir während des Prozesses des inneren Wandels und Erwachens zwar eine tiefe Wahrheit verstehen, jedoch an ihr haften und deswegen das damit einhergehende Gewahrsein wieder verlieren, da ein solches mit konzeptuellem Anhaften unvereinbar ist. Und manchmal macht auch das Leben der Praxis einen Strich durch die Rechnung.

Einige Monate nach der Feier mit Freddie kamen morgens zwei Wärter in Jarvis' Zelle und erklärten ihm, dass er verlegt würde. »Was zum Teufel?«, sagte Jarvis.

Die neue Zelle stank bestialisch. Jarvis schaute sich um und verstand, warum: Man hatte Fäkalien an die Wände geschmiert, und auf dem Boden waren Urinlachen. Er schaute den Aufseher an und sagte: »Verdammt, das können Sie nicht bringen. Sie machen wohl verdammte Witze.«

Als Jarvis in San Quentin ankam, hatte man ihn schon einmal in eine verdreckte Zelle gesperrt. Es gab Kakerlaken, die Wände und der Boden waren schmutzig, und es stank nach Urin. Jarvis stopfte Toilettenpapier in die Ritzen der Wände, sodass das Ungeziefer nicht mehr hereinkommen konnte, und verbrachte die Nacht und den darauf folgenden Tag mit Putzen, bis die Zelle tadellos war. So ekelhaft es damals gewesen war, die neue Zelle war noch weit schlimmer. Wenn er ihn zu fassen bekommen hätte, hätte Jarvis den dafür verantwortlichen Beamten früher zumindest verflucht oder sogar angegriffen. Doch jetzt hielt er sich zurück. Stattdessen konzentrierte er sich jetzt auf seinen Atem.

Er überlegte: »Was zur Hölle geht hier ab?« Dann ahnte er, warum er so schikaniert wurde. Es war der 8. Juni, der Jahrestag von Burchfields Ermordung. Auch wenn viele Gefängnisbeamte inzwischen von Jarvis' Unschuld überzeugt waren und die meisten ihn freundlich behandelten – sie scherzten gemeinsam mit ihm, erzählten sich Geschichten und zeigten ihm sogar Fotos ihrer Kinder –, waren einige Altgediente von ihnen immer noch von seiner Beteiligung an dem Mord an ihrem Kollegen überzeugt.

Die Aufseher hatten eine Flasche mit Reinigungsmittel und

ein paar alte Lappen in der Zelle zurückgelassen. Während er die Wände, den Boden, das Klo – einfach alles – schrubbte, dachte er darüber nach, dass es nach all den Jahren nach wie vor Wärter wie diese gab, die ihn noch immer für den Burchfield-Mörder hielten. Sein Zorn wurde zu Trauer. Er dachte an das Verfahren und an die Familie des Ermordeten, die ebenfalls im Gerichtssaal gesessen hatte. Damals hätte er nichts lieber getan, als ihnen sein Mitgefühl zu bekunden, wusste jedoch gleichzeitig, dass dies das Letzte gewesen wäre, das sie von ihm hätten hören wollen. Ihm wurde auch klar, dass die Burchfields nicht die Einzigen waren, die der Mord betraf, sondern auch alle anderen Wärter und mit ihnen ihre Familien. Abgesehen von der Tatsache, dass sie um ihren Kollegen trauerten, hatte sie der Mord verunsichert, schließlich war es eine unmissverständliche Erinnerung daran, wie gefährlich ihr Beruf war. Jeder Einzelne von ihnen hätte das Ziel dieser Verschwörung gewesen sein können. Während Jarvis putzte, dachte er darüber nach, wie viel lang andauernde Trauer und Angst dieser eine Akt der Gewalt nach sich zog. Als seine Zelle endlich sauber war, setzte er sich hin, meditierte eine Stunde lang und ging zu Bett.

Ein paar Tage später ging Jarvis wieder auf den Hof und traf Freddie. Er sah gut aus. Seine Augen waren klar, und er grinste über das ganze Gesicht. Als Jarvis seinen alten Freund fragte, wie es ihm ginge, antwortete dieser: »Bestens. Ich bin weiterhin clean.« Dann erklärte er: »Ich praktiziere diese Schritte und mache all den Mist, den du mir gesagt hast.«

Er wollte wissen, wo Jarvis gewesen war, und dieser berichtete davon, wie man ihn in die widerliche Zelle verlegt hatte. Freddie wusste, dass Jarvis über die Jahre immer wieder sehr darunter zu leiden hatte, dass er im Milieu der Tat lebte, für die er verurteilt worden war. Kein anderer seiner Mithäftlinge war in diesem Maß Zielscheibe der Wut der Wärter aufgrund des Mordes an einem Arbeitskollegen. Freddie kommentierte dies mit »Diese Motherfucker« und redete über die Ungerechtigkeit und den kranken Zustand von San Quentin und die »Arschlöcher, die jeden Aspekt ihres Lebens kontrollierten«.

Während er redete, wunderte er sich über Jarvis' Gesichtsausdruck. Da war keine Spur von Ärger, so berechtigt er gewesen wäre und sosehr er ihn erwartet hätte. Jarvis' Augen leuchteten, so als habe er gerade Gold gefunden. Er deutete auf den Boden, bückte sich und hob ein Blatt auf, hielt es Freddie entgegen und sagte: »Schau dir an, wie schön es ist.«

Das Blatt schien in der Nachmittagssonne zu strahlen.

Freddie war erstaunt. Jarvis machte aus den kleinsten Dingen die größten, und die größten Dinge schienen für ihn völlig unbedeutend zu sein.

Kapitel 13

Krieger

Jarvis war während seiner nunmehr annähernd drei Jahrzehnte in San Quentin weit gekommen. Als er als 19-Jähriger in San Quentin inhaftiert wurde, war er – nach seinen eigenen Worten – ein Schlägertyp.

Pema hatte Jarvis damals noch nicht gekannt, aber selbst in den Jahren, in denen sie regelmäßig zu ihm kam, konnte sie miterleben, wie sehr er sich veränderte.

Ihr wurde bewusst, dass es einem Wunder glich, dass er an einem Ort, wo das Überleben eine tägliche Herausforderung darstellte, Wege gefunden hatte, anderen zu helfen. Bei einem Treffen erzählte sie ihm von dem Bodhisattva-Ideal und beschrieb eindrücklich, was dieses kraftvolle Bild eines »Bodhisattva-Kriegers« konkret bedeutete.

Ein Krieger? Jarvis erinnerte sich an die Zeiten, in denen er sich selbst für einen solchen gehalten hatte – einen Krieger in der Revolution der BGF. Doch was war ein Bodhisattva-Krieger? Er bat sie, es ihm genauer zu erklären. Im Grunde genommen, erwiderte Pema, sei es jemand, der sich vollkommen mit dem Leid der Menschen in Beziehung setzt und versucht, ihnen zu helfen. Sie sagte, es sei außergewöhnlich, dass er Wege gefunden habe, die Menschen im Gefängnis, noch dazu im Todestrakt, zu unterstützen.

Anschließend fragte sie ihn, ob er ein Gelübde nehmen wolle, das diesem Fortschritt, den er als buddhistischer Krieger gemacht habe, Ausdruck verliehe. Sie erklärte ihm den Unterschied zwischen dem Bodhisattva-Gelübde und jenem, das ihm Chagdud Tulku Rinpoche zwei Jahrzehnte zuvor abgenommen hatte. Damals hatte er das »tiefe und aufrichtige Versprechen abgelegt, den Weg des Erwachens zu beschreiten«, wie Pema es beschrieb. »Mit diesem Gelübde hast du versprochen, den Buddhismus zu praktizieren. Damals nahmst du Zuflucht zum Buddha, um dem Vorbild dieses außerordentlich mutigen Menschen zu folgen. Auf einer tieferen Ebene bedeutet dieses Gelübde, dass wir, sobald die Dinge schwierig werden, Zuflucht zu unserer eigenen Buddhanatur, zu unserem grundlegend guten Herzen und unserem offenen Geist nehmen. Wir bleiben präsent. Wir praktizieren.

Das Bodhisattva-Gelübde stellt die nächste Stufe dar und ist die ganz natürliche Folge dieser ursprünglichen Verpflichtung, den Buddhismus zu praktizieren. Wenn wir uns des Leidens bewusst sind, es gänzlich annehmen und nicht vor ihm weglaufen, können wir eigentlich nicht anders, als uns zu bemühen, es, so gut es geht, abzuwenden und zu lindern. Jemand, der sich anschickt, andere Wesen zu unterstützen, der so weit geht, sogar in ihre Haut zu schlüpfen, und der versucht, selbst dann ein offenes Herz zu bewahren, wenn er sich am liebsten zurückziehen würde, ist jemand, den man im Buddhismus einen Krieger nennt. Im Grunde geht es um nichts anderes als darum, zu helfen, und dies selbst dann, wenn wir uns in schwierigen Fahrwassern befinden, vor denen die Leute normalerweise davonzulaufen versuchen. Apropos schwierige Gewässer: Du lebst mittendrin!«

Pema fragte Jarvis, ob er sich an seine Zweifel erinnere, das Gelübde im Gefängnis auch wirklich umsetzen zu können. »Du dachtest, du seist hierzu nie in der Lage, aber inzwischen hast du viele Wege gefunden, um Gefangenen und Wärtern zu helfen – denen, die dein Buch gelesen haben, genauso wie jenen, die dir schrieben und dich um Rat baten. All das sind die Handlungen eines buddhistischen Kriegers.«

Da Jarvis noch immer nicht überzeugt war, dass er fähig sei, diesem Ideal zu entsprechen, zählte Pema einige Beispiele auf, die ihrer Meinung nach deutlich bewiesen hatten, dass er schon jetzt diesem Ideal entsprechend handelte, wie etwa damals, als er seine Mithäftlinge überzeugt hatte, den Flur zu überschwemmen, statt die Wachen zu verletzen oder sogar zu töten, wie er es in *Finding Freedom* beschrieben hatte. So hatte er nicht nur die konkreten Pläne zu einer Gewalttat, die möglicherweise sogar ein Menschenleben gekostet hätte, verhindert, sondern auch die Mithäftlinge davor bewahrt, im Gegenzug selbst Ziel brutaler Strafaktionen – wie etwa Schlägen, Beschuss mit Plastikmunition oder Einzelhaft – oder gar im Falle, dass es ein Todesopfer gegeben hätte, des Mordes angeklagt und vielleicht zum Tode verurteilt zu werden.

Pema erinnerte ihn auch an die weit gefährlichere Situation, die sich vor nicht allzu langer Zeit zugetragen hatte, als er sich für den jungen Homosexuellen eingesetzt hatte, den man beschuldigte, andere verraten zu haben. Wie Freddie richtig bemerkt hatte, hatte er ihm tatsächlich aller Wahrscheinlichkeit nach das Leben gerettet und dabei fraglos sein eigenes in Gefahr gebracht.

Schließlich wiederholte Pema die buddhistische Parabel, die er bereits kannte und die von der Tigermutter handelt, der der Buddha in einem früheren Leben seinen Körper schenkte, um ihr Leben und das ihrer Jungen zu retten. Damals hatte er voller Spott über die Geschichte gelacht, aber in der Zwischenzeit war er selbst zu einem solchen selbstlosen Bodhisattva geworden. Pema erklärte, dass ihrer Meinung nach nichts besser das Bodhisattva-Ideal ausdrückte als das, was er den Männern auf dem Hof gesagt hatte: »Die Wölfe wollen das Schaf als Beute. Wir müssen die Schafe beschützen.«

Jarvis protestierte: »Ich weiß nicht, woher der Impuls dazu kam.«

»Er kam von dir«, entgegnete Pema. »Du hast dich mit deinem wahren Selbst verbunden, mit dem, der du schon immer warst, der aber in dir verschüttet war. Dein Herz hat sich geöffnet, und du bist dabei, deine Buddhanatur zu entdecken – deine wahre Natur.«

Schließlich war Jarvis einverstanden. Pema hielt die Zeremonie zwei Monate später ab, als sie das nächste Mal in die Bay Area kam. Wie immer ging sie den Weg am Ufer zur Besuchshalle des Ost-Blocks. Diesmal trafen sie sich in einem etwas ruhigeren Saal, der normalerweise für Besuche von Anwälten reserviert war. In diesem befanden sich zwei Reihen von Käfigen: eine davon mit Blick durch die Fenster hinaus aufs Meer. Pema und Jarvis trafen sich allerdings in einem kleinen Käfig der anderen Reihe, von denen man stattdessen nur auf einige Getränkeautomaten sah, die mit beleuchteten Bildern von Wasserfällen geschmückt waren. Ihr Käfig war etwa 1,30 mal 1,80 Meter groß und wie die anderen von mit Plexiglasplatten bedeckten Gittern umgeben.

Während Chagdud Tulkus Zufluchtszeremonie und Ermächtigung war Jarvis noch im Isolationstrakt gewesen, und so waren sie während des Rituals von einer Glasscheibe getrennt, die dazu diente, direkten Kontakt zwischen Häftling und Besuchern zu vermeiden. Nun konnten sich Jarvis und seine Lehrerin gemeinsam im selben Raum treffen. Sie umarmten sich, setzten sich einander auf Plastikstühlen an einem kleinen Tisch gegenüber und bereiteten sich auf das feierliche Ritual vor.

Pema trug ihre normale Robe und Jarvis seine Gefängnisjeans und eine Mala aus polierten Holzperlen, ein weiteres Geschenk von Pamela.

Wie es auch damals Chagdud Tulku getan hatte, ließ Pema Jarvis Gebete nachsprechen. Dann gab sie ihm den Bodhisattva-Namen Söpa Jigme, was »furchtlose Geduld« bedeutet.

Jarvis musste darüber lachen: »Ich glaube, du machst Witze.«

Sie antwortete: »Immerhin bist du seit dreißig Jahren im Gefängnis.«

»Okay, das stimmt natürlich«, lenkte er ein, »aber ich bin bestimmt nicht ›furchtlos‹. Das weißt du.«

»Jigme«, entgegnete sie, »du bist einer der furchtlosesten

Menschen, die ich kenne. So oder so drückt der Name aus, welche Qualitäten du entwickeln musst, um zum vollkommenen Erwachen voranzuschreiten. Er bezeichnet, was du auf deinem Weg zur Erleuchtung entdecken wirst.«

Als sie »Erleuchtung« sagte, räumte Jarvis ein, dass ihn dieses Wort schon immer etwas verwirrt habe. Ihm war aufgefallen, dass einige Buddhisten und manche buddhistischen Schriften den spirituellen Weg so darstellten, als sei er »wie eine Straße auf einer Karte, die auf einen Berg führt. Dort oben über den Wolken findet man dann Erleuchtung.« Jarvis fuhr fort: »Doch das scheint allem zu widersprechen, was ich bisher über Buddhismus erfahren habe: Man soll inmitten des Leidens bleiben, inmitten des ekelhaften, hässlichen, dreckigen Morasts und ihm nicht den Rücken kehren.«

»Mir geht es genauso. Ich verstehe Erleuchtung auch nicht so«, erklärte Pema. »Es stimmt zwar, dass man Erleuchtung oft damit vergleicht, auf einem Berggipfel über allem zu stehen, doch wie du ganz richtig sagst, drückt dieses Bild nicht aus, wie man mit all dem Leiden umgeht, das man in den Niederungen hinter sich gelassen hat. Ich glaube eher, dass es, wenn man einmal oben angekommen ist, wieder abwärts geht – immer weiter runter, mitten in die Freuden und das Leiden der Menschen. Man entwickelt Mitgefühl, und dieses ist ja von Erleuchtung untrennbar.«

Jarvis war noch immer nicht ganz überzeugt, und so fuhr sie fort: »Sagen wir, du kommst auf diesen Berggipfel. Damit änderst du aber nichts daran, dass unten am Fuß des Berges dein Bruder noch immer ein Alkoholiker ist und deine Mutter schizophren. Was ist mit ihnen? Und es gibt auch weiterhin Leute, die auf der Straße um Essen betteln. Was ist mit ihnen? Lässt man sie alle einfach hinter sich? Ist das Erleuchtung? Nein! Der Weg führt immer weiter abwärts zum Leiden, dem Leiden aller fühlenden Wesen. Du nimmst dich ihrer an. Du schließt dich ihnen an. Es wäre sicherlich alles andere als mitfühlend, auf jemanden herabzuschauen, dem es schlechter geht als dir, und diesem ›armen Tropf‹ zu helfen. Es ist eine Beziehung zwischen Gleichen. Du verstehst ihr Leid und schlüpfst ganz und gar in ihre Haut. Und dies können wir tun, indem wir unsere Herzen öffnen, wir öffnen uns vollkommen unserem Leid und damit dem Schmerz der anderen. Genau das bedeutet für mich Erleuchtung.«

Pema fuhr mit der Zeremonie fort und erklärte Jarvis eine Meditation namens *Tonglen*, die, wie sie erklärte, von Bodhisattvas praktiziert wird und die »zum Leitfaden deiner Bodhisattva-Praxis« werden kann. Sie führte weiter aus, dass man bei dieser Praxis das Leiden der anderen einatmet und ihnen dann beim Ausatmen alles gibt, was ihnen nützt – Trost oder Unterstützung. »Beim Ausatmen schenken wir ihnen mit der gleichen Luft, die wir alle miteinander teilen, heilende Energie. Normalerweise heißt es immer, man soll seinen Schmerz loswerden und ihn *ausatmen*. Doch in der Tonglen-Meditation nehmen wir das Leiden der anderen in uns auf. Das ist die wesentliche Praxis eines Bodhisattva.«

Das Gesagte illustrierte sie anhand einiger Beispiele: »*Tonglen* kann man für jemanden praktizieren, der krank ist oder im Sterben liegt, und man kann es bei allen Formen von Schmerz anwenden. Normalerweise schauen wir weg, wenn wir Leiden begegnen, da es in uns Angst, Ärger und Verwirrung auslöst. Doch hier atmen wir das Leiden der anderen ein und lassen es mit dem unseren verschmelzen – sowie dem von allen lebenden Wesen. Anschließend geben wir ihnen beim Ausatmen das, was für sie hilfreich ist. Die Luft, die wir alle atmen, trägt diese Medizin von unseren Körpern zu denen, an die wir denken, und zu allen Lebewesen.«

Nun lehrte sie Jarvis die vier Schritte der Tonglen-Praxis: »Lasse deinen Geist einen Augenblick lang in einem Zustand der Offenheit und Stille ruhen. Beginne dann mit der Visualisierung. Atme Empfindungen von Hitze, Schwere und Klaustrophobie ein. Anschließend atme Kühle, Klarheit und Licht aus. Atme tief ein und nimm die negative Energie durch alle

Poren deines Körpers auf. Stelle dir umgekehrt beim Ausatmen vor, dass von all deinen Poren positive Energie ausstrahlt. Mache dies so lange, bis dein Ein- und Ausatmen mit deiner Visualisierung synchronisiert ist.

Beim nächsten Schritt konzentriert man sich auf eine Situation, in der jemand Leid empfunden hat. Zuerst machst du Tonglen für jemanden, den du liebst oder gerne hast, doch dann beziehst du alle, denen es ähnlich geht, mit ein. Du kannst die Praxis sowohl für Menschen machen, denen du nahestehst, als auch für jene, die du als deine Feinde ansiehst. Denke daran, dass diese genauso verwirrt sind wie deine Freunde, und praktiziere Tonglen für sie. Atme ihr Leiden ein und sende ihnen dann Linderung. Wenn du diese Praxis in deinem eigenen Rhythmus machst, wirst du zu deinem Erstaunen feststellen, dass du mehr und mehr in der Lage bis, für andere da zu sein.«

Im Verlauf der Zeremonie bemerkte Jarvis, dass sich die Atmosphäre im Käfig auf erstaunliche Weise veränderte. Er hatte bereits von »Übertragung« gehört, die er als eine Art nonverbale Kommunikation zwischen Lehrer und Schüler verstand und die er sich in etwa wie die »Bewusstseinsverschmelzung« in Star Trek vorstellte. Er hatte solche Dinge zu Beginn für blanken buddhistischen Hokuspokus gehalten und war überzeugt, so etwas sei völlig unmöglich. Doch jetzt, als Pema die Worte der Zeremonie sprach, hörte er ihre Worte nicht nur, sondern *spürte* sie auch. Er dachte: »Es ist genau so wie im Film, wo man mit der Matrix verbunden wird, nur dass es hier Pemas Geist ist.«

Pema sprach über das Hauptanliegen des Buddhismus: In ihm steht immer wieder das Leiden der Menschheit im Mittelpunkt. Ganz gleich, ob sie gerade sprach oder schwieg – das war nicht mehr von Belang. In einer Art Trance (war das jetzt das Verschmelzen des Bewusstseins?) ging er innerlich einige Jahre zurück zu der Meditation, in der er eine Person gesehen hatte, die in Flammen stand und die, wie sich herausstellte, er selbst war. Nachdem er in diesen brennenden Körper gegangen war, glaubte er aufzusteigen und schließlich vom Weltall aus Milliarden solcher Feuer auf der Erde zu sehen, wobei jedes einzelne von ihnen einen Menschen mit seinen Leiden umhüllte.

Er hatte Pema damals von der Vision erzählt und erlebte diese jetzt unter ihrer Anleitung erneut. Doch diesmal umfasste sie eine weitere Dimension. Er sah, wie er in eines der Feuer ging, den Mann am Handgelenk ergriff und ihn aus den Flammen zog. Dann befreite er einen weiteren Menschen und dann noch einen und noch einen ... In seiner Vision hatte er Milliarden Arme, die in Milliarden Feuer griffen, um Milliarden Menschen an ihren Händen zu fassen und sie aus den Flammen zu befreien. In diesem Moment wurde Jarvis klar, dass er wieder in einer Geschichte war, nur dass es diesmal nicht ausschließlich um Leiden ging. Er stellte fest, dass sich das Leiden mit Freude gepaart hatte. Jarvis atmete und kehrte in seinen Körper zurück. Wie beim ersten Mal, als er die Vision gehabt hatte, weinte er, doch diese Tränen unterschieden sich von allen, die er je vergossen hatte. Erstaunlicherweise waren es Tränen des Schmerzes und der Freude – gleichzeitig. Es war eine überraschende Erkenntnis, die ihm einen Schauder über den Rücken laufen ließ: Die Menschen können gleichzeitig das Leiden und die Freude der Welt empfinden. Er dachte: »Ist das damit gemeint, wenn man von Nirvana spricht? Ist das Erleuchtung?«

Dann wurde sich Jarvis wieder des Käfigs bewusst – und dass er auf dem Tisch, der zwischen ihnen stand, Pemas Hände hielt. Es schien, als weinten beide die gleichen Tränen. Dann nickte Pema und begann zu meditieren, und Jarvis tat es ihr gleich. Lehrerin und Schüler – oder was für sie noch wichtiger war: Freundin und Freund – meditierten gemeinsam. Schließlich klopfte eine Wache an den Käfig und kündigte das Ende des Besuchs an.

* * *

Jarvis blieb nach der Zeremonie noch mehrere Tage in einem traumgleichen, fast euphorischen Zustand. Er beschloss, in seiner Zelle zu bleiben, um zu meditieren, eine Biografie von Abraham Lincoln zu lesen und zu schreiben.

Letzteres fiel ihm bisweilen immer noch schwer – manchmal rang er mit den Worten und hatte Schwierigkeiten, komplexe Ideen zu Papier zu bekommen. Aber wenn er eine kreative Phase hatte, war es eine außergewöhnliche Erfahrung – ein schöpferischer Ausbruch, der sich wie von selbst durch seine Finger auf das Papier ergoss.

In einer Nacht – es war bereits sehr spät – begann Jarvis mit einem neuen Text. Einige Erlebnisse mit einem Mithäftling, der für etwa sechs Monate ein paar Zellen weiter auf dem gleichen Flur gewohnt hatte, machten ihm noch immer zu schaffen. Er kannte den Mann als Bork.[21] Sie hatten sich öfters miteinander unterhalten oder Schach gespielt.

Im Allgemeinen redeten die Leute hier im Trakt nicht über ihre Verbrechen – es war besser, nichts davon zu wissen –, aber letzte Woche hatte Jarvis mit angehört, wie man auf dem Hof über Bork sprach. Einer sagte, Bork sei im Todestrakt, da er Kinder missbraucht und ermordet habe. Jarvis war angewidert. Er hatte mit einem Kindermörder Schach gespielt! Selbst unter den zum Tode Verurteilten begegneten die Häftlinge allen, die einem Kind etwas angetan hatten, besonders feindselig. Während der vielen Jahre, die Jarvis hier einsaß, waren einige von ihnen sogar umgebracht worden. Ihm wurde es schwindelig, er empfand starke Abscheu, Zorn und Hass, und all dies zehrte an ihm.

Er stellte sich Borks Opfer vor und die verzweifelten Eltern mitsamt ihrer unermesslichen Trauer. Seine Fantasien waren unerträglich lebendig. Er bemühte sich, seinen Zorn mit Tonglen zu besänftigen, doch ohne Erfolg. Stattdessen wurden die Bilder sogar immer klarer – und seine Wut größer.

21 Name geändert.

In seinem Text schilderte Jarvis einerseits, wie sehr er von Bork angewidert war, und andererseits, dass es ihm nicht gelungen sei, mit der Tatsache Frieden zu schließen, nur ein paar Zellen von einem Kindsmörder entfernt gelebt zu haben. »Der Klang von Borks Stimme trieb mich tiefer in das dreckige Meer meines eigenen Schmerzes, und ich drohte in meinem Hass zu ertrinken.« Er beschrieb, er habe es so empfunden, als habe er nur ein paar Zellen von Satan entfernt gewohnt. Er rief die Rote Tara an, seine Beschützerin, aber selbst dies half ihm nicht bei seinen Bemühungen, zu verstehen, wie man so »zutiefst und vollkommen krank sein konnte, dass man sich wie Bork an Kindern vergreifen konnte«. Er fügte an, er empfinde es »wie eine spirituelle Chemotherapie, bei der eine giftige Substanz in meine Venen fließt«.

Jarvis berichtete, dass er – der ja angeblich ein Bodhisattva war – mit dem Impuls rang, Bork die Zähne einzuschlagen. Er schämte sich. Dann beschrieb er seine nächste Erfahrung: »Als ich langsam ein- und ausatmete und dabei derart von meiner Wut erfüllt war, sah ich all die Dinge, die ich nicht sehen oder wahrhaben wollte: Der Bildschirm zwischen meinen geschlossenen Augen zeigte meinen Zorn auf Bork. Ich sah die Bosheit meines eigenen Schmerzes. Ich war hässlich, aufgewühlt und zu nichts zu gebrauchen. Meine Gesichtszüge waren starr und die Muskeln meiner Wangen so angespannt wie eine geballte Faust.«

Aber dann »brach ein stärkeres Gefühl durch, als ich mich mit dem Leiden aller Menschen der Welt verband«. Jarvis fragte sich: »Warum hatte ich weder Bork noch mich selbst als Teil von diesem Leid verstanden? Doch jetzt, wo ich dies sah, fand ich zu einer geistigen Klarheit, die es mir erlaubte, all dem selbst geschaffenen Nebel zu entfliehen.«

* * *

»Susan Moon, die damalige Herausgeberin des Magazins *Turning Wheel*, schlug Jarvis vor, seine jüngsten Erzählungen zu sammeln und in einem zweiten, autobiografischen Buch zu veröffentlichen. Sie half ihm bei der Überarbeitung und schlug einige Neuformulierungen vor. Pema und Pamela lasen die Entwürfe und machten Verbesserungsvorschläge. Rick Targow checkte sie gegen, um sicherzugehen, dass nichts von alldem seinem laufenden Prozess schaden würde. Als das Buch fast fertig war und Susan ihn erneut besuchte, bat Jarvis den Wärter, ihm ausnahmsweise zu erlauben, ihr einen etwas zerknitterten Umschlag mitzubringen. Er wollte sich bei ihr mit einem ganz besonderen Blumenstrauß bedanken, der nicht aus Blumen, sondern aus Dutzenden von Kuliminen bestand, die er im Laufe des vergangenen Jahres leer geschrieben hatte.

Seine Freunde schickten Vorabdrucke des Buches *That Bird Has My Wings* (Dieser Vogel hat meine Flügel) an Desmond Tutu, Sister Helen Prejean und andere, die ein paar Worte für den Klappentext schrieben. Auch ich verfasste ein paar Zeilen, nachdem mir Pamela ein Exemplar hatte zukommen lassen. (Das Buch wurde im September 2009 veröffentlicht, und *Publishers Weekly* kommentierte es als »ehrliche, herzerfüllte Darstellung« von Masters' Leben.)

Wie nach dem Erscheinen seines ersten Buches *Finding Freedom* ermutigten Jarvis sowohl die Veröffentlichung selbst als auch die Reaktionen darauf. Erneut erhielt er Hunderte von Briefen von Menschen, denen seine Schilderungen nahegegangen waren. Viele von ihnen teilten ihre eigenen Erfahrungen mit ihm und schrieben von ihren zahllosen schmerzlichen Erfahrungen, über die sie noch nicht hinweggekommen waren – von einem gebrochenen Herzen bis hin zu Misshandlung, von Einsamkeit bis Krankheit.

Auch dieses Mal beantwortete Jarvis die Briefe voller Dankbarkeit und Einfühlungsvermögen, wobei er bisweilen auch Ratschläge anfügte. In einem 14-seitigen Brief schrieb eine Frau, dass Jarvis' Leben sie an ihr eigenes erinnere, auch wenn sie recht privilegiert aufgewachsen sei. »Genau wie Sie hat man auch mich verlassen und misshandelt«, erklärte sie. Im Verlauf des Schreibens vertraute sie ihm an, dass ihr Mann sie schlug. »Aber er liebt mich, und ich liebe ihn«, erklärte sie. »Er kann nicht anders. Meine Mutter versteht mich nicht und sagt, ich solle ihn verlassen. Doch das kann ich nicht. Er braucht mich!«

Jarvis antwortete: »Menschen, die geschlagen werden, denken oft, dass sie es verdienen. Mir ging es auch so. Aber das stimmt nicht. Gewalt und Liebe sind unvereinbar. Bleiben Sie nicht bei jemandem, der Ihnen nicht die Liebe und den Respekt entgegenbringt, die Sie verdienen!« Monate später schrieb die Frau erneut. Sie hatte seinen Rat befolgt und fühlte sich zum ersten Mal in ihrem Leben »frei«.

Anfang Juli verließ Pema nach einem Besuch bei Jarvis San Francisco und reiste nach Gampo Abbey, einem in Nova Scotia gelegenen Kloster. Bald darauf schrieb sie Jarvis und fragte, ob er am nächsten Vollmond mit ihr meditieren wolle: »Mitternacht deine Zeit. Das ist vier Uhr morgens bei uns«, schrieb sie. »Ich bin dann in der kleinen Retreathütte. Was denkst du dazu?« Er antwortete: »Ich bin dabei!«

Zum verabredeten Zeitpunkt setzte sich Jarvis auf den Boden und rezitierte ein Reinigungsmantra, das sie ihm beigebracht hatte. Er stellte sich vor, dass auch sie am anderen Ende des Kontinents im Meditationssitz saß. Sie hatte ihm Postkarten des entlegen auf einer Felsenklippe gelegenen Klosters geschickt, das den treffenderweise Pleasant Bay (angenehme Bucht) genannten Küstenabschnitt überragte. Er atmete ein und begann zu meditieren. Er spürte ihre Anwesenheit und nahm es so wahr, als verschmelze erneut ihr Bewusstsein – und dies trotz der großen Entfernung.

Nach einigen Minuten, die er zufrieden dasaß, spürte er, wie sich sein Bauch vor Angst immer mehr zu verkrampfen begann. Es schien ihm, als würde ihn Pema entsetzt anschauen. Voller Panik brach er die Meditation abrupt ab. Sein Atem ging schwer, er war wie benommen und fürchtete sogar, ohnmächtig zu werden. Er atmete tiefer, um in sich wieder Halt zu finden. Er konnte sich nicht erklären, was geschehen war – schließlich war er doch mit Pema gewesen, seiner Mutter.

Seine Mutter.

Das Wort hallte in seinem Geist nach. Seine Mutter. Ihm wurde klar, was falsch gelaufen war. Er hatte die Verbindung mit Pema gespürt. Wenn sie mit ihm genauso in Kontakt gewesen war wie er mit ihr – und daran bestand für ihn kein Zweifel –, dann hatte sie tief in ihn blicken können. Und genau darin bestand der Grund seiner Panik. Er wünschte sich so sehr, Pemas Liebe zu verdienen, aber er war nicht gut genug. Er wollte nicht, dass sie in ihn schaute, denn dann würde sie die Wahrheit erkennen.

Wenn sie in Nova Scotia war, verbrachte Pema oft Monate alleine in der Abgeschiedenheit ihrer kleinen Hütte im Retreat. Das Team von Gampo Abbey wusste allerdings, dass es sie stören durfte, wenn Jarvis anrief, was er am nächsten Tag auch tatsächlich tat.

»Jarvis!« Sie war froh, seine Stimme zu hören. »Guten Morgen! Wie war es für dich?«

Jarvis hörte sich verzweifelt an. »Ich weiß nicht, ob du es gespürt hast, aber ich hatte das Gefühl, dass du bei mir warst. Erst war es wunderbar, Mama, aber es blieb nicht lange so.«

»Was hat sich denn verändert?«, wollte sie wissen.

»Ich begann, mich zu schämen, denn ich war überzeugt, du würdest all die schrecklichen Dinge sehen, die ich in meiner Vergangenheit getan habe. Ich sah, wie sich all das Leiden, das ich angerichtet habe – und darunter waren einige richtig üble und bösartige Sachen –, wie eine Seuche verbreitete.«

»Jarvis«, erwiderte sie, »du sagst, ich hätte die ›schrecklichen Dinge‹ sehen können. Was, glaubst du, würde geschehen, wenn das tatsächlich wahr wäre?«

Als ihm die Antwort bewusst wurde, schnürte es ihm die

Kehle zu: Wenn sie sehen würde, wie er wirklich war, würde sie ihn zweifellos verlassen, genau wie Cynthia es getan hatte.

Pema wartete seine Antwort nicht ab. »Jarvis«, sagte sie, »vielleicht glaubst du, du würdest es nicht verdienen, dass man sich um dich kümmert und dich liebt. Hinsichtlich des Vergebens anderer hast du in den letzten Jahren große Fortschritte gemacht, doch was ist mit dir selbst? Glaubst du, dass du *dir selbst* vergeben kannst?«

Kapitel 14

Mitgefühl

Als Jarvis im Alter von zwölf Jahren in einem geschlossenen Erziehungsheim lebte, wo er mit Zigaretten verbrannt, brutal geschlagen und zu Kämpfen mit anderen Jungs genötigt wurde, zwangen die »Erzieher« ihn und andere Jugendliche zur Teilnahme an sogenannten »Bettlakenpartys«. Mitten in der Nacht umzingelten sie einen ihrer schlafenden Freunde und schlugen mit Seifenstücken, die sie in Kopfkissenbezüge gelegt hatten, auf ihn ein. Das Opfer wachte dann normalerweise schreiend oder weinend auf, und obwohl diese Methode eigentlich keine Spuren hinterlassen sollte, trugen sie dennoch meist enorme Blutergüsse und Prellungen davon, und einmal verlor ein Junge, den Jarvis mochte, sogar das Bewusstsein.

In den Wochen nach dem Telefongespräch mit Pema kontemplierte er über ihre Frage, ob er sich vergeben könne. Ihm wurde klar, dass er, noch bevor er überhaupt in Betracht ziehen konnte, sich zu verzeihen, erst einmal verstehen musste, wofür. Als er darüber nachdachte, kamen ihm Erinnerungen an Erlebnisse wie die Bettlakenpartys. Jarvis erzählte Pema davon und sprach über die Wut, die Angst und die Schuldgefühle, die sie bei ihm ausgelöst hatten. Es war klar, warum er wütend war, und er erinnerte sich, dass er auf die Betreuer losgehen wollte. Auch hatte er damals Angst. Doch warum fühlte er sich schuldig?

Pema antwortete: »Es war nicht dein Fehler, aber als empfindsames Kind ging es dir natürlich schlecht, weil andere verletzt wurden.«

Jarvis entgegnete: »Aber das ist nicht der Grund, warum ich mich schuldig fühle, oder zumindest nicht der Hauptgrund. Ich fühle mich schuldig, weil ich jedes Mal, wenn wir die Jungs verprügelten« – er spürte, wie sich sein Bauch verkrampfte –, »froh war, dass es sie traf und nicht mich.«

Beide schwiegen und dachten über die Worte nach. Pema brach als Erste das Schweigen und versicherte ihm, dass seine Reaktion vollkommen normal sei: »Wir alle – und besonders Kinder – sind froh, wenn wir von Gewalt verschont bleiben. Aber vielleicht warst du bereit, diese Schuld auf dich zu nehmen, weil du ohnehin schon dachtest, du seist ein schlechter Mensch.«

Aber warum sollte ein Kind glauben, es sei schlecht? Pema erinnerte ihn daran, dass Kinder dazu neigen, alles, was sie erleben, für wahr zu halten. Sie kennen es nicht anders. Für Kinder, die man brutal behandelt, besteht die »Wahrheit« darin, zu denken, dass sie ihre Strafe auch verdienen. Ein Kind fragt sich: »Warum wurde ich geschlagen«, und kommt zu dem Schluss: »Weil ich schlecht bin. Ich habe bekommen, was ich verdiene.«

Pema sagte: »Kinder, die im Glauben groß geworden sind, sie seien schlecht, handeln oft auf eine Art und Weise, die das, was man ihnen eingeredet hat, bestätigt: nämlich, dass mit ihnen etwas nicht stimmt.«

»Selbst wenn sie es eigentlich besser wissen?«

Pema bejahte die Frage. »Die Wunden von Kindern gehen tief, wobei der erlittene psychologische Schaden selbst die besten Intentionen überdecken kann, zumindest so lange, bis wir uns mit diesen Verletzungen befassen.«

Jarvis war nicht bereit, sich selbst so schnell aus der Verantwortung zu nehmen. »Viele meiner Mitinsassen haben nie gelernt, zwischen Richtig und Falsch zu unterscheiden, sie hatten also keine Wahl. Bei mir ist es anders. Man hat es mir beigebracht, als ich klein war. Mamie und Dennis lehrten mich, freundlich zu sein und an andere zu denken. Das war die goldene Regel.«

Jarvis erklärte, dass ihn die Zeit bei den Procks gelehrt habe, sich in andere einzufühlen, weswegen er Mamie einmal als seine erste buddhistische Lehrerin bezeichnet hatte. Dennoch hatte er später ihre Lektionen willentlich ignoriert. Er musste an das Jahr denken, in dem er Alkohol- und Lebensmittelgeschäfte und Fast-Food-Restaurants überfallen hatte.

Damals schloss er mit einem Jugendlichen, der an einer Tankstelle arbeitete, einen Deal ab: Jarvis würde, mit einer Pistole bewaffnet, die er aus der »Sammlung« seines Onkels genommen hatte, die Tankstelle überfallen, der Komplize nach dem Raub die Polizei rufen und eine falsche Täterbeschreibung abliefern. Die Masche war profitabel, bis Jarvis seinen Partner dabei erwischte, wie er Geld von den Raubüberfällen abzweigte. Er wollte ihn einschüchtern, also richtete er seine Waffe auf seinen Kopf und drohte, ihn zu töten. Sein Komplize fiel auf die Knie und flehte um sein Leben. Jarvis ließ ihn laufen. Doch der Ausdruck von Todesangst in seinen Augen verfolgte Jarvis noch immer.

Auch die Erinnerung an eine Nacht, in der er und ein Freund Benzin geschnüffelt und Dope geraucht hatte, ließ ihn nicht los. Nach dem Drogenkonsum betraten sie mit Schrotflinten bewaffnet, die Jarvis von einem anderen Onkel »geliehen« hatte, einen Kmart-Markt. Sein Freund gab einen Warnschuss ab, woraufhin Gipsklumpen und Staub von der Decke rieselten. Die Kunden schrien, die Eltern schnappten ihre Kinder und warfen sich zu Boden. Viele weinten. Auch die Erinnerungen an diese Gesichter hatte Jarvis verdrängt. Er hatte diese Menschen terrorisiert und traumatisiert. »Ich wusste es besser. Und dennoch habe ich diese Verbrechen begangen.«

»Das sind die blanken Tatsachen«, fuhr er fort. »Der Todestrakt ist voller Menschen, die nie in ihrem Leben die Chance hatten, einen anderen Weg einzuschlagen, aber ich hatte sie.«

Pema fragte: »Was für eine Chance?«

Jarvis erzählte von seinem Leben als Teenager, das er zwischen den Aufenthalten in zwei Jugendgefängnissen führte.

Um etwas Druck abzulassen, stahl er manchmal einen Wagen und machte damit eine kleine Spritztour. Einmal klaute er einen Monte Carlo, nahm die Autobahn Richtung Norden, fuhr in Wildshire ab und parkte auf dem Parkplatz des Campus der Universität Los Angeles (UCLA). Er lief über das Universitätsgelände, setzte sich auf eine Bank und beobachtete Dozenten und Studierende. Sie waren anders als alle, die er kannte, und die meisten von ihnen waren weiß. Aber das war nicht das Entscheidende. Diese Leute sahen aus, als würden sie irgendwo hingehen. Sie hatten ein Ziel, eine Aufgabe.

Jarvis folgte einer Gruppe in einen Hörsaal, setzte sich ganz hinten hin und schaute dem Professor zu, der seine Vorlesung hielt. Während er so dasaß, sagte ihm eine innere Stimme, er solle etwas lernen, denn dann könne er ein anderes Leben führen. Auch er wäre in der Lage, die Hochschule zu besuchen, auch er könne einer dieser Studenten sein.

Er kehrte noch einige Male auf den Campus zurück und besuchte andere Vorlesungen, wobei er sich aus einem alten Telefonbuch sogar etwas gebastelt hatte, das wie ein Ringbuch aussah, in dem mitzuschreiben er vorgab, da er nicht wollte, dass jemandem seine unberechtigte Anwesenheit auffiel. Aber *er* wusste, dass alles eine Lüge war. »Ich war mir sehr wohl darüber im Klaren, dass ich nicht zu ihnen gehörte und es auch nie tun würde. Studieren war keine Option für mich. Ich fühlte mich dumm, und es war mir *peinlich*, dass ich mir eingebildet hatte, ich könne die Hochschule besuchen.«

Er atmete ein und fuhr fort: »Dabei hätte ich einmal tatsächlich beinahe die Gelegenheit gehabt, zu studieren. Wirklich. Ich war der Sache ziemlich nahe, und ich hätte ein ganz anderes Leben beginnen können.«

Jarvis hatte Pema nie zuvor davon erzählt. Ab dem sechzehnten Lebensjahr hatte man Jarvis der Jugendstrafrechtspflege des Staats Kalifornien unterstellt, die ihn in verschiedene ihrer Einrichtungen steckte. Eine davon war O. H. Close, eine JVA in Stocktown/Kalifornien. Bereits an seinem ersten

Tag dort wurde er in eine Schlägerei verwickelt, und man wollte ihn umgehend in Isolationshaft verlegen, wo man ihn erneut verprügelt hätte.

Doch auf dem Weg dorthin fing ihn ein Sozialarbeiter ab – Jarvis erinnerte sich noch genau an ihn, es war Hershey Johnson –, nahm ihn in ein anderes Zimmer mit, setzte ihn vor einen Fernseher und schaltete einen Kanal mit Zeichentrickfilmen an. Während er selbst an seinem Schreibtisch arbeitete, ließ er Jarvis einen Comicstrip nach dem anderen anschauen – Tom und Jerry, Familie Feuerstein und die Jetsons. Jarvis vergaß völlig, wo er war, und begann ausgelassen zu lachen. Dann blickte er zu Hershey und sah, dass dieser ihn beobachte. Er fühlte sich, als habe man ihn erwischt. »So, als habe er mich als den ertappt, der ich damals war – ein Kind, das vorzutäuschen versuchte, ein Mann zu sein. Ich fluchte, kämpfte, schubste andere weg, bestahl sie – aber in Wirklichkeit war ich das gar nicht. Ich war nicht bösartig – ich handelte nur so. Hershey kam zu mir und sagte: ›Jarvis, du brauchst nicht so zu sein, wie es dir alle sagen und wie es alle von dir erwarten.‹«

Jarvis nahm ihn beim Wort. Er hörte auf, immer alles auszuagieren, und zum ersten Mal in all den Jahren in diesen Institutionen beteiligte er sich engagiert an dem angebotenen Programm, den Gruppentherapien und dem Unterricht. Schon wenige Monate später teilte Hershey Jarvis mit, dass ihm nur noch ein paar Kurse für den Highschool-Abschluss fehlten. Jarvis konnte sich nicht erklären, wie das sein konnte. Er war von zwei Schulen geworfen worden und hatte lange Zeit kaum noch am Unterricht teilgenommen. Auch wenn es Vorschrift war, dass die Institutionen dafür sorgten, dass die Kinder die Schule besuchten, war Jarvis dem nicht nachgekommen. Stattdessen bestätigten sie die Teilnahme an Unterricht, den er nie besucht hatte. Er sagte sich: »Was zum Teufel ist hier los?«, belegte ein paar Kurse – Fotografie, Theater, Schreiben – und erhielt ein mit einem goldenen Siegel verziertes Abgangszeugnis.

1979 besaß Jarvis also einen Highschool-Abschluss, keine schlechten Bewertungen und ein Schreiben, in dem ihm ein Erzieher der JVA quittierte, dass er qualifiziert sei, eine Lehre in einem Solarenergieunternehmen zu absolvieren oder die Hochschule zu besuchen. »Ich erinnere mich, dass Hershey mir sagte: ›Du bist höllisch klug und talentiert‹ und mich ermutigte, auch wirklich eine gute Ausbildung zu machen.«

»Und?«, fragte Pema. »Was geschah dann?«

Nach dem Abschluss zog Jarvis in eine Wohngruppe, die von einem ehemaligen Baseballspieler gegründet worden war, der den *Kids* den Übergang aus dem Vollzug ins normale Leben erleichtern wollte. Jarvis hatte eine Freundin und plante, ab Herbst eine Hochschule zu besuchen. In der Zwischenzeit arbeitete er als Kellner.

Doch dann klingelte an einem Sonntagnachmittag das Telefon. Es war seine Mutter, die aus Harbor City anrief und ihm erzählte, sie sei gerade aus dem Krankenhaus entlassen worden. Sie sei clean und wolle, dass er heimkomme. Seine Schwestern seien ebenfalls nicht mehr im Kinderheim, sondern bei ihr. Die ganze Familie sei zusammen, nur er fehle noch. Cynthia sagte: »Du kommst jetzt zu uns!«

»Hershey hatte mich gewarnt, nicht nach Los Angeles zurückzukehren«, und auch er selbst wusste, dass es ein Fehler wäre. »Aber das hielt mich nicht davon ab. Ich fuhr heim, und das Nächste, was ich tat, war: Ich überfiel eine Tankstelle. Die Cops erwischten mich und schickten mich wieder nach Norden in eine der Jugendstrafanstalten, aber ich floh mit einem Freund über einen Zaun und kehrte nach LA zurück. Ich begann, alles auszurauben, was mir in die Quere kam. Ich wurde wieder verhaftet, und das bedeutete bis zum heutigen Tag das Ende meines Lebens in Freiheit. All dies kommt mir so vor, als sei es eine Ewigkeit her. Ich hatte also *sehr wohl* eine Wahl. Ich hätte einen anderen Weg einschlagen können – und dennoch bin ich hier gelandet. Wie könnte ich mir dafür verzeihen?«

Jetzt, wo er Pema all dies offenbarte, konfrontierte er sich damit auf eine Weise, wie er es noch nie getan hatte. Tiefes Bedauern überkam ihn. Doch er beließ es nicht dabei und bekannte etwas, was er für Gipfel des Selbstbetrugs hielt, da es ihn in den Todestrakt gebracht hatte. »Im Rahmen der Anklage wegen des Mordes an Sergeant Burchfield verteidigte ich mich nicht und sagte nicht, was wirklich passiert war. Ich gehörte angeblich zu dieser Verschwörung, doch ich wusste nicht einmal, was sie geplant hatten. Ich fabrizierte auch nicht die Klinge. Aber ich hatte einen Eid geschworen, an den ich mich auch hielt. Ich schwieg. Aber ich glaube zu wissen, warum man mir die Tat in die Schuhe schob: Der Typ, der mich anschwärzte, wusste, dass ich – ganz gleich, welche Konsequenzen das für mich hätte – den Regeln folgen und die Wahrheit für mich behalten würde, denn ich war ein guter Soldat und hatte den Kodex noch nie verletzt.« Er resümierte: »Es ist meine eigene Schwäche, die mich in den Todestrakt gebracht hat. Wie kann ich mir dafür verzeihen?«

Pema ließ seine Worte eine Weile nachklingen, bevor sie antwortete: »Einige Erfahrungen prägen uns äußerst lange. Vielleicht kommen wir nie ganz über sie hinweg. Aber wir können ihre Auswirkungen verringern.« Sie erinnerte ihn an die Tonglen-Praxis und gab weitere Erklärungen: »Bei ihr geht es nicht nur darum, den Schmerz der anderen einzuatmen, sondern auch den eigenen. Wir atmen ihn ein und atmen dann all das aus, was wir für Heilung benötigen. Du machst dich selbst schlecht, weil du glaubst, das zu verdienen. Vielleicht hast du die Chance zu studieren nur deswegen vermasselt, weil du unterbewusst glaubtest, ein besseres Leben gar nicht zu verdienen. Vielleicht war das auch der Grund, warum du nach Hause nach Harbor City gegangen bist. Möglicherweise hast du nicht auf deine Intuition gehört, weil du dies nie gelernt hast und weil du ohnehin überzeugt warst, einfach zu schlecht zu sein.

Atme all dieses Leid ein, Jarvis, atme es vollständig ein. Dann atme alles aus, was du brauchst. Und hierin liegt die

Magie des Tonglen: Du atmest dein eigenes Leid ein, doch schon bald wirst du feststellen, dass es im Grunde auch das Leiden aller anderen ist. Nachdem du das ganze Gift eingeatmet hast, atmest du aus – zu jedem einzelnen Bewohner des Planeten. Du gibst dabei, was du brauchst, und gleichzeitig, was alle brauchen. Und was ist das? Wir alle brauchen Mitgefühl, Fürsorge und Liebe.«

Pema wiederholte die vernichtenden Worte von Richterin Savitt bei der Bestätigung der Todesstrafe: »Die Welt wäre etwas besser, wenn Ihre Mutter Sie nicht geboren hätte.« Sie riet ihm: »Atme den Schmerz, den das in dir provozierte, ein und atme folgende Botschaft für dich und alle anderen aus: ›Die Welt ist ein wenig besser, *weil* ich geboren wurde.‹«

Mitte des Jahres wurde Jarvis wieder einmal ohne Begründung in eine andere Zelle verlegt, die neben der eines alten Bekannten lag: Richard Roberts[22]. Neben ihm hatte er bereits ein Jahrzehnt zuvor gewohnt.

Die Launen der Gefängnisbürokratie machten sie erneut zu Zellennachbarn, und sie knüpften schnell an ihre alten Bande an. Sie sahen sich nur sehr selten im Hof, unterhielten sich aber oft durch die Zellenwand, die sie trennte. Roberts war verheiratet und hatte zwei Kinder. Seit über zehn Jahren schrieb ihm seine Frau mindestens einmal pro Woche und legte oft Fotos ihrer Kinder bei. Per Fishline schickte er einige der Schnappschüsse an Jarvis, der sie mit den Worten: »Deine Töchter haben Glück, ihrer Mutter ähnlich zu sehen« kommentierte.

Ein halbes Jahr später beklagte sich Roberts, dass seine Frau ihn seit einem Monat weder besucht noch ihm geschrieben habe. Als er nach einem weiteren Monat erzählte, er habe noch immer nichts von ihr gehört, bemerkte Jarvis, dass er sehr undeutlich sprach. Er erkundigte sich, ob alles in Ordnung sei,

22 Name geändert.

was sein Nachbar bejahte. Gleichzeitig gab er zu, dass er high war und ein paar Schmerzpillen eingefahren habe.

Am nächsten Morgen um vier Uhr wurde Jarvis von Lärm auf dem Gang geweckt. Wärter rannten vorbei und öffneten Roberts' Zelle.

Jarvis hörte, wie eine Wache »Er ist bewusstlos!« rief.

Die Wärter legten seinen Nachbarn auf eine Trage, die sie direkt vor Jarvis' Tür gestellt hatten. Jarvis starrte auf den Mann, den er seit so vielen Jahren kannte und dennoch so selten gesehen hatte. Ein Wachmann versuchte, Roberts mit einer Druckmassage auf den Brustkorb wiederzubeleben, allerdings ohne Erfolg. Dennoch gab er nicht auf. Jarvis kannte den Aufseher, der wegen seiner Brutalität berüchtigt war. Auch Jarvis war im Laufe der Jahre einige Male Ziel seiner Gewalt geworden.

Jarvis sah mit an, wie der Wächter fieberhaft versuchte, Roberts wiederzubeleben, aber seine Bemühungen blieben erfolglos: Schließlich beugte er sich vor, hielt sein Ohr an Roberts' Mund, legte sanft zwei Finger an seine Schlagader und sagte dann ruhig: »Er ist gegangen.«

Der Beamte blickte auf. Erst jetzt bemerkte er, dass Jarvis ihn die ganze Zeit beobachtet hatte. Beide waren den Tränen nahe.

Für Jarvis war es nicht ohne Risiko, etwas zu sagen. Es war ihm klar, dass der gewalttätige Wärter jederzeit zuschlagen könnte, wenn er etwas Falsches sagen würde. Er wagte es dennoch: »Danke für den Versuch.«

Jarvis wiederholte es: »Danke für den Versuch, ihn wiederzubeleben.«

Der Beamte musterte Jarvis schweigend, sein Gesichtsausdruck spiegelte seine Verwirrung. Dann wandte er den Blick ab.

Die Wärter ließen Jarvis mit der Trauer über den Tod seines Nachbarn alleine. Aber nicht nur dieser bewegte ihn: Auch wenn er den Wachmann bereits seit vielen Jahren kannte, hatte er ihn an diesem Morgen das erste Mal als Menschen erlebt.

Bei ihrem nächsten Besuch bemerkte Pema bereits an Jarvis' Augen und an seiner Stimme, dass etwas Wichtiges geschehen war. Er erzählte von Roberts' Selbstmord und wie nahe ihm dieser ginge. Sie unterhielten sich über die vielen Selbstmorde, die es in den Jahren, die er im Todestrakt war, gegeben hatte. Sie gehörten in gewissem Maße zum Gefängnisalltag, sodass sowohl Wachpersonal als auch Inhaftierte sie normalerweise locker wegsteckten. Er hatte schon einmal einen Wärter »Wir haben einen Hänger« rufen hören, woraufhin sie einfach nur das Seil abgeschnitten und seine Leiche weggebracht hatten. Danach war alles wieder seinen gewohnten Lauf gegangen.

»Kein Mensch, sondern ein ›Hänger‹«, sagte Jarvis traurig. »Wie in dem Song von Billie Holiday *Strange Fruit Hanging from the Poplar Tree*« (Eine seltsame Frucht hängt am Pappelbaum). Sie nannten ihn nicht einmal beim Namen.«

Jarvis berichtete Pema von den Bemühungen des Wachmanns, Roberts wiederzubeleben, und dem kurzen Augenblick, als sich ihre Augen trafen. »Ich habe mein ganzes Leben von Cops umgeben verbracht«, sagte er. »Sie waren der Feind. Auf der einen Seite waren ›wir‹ – meine Familie, meine Nachbarn, alle in meinem Alter, die Mithäftlinge –, und auf der anderen waren ›sie‹ – Polizei und Gefängnispersonal.«

Die Feindschaft zwischen Wachen und Bewachten war tief, und sie war gegenseitig. »Wenn ich in die Augen der Wärter sah, sah ich Hass«, berichtete Jarvis. »Aber jetzt« – er hielt kurz inne – »sehe ich sie anders. Wenn du sie anschaust, richtig anschaust, siehst du ihren Schmerz. So gesehen unterscheiden sie sich nicht von den Gefangenen. Sie gleichen uns in unserem Leiden. Na ja, okay. Manche von ihnen sind Hurensöhne, aber vielleicht liegt dies daran, dass sie auch durch die schlimmsten Höllen gegangen sind. Einige wollen ihre Sache sicher gut machen, aber … Ich habe mir überlegt, wie es sein muss, den ganzen Tag an einem Ort zu arbeiten, wo man gehasst wird. So gesehen sind auch sie Gefangene.«

Nach längerem Schweigen fügte er hinzu: »Vor vielen Jahren sagte Rinpoche, ich solle lernen, die Vollkommenheit aller Lebewesen zu sehen. Damals verstand ich ihn nicht – was zum Teufel meinte er damit? –, aber heute weiß ich es.«

Die Gespräche mit Pema halfen ihm, seine Gedanken zu ordnen, und dann fühlte er sich auch körperlich leichter. Er erklärte ihr: »Hass kostet eine Menge Energie. Wenn ich ihn aber loslasse … fühle ich mich …« Er suchte nach dem passenden Ausdruck: »… befreit.«

Kapitel 15

Gras unter den Füßen

Im Februar 2007, also kurz bevor sein Buch veröffentlicht wurde und er das Bodhisattva-Gelübde nahm, erfuhr Jarvis von Baxter, dass der höchste kalifornische Gerichtshof eine Anhörung angeordnet hatte, bei der ein Richter die Plausibilität der Behauptungen in der Berufungsschrift überprüfen sollte. Das war das Valentinstagsgeschenk, das Marie und Jarvis damals gefeiert hatten. Jarvis wartete bereits seit 2001, als Baxter und sein Anwaltsteam die Berufung eingereicht hatten, darauf, dass sein Fall endlich neu aufgerollt würde. Das frisch verheiratete Paar war angesichts der Aussicht, dass dies nun endlich geschehen würde, überglücklich, hätte aber nicht gedacht, dass es drei weitere Jahre dauern würde, bis man endlich ein Datum für die Anhörung ansetzen würde.

Als der Termin näher rückte und Jarvis bewusst wurde, wie viel für ihn auf dem Spiel stand, wuchs seine Angst. Manchmal stellte er sich vor, wie es sei, recht zu bekommen und das Gefängnis verlassen zu können. Dann bekam er so starkes Herzrasen, dass er fürchtete, dies könne einen weiteren epileptischen Anfall auslösen. Sosehr ihn dies beängstigte, hatte die umgekehrte Aussicht, er könne nicht freigesprochen werden, einen weit schlimmeren Effekt, denn dann war es, als bliebe sein Herz stehen und er müsse sterben. Er wünschte sich nichts sehnlicher, als dass man seinen Fall endlich anhören würde und ihm die Gelegenheit gäbe, seine Unschuld zu beweisen. Doch jetzt, wo der Gerichtstermin näher rückte, geriet er in Panik.

Pema bemerkte seine Anspannung und riet ihm, sich auf

seine Praxis zu konzentrieren: »Versuche, so gut du kannst, bei dir zu bleiben und dich nicht in Gedanken über all die möglichen Ausgangsszenarien der Anhörung zu verlieren, da du dies ohnehin weder vorhersagen noch beeinflussen kannst. Hoffnung und Furcht sind zwei Seiten derselben Medaille. Geh ihnen nicht in die Falle! Denk daran, dass sie dich beide um das Erleben des gegenwärtigen Augenblicks bringen. Deine Praxis wird dir helfen, alles durchzustehen.«

Die Anhörung fand schließlich im Januar 2011 statt. Jarvis fuhr täglich ins Gericht, wo er am Tisch neben seinen Anwälten saß. Er war angekettet – nur seine linke Hand war frei, damit er sich Notizen machen konnte. Ihm kamen heftige Erinnerungen an das erste Verfahren. Es war der gleiche Gerichtssaal mit den gleichen gleißenden Neonröhren. Nur die Richterin war eine andere – und sie würde ihm entweder ein neues Verfahren zugestehen oder ihn zurück in den Todestrakt schicken.

Jarvis war vom obersten Gericht von Marin County verurteilt worden. Um herauszufinden, ob die Tatbestände, die die Anwälte in ihrer Eingabe für die richterliche Haftprüfung angeführt hatten, zutrafen, hatte das höchste Gericht die Judikative des County angewiesen, sieben Fragen zu beantworten, in denen es darum ging, ob Jarvis aufgrund einer falschen Beweislage verurteilt worden sei und ob es neue Hinweise gäbe, die auf seine Unschuld hindeuteten. Jarvis hatte guten Grund, optimistisch zu sein, denn wie Richard Marcus, Rechtsprofessor am UC Hastings College of the Law[23] in einem Artikel im *San Francisco Chronicle* schrieb, war die »gerichtliche Anweisung der Beweisanhörung in ihrem Umfang einzigartig und atemberaubend«.

Marie versuchte, ihren Optimismus und ihre Aufregung zu zügeln, und dennoch begann sie langsam, seine Freilassung

23 Die juristische Fakultät der University of California.

vorzubereiten. Sie dachte: »Er wird zweifelsohne gewinnen. Er muss.«

Jarvis tat sein Bestes, um Pemas Rat nachzukommen. Er meditierte auf seinen Atem, und dennoch drehten sich seine Gedanken oft im Kreis, wobei er abwechselnd von Panik zu Hoffnung und wieder zurück pendelte. Doch jedes Mal kam die »Pause«. Wenn er sie bemerkte, befreite er sich aus dem inneren Strudel und nahm wieder mit seinem Körper Kontakt auf. Es fiel ihm nicht leicht, und im Verlauf der Anhörung wurde es sogar noch schwieriger, da die Staatsanwaltschaft ihn wie auch schon im ersten Verfahren erneut als reuelosen, unverbesserlichen und kaltblütigen Killer porträtierte. Manchmal packte ihn die Angst, und manchmal war er auch einfach nur wütend. Dann achtete er auf seinen Atem. Er versuchte, sich darauf zu konzentrieren, wie sein Atem in die Lungen strömte und wie er anschließend den Körper wieder verließ. Behutsam. Er atmete. Auch wenn dies eine Zeit lang half, war er nicht geübt genug, um Wut und Angst auf Dauer »wegzuatmen«.

Trotzdem er derart aufgewühlt war, blieb er sich des großen Unterschieds zwischen dem früheren Mordprozess und diesem zweiten Verfahren bewusst. Das letzte Mal waren nur Melody, Kelly Hayden und ihre Familien mit ihm im Gerichtssaal gewesen. Doch wenn er diesmal um sich blickte, sah er nicht nur ihre, sondern auch viele weitere liebevolle Gesichter. Alan Senauke machte eifrig Notizen, um auf seinem Blog von dem Verfahren zu berichten, und Marie, Pamela, Susan und andere waren ebenfalls im Saal. Solch große Unterstützung war ihm das letzte Mal nicht vergönnt gewesen, und die Anwesenheit seiner Freundinnen und Freunde gab ihm Trost und neuen Mut.

An einem Samstag besuchte ihn Pamela. Sie lachten eine ganze Stunde lang gemeinsam, und so konnte er die Anhörungen für eine Weile vergessen. Als sie schließlich auf diese zu sprechen kamen, gab er zu, dass er deswegen unter großer

Spannung stand, was ihn nicht daran hinderte, heute ausgelassener Stimmung zu sein. »Ich muss mich immer wieder daran erinnern, dass uns Gedanken über die Zukunft eigentlich nur quälen«, sagte er ihr, aber eigentlich sagte er es genauso zu sich selbst. Er blickte zu Pamela, deren einst feuerrotes Haar inzwischen ergraut war, während ihre Augen so hell und lebendig wie immer strahlten. »Wenn ich aber im gegenwärtigen Augenblick bin, so wie jetzt mit dir, dann geht es mir gut«, ergänzte er.

Die Besuche von Marie verliefen dagegen in düsterer Stimmung. Sie redeten nicht viel. Und das brauchten sie auch nicht, denn sie teilten ohnehin die gleichen Hoffnungen und Ängste.

An den Abenden nach der Verhandlung und an den Wochenenden sprach er mit Pema. Als sie mitbekam, dass seine Sorgen größer wurden, versicherte sie ihm, dies sei ganz normal. »In Zeiten wie diesen besuchen wir im Geist manchmal sehr dunkle Orte in uns. Verleugne diese Gedanken nicht, nimm sie wahr und komme dann zum Atem zurück.«

Er tat dies, so gut er konnte, was jedoch nicht verhinderte, dass ihn ein Abwärtsstrudel nach unten zog, dem er sich nicht entziehen konnte. In einer Nacht schrieb er Pema in einem Brief: »Vor ein paar Tagen empfand ich etwas, das sich wie eine heiße Kartoffel anfühlte, die ich in den Händen hielt und an der ich mich verbrannte. Ich blickte auf und sah meine Henker. Sie waren ruhig. Der ganze Ablauf der Hinrichtung, der damit begann, dass sie mich niederdrückten und mit Riemen festschnallten – war für sie reine Routine. Dabei versuchte ich vorzutäuschen, ich würde für sie Mitgefühl empfinden. Ich versuchte zu akzeptieren, dass ich sterben musste und es Zeit war, loszulassen. Doch ich wollte nicht gehen, Pema. Ich will nicht gehen.«

Jarvis' Berufung stützte sich auf nachweisliche Verfehlungen der Staatsanwaltschaft und die Tatsache, dass einige wichtige Zeugen ihre früheren Aussagen widerrufen hatten. In einer

Erklärung nach dem ersten Prozess gab einer der Hauptbelastungszeugen zu, dass ein Staatsanwalt Druck auf ihn ausgeübt habe, indem er ihm unmissverständlich zu erkennen gab, er würde ihn nur dann in ein anderes Gefängnis verlegen, wenn er mit ihm kooperiere und gegen Jarvis aussagte. Da die Mitgefangenen des Zeugen wussten, dass er ein Informant war, lief er Gefahr, von ihnen umgebracht zu werden, wenn man ihn nicht verlegte. Ein anderer Zeuge erklärte, ein Staatsanwalt habe ihm versprochen, in einem anderen Fall Milde walten zu lassen, wenn er gegen Jarvis aussagte. Und was noch schwerer wog: Wieder ein anderer Gefangener hatte einem Gefängnisbeamten gebeichtet, dass er es war, der das Verbrechen verübt hatte, das man Jarvis zur Last legte. Beim ersten Prozess hatte man der Verteidigung allerdings verwehrt, diese Aussage vor Gericht zu bringen. Die belastendsten Indizien für Jarvis' Schuld bestanden in Kites – den geheimen Gefängnisbotschaften –, die er nach dem Mord geschrieben hatte. Seine Anwälte waren überzeugt, die Anklage habe gefürchtet, die Aussagen der Mithäftlinge reichten nicht aus, um ihn zu verurteilen. Deshalb habe sie ein Mitglied der BGF dazu gezwungen, Jarvis unter Androhung von Gewalt dazu zu bringen, zwei Kites abzuschreiben, mit denen er sich selbst belastete. Ein forensischer Linguist, der Hunderte von Seiten, die Jarvis verfasst hatte, mit dem belastenden Material verglich, bestätigte, dass die Briefe tatsächlich Jarvis' Handschrift trugen – was dieser nie bestritten hatte –, er sie jedoch nicht verfasst habe. Man habe ihn, möglicherweise unter Mordandrohung, dazu genötigt, sie abzuschreiben. Ein Experte in Gangkultur erklärte, es käme häufig vor, dass Anführer von Gangs junge Soldaten wie Jarvis dazu zwängen, sich Kites und andere Dokumente diktieren zu lassen oder sie abzuschreiben. So sollte vermieden werden, dass es belastendes Material in der Handschrift dieser führenden Gangmitglieder gäbe.

Jarvis' Freunde waren überzeugt, dass die in der Anhörung vorgelegten Beweise unwiderlegbar seien. Auch Kelly glaubte, es sei eine »todsichere Sache«, das Gericht könne gar nicht anders, als seine Unschuld anzuerkennen und zu bestätigen, dass das erste Verfahren nichts als Lug und Trug gewesen sei. Ihre Zuversicht vergrößerte die seine, doch als er sich ausmalte, wie es sein würde, durch die Tore von San Quentin in die Freiheit zu laufen, überkam ihn erneut die Angst.

* * *

Das Ergebnis der Anhörung wurde am 22. August 2011 verkündet und schlug ein wie eine Bombe. Die Argumente von Jarvis' Anwälten hatten die Richterin nicht überzeugt. Sie räumte ein, dass im ursprünglichen Verfahren Aussagen berücksichtigt worden seien, die falsch waren, bezweifelte jedoch, dass sie das Urteil maßgeblich beeinflusst hätten. Sie stritt den Zeugen, die ihre Aussagen widerrufen hatten, jegliche Glaubwürdigkeit ab, »da Aussagen von Berufskriminellen, selbst wenn sie unter Eid getätigt wurden, wertlos sind«. Zwar räumte sie ein, dass auch ihre ursprünglich belastenden Aussagen nicht glaubwürdiger waren als die jetzigen Widerrufe, zog daraus aber nicht den zwingenden Schluss, dass man auch Erstere nicht als Beweismittel verwenden könne. Denn warum sollten die Anschuldigungen, die sie in den späten 1980er-Jahren gegen Jarvis gemacht hatten, glaubwürdiger sein als ihre Widerrufe? Zumal die Versprechungen, die die Staatsanwaltschaft damals den Zeugen gemacht hatten, die Aussagen in ein recht zweifelhaftes Licht stellten.

Jarvis' Unterstützer reagierten mit einer Mischung aus äußerster Wut und Enttäuschung. Marie brach das Urteil das Herz. Unter Tränen sagte sie Pema: »Ich will einfach nur, dass mein Mann nach Hause kommt.« Beide weinten gemeinsam.

Auch Jarvis war am Boden zerstört. Er versuchte zu praktizieren, aber es gelang ihm nicht; er war zu demoralisiert, um zu meditieren. Er schrieb, doch seine Erzählungen hatten keinen roten Faden. Wochenlang war er niedergeschlagen. In dieser Zeit wies ihn einer der ihn besuchenden Mönche darauf hin, dass seine Reaktion »nicht sehr buddhistisch sei«.

Jarvis antwortete: »Fuck you.«

Als er Pema davon erzählte, lachte sie und erklärte ihm, dass dies genau die richtige Antwort gewesen sei. Der Buddha selbst hätte es nicht besser ausdrücken können.

Diese Momente gemeinsamen Lachens veränderten etwas in ihm. Die anschließende Nacht lag Jarvis erneut schlaflos auf seiner Pritsche, und gegen zwei oder drei Uhr morgens döste er schließlich ein. Die Ruhe war jedoch nur von kurzer Dauer, da er bald wieder wach wurde – nach Luft schnappend wie jemand, der am Ertrinken ist und nach verzweifeltem Paddeln endlich wieder die Oberfläche erreicht. Die Luft, die er einatmete, empfand er als reinigend, es war, als befreite er sich von der Täuschung, in der er sich monatelang befunden hatte. Solche Illusionen bezeichnete Pema normalerweise mit *Shenpa,* dem tibetischen Ausdruck für das buddhistische Konzept der »Anhaftung«, das sie als »von etwas gefangen sein« übersetzte – und dieses »etwas« konnte eine Idee, Fantasterei, Person, Droge oder was auch immer sein, das einen in Beschlag nimmt. Von seinen wohlmeinenden Freundinnen und Freunden ermutigt und durch den Wunsch nach einem gemeinsamen Leben mit Marie bestärkt, hatte ihn die Hoffnung auf Freilassung aus San Quentin völlig vereinnahmt. Und dabei waren er selbst und seine Praxis auf der Strecke geblieben.

Jarvis setzte sich auf den Boden, kreuzte die Beine, schloss die Augen und atmete. Zum ersten Mal seit Monaten kam er in einen tiefen Meditationszustand und empfand … was war es? Damals wusste er bereits, dass die Gefühle bei der Praxis nie einfach oder eindeutig sind. Er analysierte, was er erlebte. Zum einen empfand er Trauer über das Urteil, zum anderen bemerkte er gleichzeitig Erleichterung und ein Gefühl der Sicherheit. Die Erleichterung rührte von der Befreiung aus der Illusion her, in der er gefangen gewesen war. Die Sicherheit bestand darin, wieder zu sich selbst und in seinen Körper zurückgefunden zu haben.

Am nächsten Morgen rief Jarvis Kelly an, die ihr Bedauern aussprach und ihn daran erinnerte, dass der wichtigste Teil der Berufung, die Habeas-Corpus-Petition, bevorstand. In dieser Phase beschäftigte sich das Gericht mit den neuen Beweisen, die seit dem letzten Verfahren gefunden worden waren.

»Rate mal«, unterbrach Jarvis sie, »wovon ich dir nie erzählt habe. Jeden Morgen auf dem Weg zu dem Transporter, der mich ins Gericht brachte, und jeden Nachmittag auf dem Weg zurück führten mich die Wachen den kurvigen Weg entlang, der über diese große Rasenfläche führt. Am letzten Tag zog ich die Wachen etwas an den Rand des Weges und machte einen, zwei, drei Schritte daneben, bevor sie mich wieder auf den Asphalt zogen.«

Kelly wusste nicht gleich, was er damit sagen wollte, und so erklärte Jarvis es ihr: »Kelly. Verstehst du nicht? Ich war auf Gras!«

Sie erwiderte: »Was, du hast *Gras* geraucht?«

Er musste sehr lachen. »Nein. Ich bin auf Gras *gelaufen*. Das erste Mal seit vierzig Jahren hatte ich echten Rasen unter meinen Füßen!«

Jarvis schwelgte ausgelassen in den Erinnerungen an diese Empfindung. Nach dem Anruf verstand er eine buddhistische Weisheit, die er noch nie zuvor so deutlich durchdrungen hatte: Der Maßstab für den Fortschritt auf dem buddhistischen Weg ist nicht, ob man verhindern kann, zu fallen – denn das ist unvermeidbar –, sondern, ob man es schafft, wieder auf die Beine zu kommen.

Kapitel 16

Präsenz

Am 24. Februar 2012 wurde Jarvis fünfzig Jahre alt. An dem Tag, an dem er das erste halbe Jahrhundert seines Lebens feierte, dachte er über die Tatsache nach, dass er seit seinem 19. Lebensjahr in San Quentin war, also seit über dreißig Jahren. Er hatte über ein Jahrzehnt länger in diesem Gefängnis gelebt als außerhalb davon. Fünf Jahre zuvor, als er vom Isolationstrakt in den Ost-Block verlegt worden war, hatte ein Aufseher einen Karton mit seinen Habseligkeiten gebracht, die das Gefängnis die zwei Jahrzehnte, die er im Isolationstrakt gewesen war, aufbewahrt hatte, da solche dort verboten waren. In der Kiste befand sich auch Kleidung. Er probierte ein Hemd und eine Hose an, doch die Ärmel und Hosenbeine waren ihm zu kurz. Ihm wurde bewusst, dass er während des Verfahrens noch nicht einmal ausgewachsen gewesen war.

Neun Monate nach seinem Geburtstag kam der Gefängniskaplan Pater George Williams zu Jarvis' Zelle, um ihm die interreligiöse Seelsorgerin Susan Shannon vorzustellen, die die normalen Gefangenen – also alle, die nicht im Todestrakt waren – Meditation lehrte und sie in Konflikttransformation durch Wiedergutmachungsverfahren unterrichtete. Sie sei eine Buddhistin, so erklärte er ihm, die in einer Zeremonie beim Dalai Lama Zuflucht genommen habe und die – diesen Leckerbissen hob sich der Kaplan für den Schluss auf – von Chagdud Tulku Rinpoche unterrichtet worden war, der auch ihr eine Rote-Tara-Ermächtigung gegeben hatte.

Susan war noch nie zuvor im Todestrakt gewesen, und so war sie an dem Morgen, als sie George zu Jarvis mitnahm, recht aufgeregt. Bevor man sie auf Jarvis' Flur brachte, bat man sie, sich eine stichsichere Weste anzuziehen. Die ersten Augenblicke bei ihm war sie noch etwas nervös, doch als sie durch das Metallgitter der Zelle blickte, spürte sie Rinpoches »Segen«. Die beiden begannen schnell ein intensives Gespräch über ihren gemeinsamen Lehrer. Je länger er von seiner Praxis und dem, was Buddhismus für ihn bedeutete, erzählte, desto mehr hatte sie den Eindruck, dass Chagdud Tulku bei ihnen war.

Sie sagte, sie sei überzeugt, Rinpoche wäre sehr glücklich gewesen, wenn er erfahren hätte, dass seine beiden Schüler sich trafen, umso mehr, als das Treffen im Todestrakt stattfand. Jarvis pflichtete ihr bei: »Was heißt hier ›wäre‹?« Er reibt sich dort oben sicher die Hände und denkt: ›Das könnte was werden.‹«

Susan erkundigte sich, wie es für ihn war gewesen war, Besuch von Chagdud Tulku zu bekommen.

»Du hättest sehen sollen, wie die Leute ihn im Besuchssaal anstarrten«, antwortete Jarvis. »Die Jungs hatten noch nie jemanden wie ihn gesehen und gafften ihn an, als sei er von einem anderen Stern.«

Bei diesem ersten Treffen blieb nur Zeit für einen kurzen Austausch. Bevor Susan und Pater George wieder gingen, schlug der Geistliche vor, die beiden könnten sich regelmäßig treffen und gemeinsam studieren. Und so kam es, dass Jarvis und Susan in den folgenden Wochen an seiner Zellentür eine Art private Studiengruppe abhielten. Manche ihrer Gespräche waren unbeschwert und fröhlich und drehten sich um ihr Leben. Susan erzählte von ihrem Weg zum Buddhismus, ihrer Familie und ihrem geliebten Pferd, das in West Marin County im Stall stand. Er teilte einige Erinnerungen an Harbor City und sprach von den Herausforderungen, denen er begegnete, wenn er im Todestrakt nach den buddhistischen Prinzipien leben wollte.

Jarvis begann, in Susan eine Lehrerin zu sehen, mit der er

die formellen Aspekte der buddhistischen Lehre besprechen konnte. Vor ihren Treffen notierte er sich seine Fragen und kam oft mit einer langen Liste zu ihr, wobei er sie zu den verschiedenen Formen des Buddhismus, zu Buddha selbst und der Bedeutung der Mantras, die man ihm beigebracht hatte, befragte. Sie lehrte ihn das tibetische und Sanskrit-Alphabet, und er lernte das Gebet an die Rote Tara Zeile für Zeile im tibetischen Original auswendig.

Jarvis fragte sie noch mehr zu der Gottheit und wollte wissen, warum ihr Lehrer ihm den Schutz einer weiblichen Gottheit und nicht des Buddha selbst übertragen hatte. Susan erklärte ihm, dass die Rote Tara eine der Hauptpraktiken Chagdud Tulkus gewesen war und sie mit Maria vergleichbar sei. Sie verkörpere die femininen Qualitäten des »Göttlichen«, wie etwa Empathie und das Nährende.

»Glaubst du, dass man an einem Ort wie San Quentin, wo Tausende leidender Männer leben, vom Schutz einer liebenden Mutter profitieren kann?«, erwiderte Jarvis. »Anfangs stellte ich mir die Rote Tara wie eine Art Superheldin vor, die vom Himmel herabsteigt. Aber dann erklärte mir Rinpoche, dass sie anders hilft, fast so, als würde sie mich mit einem Umhang schützen – einer Art unsichtbarem Mantel.«

Chagdud Tulku hatte Jarvis erklärt, dass er die Kraft der Roten Tara anrufen konnte, wenn er Hilfe brauchte, und so hatte er sich in Zeiten, als er diese Unterstützung brauchte, auch an sie gewandt. Manchmal konnte er ihre Hilfe tatsächlich spüren. Aber es hatte auch Situationen gegeben, in denen das nicht der Fall gewesen war – beispielsweise während des sich Monate hinziehenden Verfahrens und als er seine Wut auf Bork zu zügeln versuchte. Susan erklärte ihm, dass Tara uns nicht wie eine Magierin Sorgen abnehmen kann, sondern uns Schutz gibt, wenn man mit Problemen konfrontiert wird.

Einige Wochen später arrangierte Father George, dass sich Susan und Jarvis fortan in einem Raum treffen konnten, der normalerweise psychiatrischen Behandlungen vorbehalten war. So saßen sie also in diesem Zimmer, das mit einem Poster eines Hundewelpen dekoriert war, und diskutierten über Wiedergeburt, Achtsamkeit sowie Karma. Sie erklärte ihm einige buddhistische Texte, und er teilte mit ihr seine Erfahrungen, wie er seine Praxis im Gefangenenalltag anwandte.

Je länger sie Jarvis kannte, umso deutlicher wurde Susan, wie ernst er seine Gelübde nahm und mit welcher Ehrlichkeit er sie lebte. Er erzählte ihr, dass er andauernd mantraartig »Wie kann ich anderen nützlich sein« wiederholte, was ihn wie ein roter Faden durch den Tag führte. »Wenn ich mich in Sorgen verliere, bringt mich dieses Mantra zu dem zurück, wo und wie ich gebraucht werde.«

Jarvis sagte, er habe versucht, neue Wege zu finden, um den anderen in San Quentin zu helfen. Lange malte er sich aus, wie es wäre, nach der Entlassung aus dem Gefängnis mit Bandenmitgliedern zu arbeiten und den *Kids* das Meditieren beizubringen, wobei er es nicht so nennen würde, da es dann niemanden interessieren würde. Vielleicht würde er ein Box- oder Kampfsportstudio eröffnen, in dem er Körper-Geist-Selbst-Bewusstsein, sich »Zentrieren«, Sitzen, Atmen und buddhistische Weisheit erklären wollte, die er für das Getto adaptieren würde. Mit dem Ziel, ihnen dabei zu helfen, Banden, Drogen und Gewalt zu meiden, würde er ihnen beibringen, sich selbst zu schätzen und gut zu leben. Er dachte über die Frage nach, der er sich selbst einmal hatte stellen müssen: »Wer bin ich, wenn ich nicht mehr zu einer Gang gehöre?« Er wollte den jungen Menschen helfen, das herauszufinden, und sie wissen lassen, dass echte Männlichkeit nicht das ist, was man sie glauben machte. Sie bestand nicht darin, hart und gewalttätig zu sein, sondern gewissenhaft, offen und fürsorglich.

Solange er im Gefängnis war, war dieser Plan natürlich auf Stand-by. In der Zwischenzeit suchte er Methoden, um seinen Mithäftlingen so zu helfen, wie auch ihm geholfen worden war, und fragte dazu auch Susan, ob sie Ideen hatte, wie er dies umsetzen könne.

Seit seinem Erscheinen zirkulierten Exemplare von *Finding Freedom* im Todestrakt. Viele von ihnen hatte man so oft gelesen, dass sie bereits ziemlich abgegriffen waren. Einige Mitgefangene, die das Buch gelesen hatten, baten Jarvis, mehr über seine Praxis zu erzählen. Sie fragten ihn, ob er glaube, dass sie auch ihnen helfen könne. Er erzählte den Männern von der buddhistischen Sicht von Leiden und Tod sowie von der Präsenz im gegenwärtigen Augenblick. Er riet ihnen, bestimmte Bücher zu lesen, darunter jene von Chagdud Tulku, Pema und Bo Lozoffs *We're All Doing Time* (Wir alle sitzen unsere Zeit ab), ein buddhistisches Buch, das speziell für Gefangene verfasst worden war und dessen Autor ihn bereits besucht hatte. Manche Mithäftlinge unterrichtete er sogar in Meditation.

Jarvis konnte sehen, dass – auch wenn einige von ihnen die Bücher lasen, andere dem Buddhismus folgten und wieder andere das Meditieren ausprobierten – die meisten ihren ersten Impuls, diesem spirituellen Weg zu folgen, nicht weiter umsetzten. Manche, die begannen, fanden es nach einiger Zeit zu schwierig und hörten wieder auf, einige lasen in den Büchern, legten sie jedoch wieder beiseite, da sie sie nicht verstanden oder, wie es einer von ihnen ausdrückte, »voll von dieser Guru-Kacke« seien.

Jarvis fragte Susan: »Wie kann ich hier drinnen mehr Leuten den Zugang zum Buddhismus ermöglichen, sodass sie von ihm genauso profitieren können wie ich?«

»Vielleicht müssen sie anfangs die Praktiken und buddhistischen Vorstellungen gar nicht verstehen. Möglicherweise reicht es erst einmal, wenn sie sich von deiner Präsenz und deinem Vorbild inspirieren lassen.«

»Meiner Präsenz?« Jarvis verstand nicht, was sie meinte.

»Du hast hier im Todestrakt eine Präsenz entwickelt, die sie spüren«, führte sie weiter aus, »sonst würden sie dich nicht um Rat fragen. Das ist zum einen Chagdud Tulkus Segen zu verdanken, zum anderen aber auch der Ausdauer, mit der du praktizierst.« Sie erklärte, dass sowohl Tonglen als auch die

Praxis der Roten Tara eine solche für die Leute spürbare Präsenz schaffen können. »Deine Kollegen nehmen sie wahrscheinlich in dir wahr, auch wenn sie es vielleicht nicht benennen können. Wenn sie mit dir Zeit verbringen und dabei diese Präsenz empfinden, kann dies unter Umständen für sie der Einstieg in ihre eigene Transformation sein. Lebe es ihnen vor, praktiziere. Wenn sie dich um genauere Auskünfte gebeten haben, dann sicher deswegen, weil sie dich beobachtet haben oder spontan etwas in dir sehen oder spüren – vielleicht einen gewissen Frieden oder Weisheit. Möglicherweise merken sie auch, dass du etwas kennst, das ihnen helfen könnte.«

Susan versicherte ihm, dass sich ganz von alleine neue Situationen auftun würden, ihnen zu helfen: »Zum Beispiel, indem du den Leuten zuhörst, wie sie von ihren inneren Kämpfen und ihrer Verwirrung berichten. Vielleicht bietet sich auch die Gelegenheit, sie zu fragen, was sie in ihrem Leben hier vermissen und welche Qualitäten sie gerne entwickeln würden. Möglicherweise kannst du ihnen auch dabei helfen, ihre Ziele auszumachen, oder mit ihnen darüber reden, wie sie diese erreichen können und welche Hindernisse sie dabei überwinden müssen. Wenn sie verstehen, dass wir dank der Meditation unseren Geist öffnen und die Antworten finden können, die wir suchen, probieren sie sie unter Umständen auch einmal aus. Angesichts dessen, woher sie kommen und wo sie leben, wäre es nicht überraschend, wenn sie auch einfach nur eine Methode suchen, ihren rastlosen Geist zu beruhigen – und diese Methode kannst du ihnen zeigen.«

Anschließend sagte sie: »Das Wichtigste ist, dass du mit deinem Mantra weitermachst, denn dann kommen die Antworten von ganz alleine. Du wirst sehen, es gibt zahllose Wege zu helfen und einen schier grenzenlosen Bedarf danach.«

* * *

So, als wolle sie Susans Prognose bestätigen, bot sich noch in der gleichen Woche eine solche Gelegenheit. Jarvis war gerade auf dem Hof, als er einen Neuzugang bemerkte: Er war schlaksig, noch jung – vielleicht 25 Jahre alt – und lehnte alleine am Zaun. Jarvis entging nicht, dass er versuchte, bedrohlich auszusehen: Seine Kieferpartie war angespannt, und er hatte seine Hände zu Fäusten geballt. Und Jarvis glaubte, in ihm sein früheres Ich wiederzuerkennen.

Er näherte sich dem *Kid,* stellte sich vor und fragte, was los sei. Dieser starrte ihn wütend an und zischte: »Verpiss dich.« Jarvis musste schmunzeln.

Er wollte nichts forcieren, behielt den Neuen jedoch im Auge, um sicher zu sein, dass ihm nichts passierte. Etwa eine Woche später brachte er den jungen Mann doch dazu, etwas von sich zu erzählen. Er erfuhr, dass er Reggie[24] hieß und aus Fresno stammte. Er hatte bei einer Schießerei zwischen zwei rivalisierenden Gangs einen Teenager ermordet.

Reggies Todesurteil war gerade erst verkündet worden, und Jarvis sah, dass er dies noch nicht wirklich begriffen hatte. Jarvis erzählte ihm von sich selbst, von seiner Familie, von seinem Viertel und fragte Reggie nach seiner Geschichte. Die Details unterschieden sich, aber im Grunde war ihr Leben das gleiche. Er hatte seinen Vater kaum kennengelernt, und seine Mutter war süchtig und gewalttätig gewesen.

»Meine Mutter Cynthia war eine Gangsterin«, erzählte Jarvis. »Eine, die bereit war, dir deine verdammte Gurgel durchzuschneiden, wenn du ihr in die Quere kamst. Sie hatte immer ein Teppichmesser dabei. Einmal wurde sie angegriffen, wobei man sie nicht nur zusammenschlug, nein, sie bekam außerdem acht Kugeln ab, und man ließ sie alleine in einer Nebenstraße zurück. Aber sie konnten sie nicht töten. Sie blieb drei Monate im Krankenhaus. Ich spielte auf ihrem Krankenbett, und sie erzählte mir Geschichten. Bei meiner Verhaftung

24 Name geändert.

stürzte sie sich auf den Polizisten und griff ihn an. Für ihre Kinder hätte sie alles getan.« Er hielt inne und fügte dann hinzu: »Aber klar, sie hat auch uns verletzt und nicht genug beschützt.«

Jarvis erzählte Reggie von seinen Schwierigkeiten, seine Mutter, die er so liebte, mit der Frau, die ihm so viel Leid zugefügt hatte, in Einklang zu bringen. Er schilderte ihm außerdem, dass ihm die Jahre im Gefängnis – und der Buddhismus selbst – geholfen hatten, sie besser zu verstehen.

»Sie litt genauso wie ich«, sagte Jarvis. »Ich verstand, dass wir uns da nicht unterschieden. Und genau das ist, was der Buddhismus lehrt: In unserem Leid sind wir alle gleich. Meine Mom begann mir leidzutun. Sie konnte nicht anders. Ich verstand, wir sehr wir uns ähnelten. Und ich verstand, dass meine Liebe zu ihr unter all meinem Hass verschüttet gewesen war.«

Reggie hörte gebannt zu. Es war offensichtlich, dass er kurz davor war zu weinen, was er sich allerdings nicht erlaubte.

»Schau«, fuhr Jarvis fort, »im Buddhismus geht es darum, dass wir alle gleich sind, dass wir uns alle genauso abmühen und dennoch in dieser Welt gegeneinander kämpfen. Das Leben ist für alle schwer – wir leiden alle.« Schließlich fügte er an: »Und der Buddhismus zeigt uns, wie viel von unserem Leiden von uns selbst verursacht ist.«

Er zitierte eine der tiefsten buddhistischen Weisheiten, die ihm in Reggies Alter sehr geholfen hatte. »Ich verstand, dass wir unseren Geist in den Griff bekommen können.« Er ließ die Worte einige Augenblicke im Raum nachklingen. »Der Trick besteht darin, zu lernen, wie man ihn kontrollieren kann. Und wenn wir dies tun, nimmt unser Leiden ab. Und genau darum geht es im Buddhismus.«

Als Reggie sagte, er könne nie Buddhist werden, erwiderte Jarvis: »Das Ding ist, dass du schon Buddhist *bist*.« Er erklärte: »Die Leute denken immer, der Buddhismus würde Dinge predigen wie: ›Setz dich hin, erwache, bete, such dir ’ne Robe, scher deinen Kopf und befreie deinen Geist von Gedanken.‹ Aber das stimmt nicht. Du kannst die Gedanken sehr wohl zulassen – die schlechten wie die guten – und mit ihnen sitzen. Wenn du praktizierst und nicht mehr vor deinen Ängsten, Zweifeln und deiner Vergangenheit – also allem, was dich verletzt hat – wegläufst, sondern dich den Sachen stellst, wirst du sehen, dass sie aufhören, dich zu verfolgen und zu quälen. Und das ändert die Art und Weise, wie du dich selbst und dein Leben siehst, sogar hier. Der Buddhismus hilft uns, auf Ereignisse anders zu reagieren. Wenn du also aufhörst, vor deiner Scheiße wegzurennen, und dich ihr stattdessen stellst, kannst du deinem jungen Arsch einen Haufen Ärger ersparen.«

Dann zitierte er George Clinton, den »Lehrer«, der ihm ganz zu Anfang seiner Reise geholfen hatte: »Befreie deinen Geist, und dein Hintern wird dir folgen.« Abschließend sagte er: »Probiere es aus, praktiziere, und du wirst schon sehen, ob es dir hilft.«

Reggie folgte seinem Rat und hielt Jarvis über seine Erfahrungen auf dem Laufenden: Er erlebte Augenblicke des Friedens, doch häufig war er – genauso wie Jarvis zu Beginn – entmutigt. Einmal sagte er: »Das ist alles vollkommener Scheiß. Buddhismus ist reine Zeitverschwendung. Der absolute Schwachsinn.«

Jarvis erwiderte: »Vielleicht hast du recht. Aber selbst wenn es so wäre, was hast du zu verlieren? Du bist im Todestrakt! Anfangs ging es mir genauso wie dir: Ich wollte diesen ganzen Kram auch nicht machen. Doch nach und nach fand ich heraus, dass es einen frei macht, wenn man nichts zu verlieren hat.« Er wiederholte, was Pema dazu gesagt hatte, den Boden unter den Füßen zu verlieren: »Wenn du in der Hölle bist und es nicht mehr schlimmer werden kann, kannst du Dinge ausprobieren, die du sonst nie getan hättest, wie zum Beispiel anderen Leuten vertrauen, dich selbst kennenlernen oder zugeben, dass du Angst hast.« Als er diese Worte sagte, spürte Jarvis erneut die Präsenz Rinpoches in sich.

Jarvis coachte Reggie ein Jahr lang, bis dieser in einen anderen Trakt verlegt wurde. Danach schickte er ihm Bücher und Briefe. Reggie sandte ihm Kites mit seinen Fragen und beschrieb seine Durchbrüche. Einmal schrieb er: »Ich meditierte und wurde zu einem Vogel. Ich flog, wurde mir dessen bewusst und verstand, dass ich fliegen konnte, wohin auch immer ich wollte.«

Kapitel 17

Der Klang des Lebens

Bereits vor Jahren hatte Jarvis Pema erzählt, dass er gerne im Todestrakt einen Meditationskurs anbieten wolle. Auch wenn er anfangs gedacht hatte, im Todestrakt sei Buddhismus nutzlos, war er bald zu der Überzeugung gelangt, dass seine Weisheit und seine Methoden ihm und seinen Mithäftlingen sehr wohl halfen, indem er den anderen zeigte, wie sie – ganz gleich, wo sie waren, also selbst in der Hölle, in der sie lebten – Frieden und Sinn finden konnten:

Frieden liegt jenseits von Vergangenheit und Zukunft, und Meditation war der Weg dorthin.

Jarvis musste oft an ein Gleichnis denken, das ihm Pema erzählt hatte: Es handelte von einer Frau, die im Dschungel auf ein Rudel Tiger stößt (Jarvis witzelte, dass es »in diesen buddhistischen Belehrungen immer um Tiger geht«). Die Frau flüchtet, doch die Tiger kommen immer näher. Sie rennt schneller, bis sie an einen felsigen Abgrund kommt, der ihre weitere Flucht zu vereiteln droht. Glücklicherweise entdeckt sie Lianen, die an den Felsen ranken und an denen sie sich hinunterhangelt.

Dann jedoch sieht sie, dass auch unten bereits Tiger auf sie warten und dass oben eine Maus dabei ist, die Liane, an der sie sich festhält, durchzuknabbern. Sie schaut nach vorne und sieht wunderbare reife rote Erdbeeren, die auf einem kleinen Felsvorsprung wachsen. Sie schaut hoch, sieht die Tiger, schaut hinunter, sieht noch mehr Tiger, blickt zur Maus und greift schließlich nach einer Erdbeere, steckt sie sich in den Mund und genießt sie in vollen Zügen.

In ihrem Buch *Liebende Zuwendung – Freude im Herzen*[25] schreibt Pema, dass die Parabel das andauernde Dilemma ausdrückt, in dem wir uns in Bezug auf Geburt und Tod befinden. »Trotz der Bedrohung – oben Tiger, unten Tiger – ist jeder Augenblick einfach nur das, was er ist. Und er könnte der letzte Moment sein, der uns in diesem Leben bleibt. Vielleicht sind es die einzigen Erdbeeren, die wir je essen. Wir können uns davon deprimieren lassen, aber wir können es auch genießen und uns der Kostbarkeit eines jeden einzelnen Augenblicks unseres Lebens freuen.«

In Jarvis' Augen war der Rat, »den gegenwärtigen Augenblick gänzlich zu erleben und ihn zu genießen«, eine tiefgründige Lehre für alle Menschen, doch Häftlingen konnte er obendrein möglicherweise das Leben retten. Chagdud Tulku hatte ihm damals geschrieben: »Wir sind alle Gefangene, und wir alle haben den Schlüssel in der Hand.« Als Jarvis den Aphorismus das erste Mal hörte, reagierte er voller Zynismus und Wut: »Ich habe weder den Schlüssel für meine Ketten noch für die Zelle, in der ich bin. Meine Wärter haben sie.« Erst nachdem er Buddhist geworden war, erkannte er die Wahrheit, die in dem Spruch lag – zumindest hinsichtlich seines Geistes: Wenn er diesen befreite, war auch er frei, und dann verschwanden selbst die Gefängniswände. Reggie hatte dies ebenfalls erlebt, und Jarvis wollte den anderen Gefangenen dabei helfen, diese Erfahrung zu machen, denn auch sie waren in der Lage, Freiheit in sich zu entdecken, ganz gleich, wo sie sich befanden.

Jarvis experimentierte mit Wegen, die Botschaft, die Methoden und die Weisheit des Buddhismus zu verbreiten, ohne ihn dabei auch nur zu erwähnen. Er war keiner dieser Reinkarnationsmissionare, die die Leute abtörnten und sie nervten (zumindest waren *ihm* solche Prediger immer auf die Nerven gegangen).

25 Erschienen 1998 im Aurum Verlag.

Jarvis wurde nicht nur Zeuge von Freddies wachsendem Interesse am Buddhismus, sondern auch von seinen eigenwilligen Methoden, dessen Lehren zu verbreiten. Es amüsierte ihn, zu beobachten, wie Freddie sich manchmal auf dem Hof wie ein buddhistischer Gelehrter aufführte. Einmal erklärte er einem jungen Mithäftling: »Verdammt noch mal, wenn du dich nicht hinsetzt und auf deinen Atem achtest, brauchst du gar nicht mehr hier auf den Hof zu kommen.« Der junge Mann war schockiert.

Jarvis' Taktiken waren subtiler: Er beobachtete die Leute auf dem Gefängnishof, und wenn er den Eindruck hatte, jemand sei isoliert und innerlich aufgewühlt, ging er zu ihm hin und versuchte, ihn dazu zu bringen, von sich zu erzählen. Öffnete sich der andere, hörte Jarvis ihm aufmerksam zu und bemühte sich, Wege zu finden, ihm zu helfen, indem er Dinge sagte wie: »Wenn du etwas brauchst, bin ich für dich da« oder: »Es hilft dir nichts, wenn du auf einen Wärter sauer bist, denn das wird dir nur selbst Ärger einbringen. Atme einfach tief durch, Mann, achte auf deinen Atem.« Wenn ein Mitgefangener dafür offen zu sein schien, schlug er ihm vor, zu meditieren. »Ohne Meditation hätte ich hier drinnen nicht überlebt. Sie hilft dir, diesen Ort hier innerlich für eine Weile zu verlassen.«

Nachdem Jarvis also Wege gefunden hatte, auf diese Weise einige Grundzüge der buddhistischen Lehren zu vermitteln, ohne zu erwähnen, woher sie stammten, wollten manche Mitgefangene wie Reggie und Freddie mehr über die Religion selbst erfahren. Er war überzeugt, dass es daher hilfreich wäre, im Todestrakt buddhistischen Unterricht anzubieten. In San Quentin konnten normale Häftlinge je nach ihrer Strafe und ihrem Vorstrafenregister an einer Vielzahl von Programmen teilnehmen, wie etwa einer Hochschulausbildung, einem Kurs in Wiedergutmachung und Gerechtigkeit und Kursen in Finanzwesen und Sport. Allerdings wurde den Insassen des Todestrakts die Teilnahme an den meisten dieser

Schulungen verwehrt. Zuvor hätte die Gefängnisverwaltung Jarvis nicht genehmigt, eine buddhistische Schulung zu initiieren. Doch mit Susan Shannon als akkreditierter Gefängnisseelsorgerin konnten sie nun eine solche anbieten. Von ihrem ersten Treffen an hatte Susan das Gefühl gehabt, es diene einem besonderen Zweck, dass Chagdud Tulku Rinpoche sie und Jarvis zusammengebracht hatte – auch wenn sie diesen Zweck nicht kannte. »Was will unser Lama von uns?«, wollte sie damals von Jarvis wissen. Mit diesem Projekt kam nun die Antwort.

Susan sprach mit Gefängnispater George, der die entsprechenden Vorkehrungen traf.

Die normalen Häftlinge hatten Zugang zur lichten Kapelle des Hauptgefängnisses von San Quentin. Christliche, jüdische und muslimische Geistliche hielten hier ihre Gottesdienste ab, und auch die täglichen Treffen der Anonymen Alkoholiker fanden darin statt. Das Gotteshaus hatte einen gewölbeförmigen Altarraum, Bänke aus poliertem Holz und eine Kanzel aus Kiefernholz. Die Kapelle des Todestrakts hingegen bestand aus einem kleinen, mit Drahtgittern abgeteilten Bereich eines Raums, der zuvor als Dusche genutzt worden war. In der Mitte dieses etwa vier mal acht Meter großen »Gotteshauses« hatte man drei Holzbänke am Boden festgeschraubt, hinter denen sich drei Käfige aus Stahlgitter befanden. Vorne befand sich ein schmuckloser Tisch, der als Kanzel diente und an dem nun, von einer stichsicheren Weste geschützt, Susan Shannon stand und auf die Besucher der ersten Unterrichtsstunde wartete.

Die bewaffneten Wachen konnten von ihren gesicherten Plätzen in den Stahlgitterkäfigen aus zuschauen, wie sich der Raum mit tätowierten, muskulösen Männern füllte, die, redend und scherzend, auf den Bänken Platz nahmen. Erst als Susan zu sprechen begann, kamen die Häftlinge langsam zur Ruhe. Sie wies sie an, sich zu entspannen, sich zu sammeln und sich auf ihren Atem zu konzentrieren.

Susan hatte einen buddhistischen Lehrplan für das Gefängnis entwickelt, der unter anderem seine Geschichte, Philosophie und Praxis umfasste. Von Fragen wie »Was bedeutet Buddha?« und »Wie lehrte der Buddha?« bis hin zur Terminologie des Dharma und zu allgemeinen buddhistischen Vorstellungen deckte er das gesamte Spektrum des Glaubens ab. Sie lehrte Unterrichtseinheiten zu den *Drei Juwelen* Buddha, Dharma und Sangha und den *Vier Edlen Wahrheiten,* die sie mit »der Krankheit, der Diagnose, der Behandlung und der Heilung« verglich. Außerdem vermittelte sie verschiedene Meditationstechniken, darunter die Meditation auf Gleichmut, die dazu dient, Mitgefühl zu entwickeln.[26]

Susan bat die Männer, ihre Augen zu schließen, und leitete sie in dieser Praxis an. Langsam, bedacht und mit beruhigender Stimme sagte sie: »Stellen Sie sich vor Ihren inneren Augen jemanden vor, der Ihnen weder geholfen noch geschadet hat, jemanden, den Sie weder mögen noch nicht mögen und zu dem Sie also neutrale Gefühle haben. Denken Sie sich: ›Diese Person wünscht sich Zufriedenheit, Gesundheit und Glück, genau wie ich. Sie will kein Leid, keine Probleme und keinen Hunger, genau wie ich.‹ Bemerken Sie diesem Menschen gegenüber ein neutrales Gefühl, ein Gefühl des Gleichmuts, das weder Abneigung noch Anziehung kennt? Wenn Sie dies, ganz gleich, in welcher Intensität, fühlen, legen Sie Ihre Hand schweigend auf Ihr Herz, atmen Sie ein und sagen Sie sich anschließend: ›Diese Empfindung nennt man Gleichmut, und sie segnet mich und alle, die ich kenne, mit Frieden und Ruhe.‹«

Sie fuhr fort: »Nun stellen Sie sich vor, dass jemand vor Ihnen steht, den Sie mögen. Sagen Sie zu sich selbst: ›Diese Person möchte Zufriedenheit, Gesundheit und Glück, genau wie ich. Sie will kein Leid, keine Probleme und keinen Hunger, genau wie ich.‹ Bringen Sie diesem Menschen das gleiche

26 Dies ist eine Adaption der Maitri-Meditation über Liebe und Mitgefühl.

neutrale Gefühl des Gleichmuts entgegen? Atmen Sie dreimal sanft und gleichmäßig ein und aus. Scannen Sie Ihren Körper langsam vom Scheitel bis zu den Füßen. Wenn Sie feststellen, dass Ihr Atem kürzer wird, dann achten Sie darauf, an welcher Stelle in Ihrem Körper der Atem auf Anspannung trifft. Welche Erinnerungen kommen Ihnen gerade? Welche Emotionen bemerken Sie in diesem Augenblick? Wenn Sie der Person gegenüber, die Sie mögen, ganz gleich, in welchem Maße, Gleichmut empfinden, berühren Sie schweigend Ihr Herz und sagen Sie: ›Diese Empfindung nennt man Gleichmut, und sie segnet mich und alle, die ich kenne, mit Frieden und Ruhe.‹«

Der Raum war ruhig, und das Einzige, was man vernahm, waren Susans Stimme und das rhythmische Atmen der Häftlinge.

Sie fuhr fort: »Nun stellen Sie sich jemanden vor, den Sie wirklich nicht ausstehen können. Atmen Sie dreimal sanft und langsam ein und aus. Scannen Sie langsam Ihren Körper vom Kopf bis zu den Füßen. Falls Sie feststellen, dass Ihr Atem schneller wird, achten Sie auf den Bereich in Ihrem Körper, an dem die Atmung auf ein Gefühl der Enge stößt. An welche Erinnerungen denken Sie jetzt gerade? Welche Emotionen kommen in diesem Augenblick hoch? Denken Sie sich: ›Diese Person will Zufriedenheit, Gesundheit und Glück, genau wie ich. Sie will kein Leiden, keine Probleme und keinen Hunger, genau wie ich.‹ Wenn Sie gegenüber dieser Person, die Sie nicht mögen, irgendeinen Grad von Gleichmut empfinden, berühren Sie still Ihr Herz und sagen Sie: ›Diese Empfindung nennt man Gleichmut, und sie segnet mich und alle, die ich kenne, mit Frieden und Ruhe.‹«

Als Nächstes wies Susan die Männer an, sich vorzustellen, dass alle drei Personen – also jene, die sie mögen, die sie nicht mögen und die, der gegenüber sie keine besonderen Gefühle hatten – vor ihnen stünden. »In welchem Maß empfinden Sie nun Gleichmut? Ist die Empfindung stärker oder schwächer?

Erinnern Sie sich erneut daran, dass diese drei Menschen sich die gleichen positiven Umstände und Qualitäten wie Sie wünschen. Atmen Sie in diese Gedanken hinein und sagen Sie sich: ›Wenn alle Menschen auf der Welt den anderen Gleichmut entgegenbrächten, wäre die Erde ein friedlicherer Ort. Ich wünsche mir, dass ich dadurch, dass ich dies empfinde – und sei es auch nur für einen kurzen Augenblick –, den Menschen um mich herum etwas mehr Frieden und Wohlbefinden schenken kann. Möge ich in meinem Leben Gleichmut entwickeln und bewahren, sodass ich und alle um mich herum den Frieden dieses harmonischen Gedankens spüren und durch ihn wachsen können.‹«

Die Meditation kam zum Ende, und Susan sagte den Männern, sie sollten noch einmal tief einatmen und anschließend die Augen öffnen.

Dann übergab sie das Wort an Jarvis. Bereits im Vorfeld hatte er ihr gesagt, dass er darüber sprechen wolle, auf welche Weise der Buddhismus ihm geholfen hatte.

»Überwindet eure Muster, die die Ursache all der Probleme sind, die ihr im Leben habt und die euch letztendlich in den Todestrakt gebracht haben. Wenn ihr immer wieder dieselbe Straße entlanggeht und immer wieder an die gleiche Ecke kommt, an der Drogen und Waffen verkauft werden, wo endet ihr dann? Natürlich inmitten von Drogen und Waffen. Aber ihr könnt dem Lauf der Dinge eine andere Richtung geben, indem ihr eine andere Straße entlanggeht. Wenn ihr einen anderen Plan macht und die Dinge besser durchdenkt, dann ändert sich auch euer Leben. Rache? Jemand verhöhnt euch, beleidigt eure Schwester, schaut euch etwas schräg an? Ihr reagiert. Das ist ein Muster. Das Nächste, was ihr tut, ist: Ihr kämpft. Vielleicht hat einer eine Waffe. Und schon wandert ihr zurück in den Knast, seid tot oder habt jemand anderen getötet. Doch wenn ihr die Muster durchbrecht und einen anderen Weg einschlagt, kann auch euer Leben eine andere Richtung bekommen. Der Buddhismus lehrt euch, wie man das macht. Er bereitet euch auf die Sachen vor. Wenn ihr dann in eine schwierige Situation kommt, seid ihr vorgewarnt. Wenn ihr ruhiger, achtsamer sowie bewusster seid und über Ursache und Wirkung nachdenkt, könnt ihr einen anderen Weg wählen. Wenn euch etwas triggert, das euch früher direkt in das alte aggressive Muster katapultiert hätte – ein falsches Wort, ein körperlicher Angriff –, seid ihr jetzt in der Lage, die Sache einfach an euch abperlen lassen. Etwa folgendermaßen: Ein paar Typen sagen etwas Falsches, und ihr habt die Wahl zu kämpfen oder zu gehen, tief durchzuatmen und euch zu sagen: ›Sie sind keine schlechten Menschen. Vielleicht ein bisschen fucked up … lass es los‹ …«

Zur Erklärung führte Jarvis ein Beispiel an, das die Männer zum Lachen brachte: »Vor Kurzem war ich auf dem Hof und redete mit einem Freund. Ein paar Typen riefen, dass ich leiser sein sollte. Ich bin drauf und dran, auf sie loszugehen. Früher hätte mich nichts daran gehindert, es gab kein inneres Warnsignal. Aber inzwischen habe ich gelernt – und der Lernprozess ist noch nicht zu Ende –, anders zu reagieren. Ich kann solche Abläufe heute verlangsamen und meine automatischen Reaktionsmuster unterbrechen.

Später beschwerte ich mich bei meiner buddhistischen Lehrerin über die Leute, die sich von mir gestört gefühlt hatten. Sie erwiderte: ›Von was warst du so begeistert, dass du so laut geredet hast?‹ Ich lachte und dachte: ›Zur Hölle. Vielleicht war ich wirklich zu laut.‹«

Alle im Raum lachten. Anschließend fuhr Jarvis fort: »Dies ist die Art, wie man sich verändert. Wenn man besonnen reagiert und sich seiner selbst bewusst ist, kann man Abstand zu den Dingen gewinnen und auf das, was einen sonst auf die Palme gebracht hätte, anders reagieren. Und je bedachter man reagiert, desto mehr ist man in der Lage« – er hielt inne und schaute seine Mitgefangenen im Raum an –, »sich Ärger zu ersparen.«

Jarvis fügte an, dass ihm der Buddhismus auch in anderer Hinsicht geholfen habe. »Man sieht die Leute anders«, erklärte er. »Ein Beispiel: Eine Wache macht dich an. Statt mit ihr zu streiten, kann man sich sagen: ›Der Typ hat einen ätzenden Tag gehabt, überhaupt hat er ein übles Leben und Ärger ohne Ende.‹ Du schaust ihn an, zuckst mit den Schultern und entschuldigst dich: ›Tut mir leid, war mein Fehler, dass ich dich gereizt habe.‹ Das ist nicht die Reaktion, die er erwartet hätte, und deswegen wird er hellhörig.«

Als die Stunde sich ihrem Ende näherte, leitete Susan eine abschließende Meditation an. Dann kamen die Gefängniswärter, legten den Gefangenen Handschellen an und brachten sie zurück in ihre Zellen.

Susan leitete den Kurs fast jede Woche. Die meisten Teilnehmer blieben dabei. Aufgrund der Beschränkungen für Inhaftierte des Todestrakts konnte Jarvis nicht immer teilnehmen. Zu einigen Kursabenden kam ein Mann, der einen ganzen Stapel an buddhistischen Büchern und Schriften mitbrachte. Er redete so, als sei er ein Gelehrter, und dominierte die Klasse, benutzte jedoch die tibetischen Begriffe oft nicht korrekt und stellte die Bedeutung der Mantras sowie einiger buddhistischer Prinzipien falsch dar. Jarvis empfand ihn als aufgeblasen und nervtötend.

Nachdem er an einem der Abende, an dem der Mann ihn besonders auf die Palme gebracht hatte, in seine Zelle zurückgekehrt war, dachte Jarvis darüber nach, was ihn so sehr an ihm störte.

Er stellte sich seinen Mithäftling vor und schaute ihm in seiner Vorstellung direkt in die Augen. Als er dies tat, sah er einen Mann, der genau wie er im Todestrakt war. Er sah dessen Verwirrung und Angst. Kein Wunder, dass er sich so sehr an seine Bücher klammerte.

Jarvis lächelte bei der Erkenntnis, dass der Mitgefangene ein authentischerer Buddhist war als er selbst: Dieser befand sich mitten in seinem Leiden, während er, Jarvis, sich von dem seinen getrennt, sich über ihn gestellt und über ihn geurteilt hatte – so, als wisse er es besser. Jarvis wurde klar, dass nicht er seinem Kollegen etwas beizubringen hatte, sondern er im Gegenteil von diesem lernen konnte. Alan Senauke hatte ihm einmal eine Geschichte von dem japanischen Meister Nan-in erzählt, der vor etwa hundert Jahren gelebt hatte. Einst kam ein Universitätsprofessor zu ihm, um ihn zum Zen zu befragen. Nan-in servierte ihm Tee. Voller Achtsamkeit füllte er die Tasse seines Gastes, doch selbst als sie schon voll war, goss er weiter. In üblicher japanischer Höflichkeit sah der Professor zuerst schweigend zu, wie die Tasse überlief und sich der Tee über den Tisch ergoss, doch schließlich konnte er sich nicht mehr zurückhalten. »Die Tasse läuft über«, sagte er. »Es passt nichts mehr in sie hinein.«

»Genau wie diese Tasse«, entgegnete Nan-in, »sind Sie übervoll von Meinungen und Spekulationen. Wie soll ich Ihnen den wahren Sinn des Zen aufzeigen, wenn Sie nicht zuerst Ihre ›Tasse‹ leeren?«

Wie sollte Jarvis etwas dazulernen, wenn er derart von seinen Vorstellungen, was ein Buddhist war und wie er sich zu verhalten hatte, erfüllt war? Alan hatte ihm das Buch von Shunryu Suzuki, eines anderen Soto-Mönchs, mitgebracht: *Zen-Geist – Anfängergeist,* der darin schrieb: »Wenn euer Geist leer ist, ist er jederzeit für alles bereit; er ist offen für alles. Der Anfängergeist birgt zahllose Möglichkeiten, doch in dem des Experten gibt es nur wenige.« Wieder war Jarvis einem Buddha begegnet, den er töten musste.

* * *

Als Susan an einem kalten Herbstmorgen zu Jarvis' Zelle kam, sah sie, dass er sich aus dem Bett quälen musste, um an die Tür zu kommen. Er sah müde und mager aus, und sie fragte, was mit ihm nicht stimme. Jarvis erzählte ihr, dass ein Mann, den er als Thomas[27] kannte, in seine Nachbarzelle verlegt worden war.

»Hör mal genau hin«, sagte er. Sie vernahm den qualvollen, röchelnden Husten des Nachbarn. Jarvis erklärte, dass diese Geräusche niemals aufhörten und er daher nicht mehr schlafen könne. Er hatte sich bei seinem Nachbarn erkundigt, was mit ihm los sei. Dieser hatte ihm geantwortet, er habe Kehlkopfkrebs im Endstadium.

»Warum liegst du dann nicht im Krankenhaus?«, fragte Jarvis.

»Ich war dort, aber sie konnten nichts mehr für mich tun.«

Später flüsterte Jarvis einer Wache zu: »Ihr behaltet ihn also hier, bis er stirbt?« Der Beamte zuckte mit den Schultern und antwortete: »Ich wünschte, ich könnte etwas für ihn tun, aber es ist nicht meine Entscheidung.«

Jarvis sprach bisweilen mit Thomas und erkundigte sich nach ihm, doch dieser hatte Mühe zu antworten. Manchmal hörte es sich an, als würde er ersticken.

»Ich weiß, dass er Schmerzen hat und im Sterben liegt. Aber dieses Geräusch ist ununterbrochen«, klagte Jarvis. »Es ist, als schläge man mir andauernd Nägel in den Kopf. Ich kann kaum einschlafen, und selbst wenn es mir gelingt, wache ich ein oder zwei Stunden später von dem quälenden Husten wieder auf. Ich kann nicht schreiben, kann nicht meditieren.«

Susan erwiderte: »Hier an diesem Ort praktizierst du inmitten von dem Schmerz über verlorene Leben, verlorene Träume, verlorene Familien und verlorene Zukunftsaussichten, wohnst inmitten des Leidens der Reue und des Bedauerns, inmitten des Alterns und Sterbens, inmitten des Leidens der Wärter sowie des Leidens, Schmerzen zugefügt zu bekommen und Schmerzen zuzufügen. Du willst es nicht ignorieren, aber du musst dich schützen.« Sie erzählte ihm, dass sie jedes Mal, wenn sie das Gefängnis betrat und die Last des Leidens

27 Name geändert.

innerhalb seiner Mauern spürte, zur Roten Tara betete. Auf die gleiche Weise, wie Tara ihr half, sich zu schützen, um in der Lage zu sein, anderen etwas zu geben, könnte diese auch Jarvis helfen, weiterhin mitfühlend zu bleiben und sich gleichzeitig zu schützen. »Du möchtest dem Ozean des Leidens der anderen nicht ausweichen«, sagte sie. »Aber du darfst in ihm nicht ertrinken, denn dann kannst du niemandem mehr helfen.«

Schließlich erklärte Susan ihm, was sie konkret tat: Jedes Mal, wenn sie die Tore von San Quentin durchschritt, stellte sie sich vor, sie sei von einer perlenartigen Membran umgeben, und rezitierte dabei das Tara-Mantra. Sie stellte sich diese Membran wie eine transparente Hülle vor, die nach außen verspiegelt war. Diese Visualisierung half ihr, ihrem Versprechen, »alle Lebewesen miteinzubeziehen«, nachzukommen und sich gleichzeitig davor zu schützen, sich völlig zu verausgaben und zu erschöpfen und am Ende auszubrennen. Sie schlug Jarvis vor, sich angesichts der belastenden Situation mit Thomas ein ähnliches Bild zu suchen, um sowohl dem Leiden seines Nachbarn gegenüber offen zu bleiben als auch sich gleichzeitig zu schützen und so wieder zu Schlaf und Konzentration zu finden.

Jarvis versuchte es, aber Thomas' Gesundheitszustand verschlechterte sich immer weiter, und er hustete sogar noch öfter. Jarvis hatte gedacht, er würde sich im Laufe der Zeit daran gewöhnen, aber es gelang ihm einfach nicht. Je erschöpfter er wurde, desto größer wurde auch sein Ärger.

In einer Nacht, in der es Jarvis gelang einzuschlafen, wachte er wie gewohnt einige Stunden später wieder auf. Es dauerte eine Weile, bis er feststellte, dass ihn diesmal nicht das Husten geweckt hatte, sondern dessen Abwesenheit.

Thomas war sicher tot.

Jarvis setzte sich auf und versuchte der Tatsache ins Auge zu blicken, dass sein Nachbar gestorben war.

Vielleicht eine Minute später, die sich wie eine Ewigkeit angefühlt hatte, hörte Jarvis wieder das qualvolle Keuchen. Er hielt die Luft an und hörte genau hin. Ein weiteres Röcheln und dann ein hackendes Husten, so laut wie immer oder sogar noch lauter. Jarvis war erleichtert.

Die ganze Zeit hatte er sich nichts sehnlicher gewünscht, als dass der Lärm aufhören würde. Und jetzt freute er sich, dass er wieder da war.

Von nun an ließ sich Jarvis bei allem, was er tat – meditieren, schreiben, was auch immer –, von Thomas' ständigem heftigen Keuchen, Röcheln und Husten nicht stören. Ganz im Gegenteil, er feierte es. Es war der Klang des Lebens.

Teil 4

Die Vierte Edle Wahrheit: Der Weg aus dem Leiden

»Meine Religion ist sehr einfach. Meine Religion ist Güte.«

Dalai Lama

Kapitel 18

Hoffnung

Jarvis wusste bereits seit Langem, dass Pamela krank war. Als er im Herbst 2014 erfuhr, dass sie die Stoffwechselerkrankung Amyloidose hatte, rief er einen Freund an und bat ihn, ihm nähere Informationen dazu zu geben, da er wissen wollte, wie lange sie noch zu leben hatte. Auch wenn sich ihr Gesundheitszustand zunehmend verschlechterte, besuchte sie ihn nach wie vor alle zwei Wochen – selbst dann noch, als sie bereits so schlecht laufen konnte, dass ein Beamter sie vom Eingang des Ost-Blocks in einer Art Golfwagen in die Besuchshalle fahren musste. Obwohl Jarvis gewusst hatte, dass ihr nicht mehr viel Zeit blieb, war die Nachricht von ihrem Tod ein Schock. Ihr Herz hatte einfach aufgehört zu schlagen.

Pamelas Freundinnen und Freunde erinnerten sich an ihren unnachahmlichen, unbeugsamen Charakter. In ihrem gemeinsamen Nachruf schrieben sie unter anderem: »Sie wurde in privilegierte Verhältnisse geboren, ließ dies andere aber nie spüren. Dass sie, ganz gleich, ob es erlaubt war oder nicht, überall parkte, wo es ihr beliebte, und dass sie sich nicht an die Geschwindigkeitsbegrenzungen hielt, waren eigentlich die einzigen Hinweise darauf, dass sie keine Geldsorgen hatte.« Einer ihrer Freunde sagte, es würde zu ihr passen, wenn ihre Asche in San Quentin und auf dem Dach des New Yorker Luxuskaufhauses Bergdorf Goodman in alle Winde zerstreut würde, was dann tatsächlich auch geschah.

Pema und Marie überbrachten Jarvis gemeinsam die schlechte Nachricht. Sie saßen eine Weile zusammen und trösteten sich gegenseitig. Schließlich verabschiedete sich Marie, um Jarvis mit Pema alleine zu lassen. Die beiden saßen zwei Stunden beieinander, schwelgten in Erinnerungen und weinten viel.

Jarvis dachte an die Hunderte von Besuchen von Pamela, daran, wie unbeirrt und beständig sie sich für ihn eingesetzt hatte – und dafür, dass die Ungerechtigkeit seines Falles bekannt würde. Er erinnerte sich an die Geschichten, mit denen sie ihn unterhalten hatte. Er sprach von den Jahren gemeinsamen Lachens und Weinens sowie den wohl tausend Dosen Cola light, die sie während ihrer Besuche getrunken haben musste. Beide redeten darüber, wie Pamela sowohl die Anwälte als auch Melody ignoriert und einfach Richterin Savitt angerufen hatte, um sie einzuladen, mit ihr zum Abendessen auszugehen.

Pema fragte Jarvis, ob er etwas zu der Sukhavati-Zeremonie (einem buddhistischen Begräbnisritual) beitragen wolle, die sie noch in der gleichen Woche durchführen würde. Er schrieb seine Würdigung auf eine Serviette: »17 Jahre lang kam sie jeden zweiten Dienstag zu mir … Ich werde ihr Lachen nie vergessen … Sie gab mir nie den geringsten Anlass, daran zu zweifeln, dass sie mich sehr mochte und ich zu ihrer Familie gehörte. Es wird nie wieder jemanden wie sie geben.«

An diesem Tag achteten die Wärter darauf, nicht zu nah am Käfig zu stehen, um ihre Privatsphäre nicht zu stören. Sie gaben ihnen mehr Zeit als sonst, und als sie Jarvis schließlich wegführten, bemerkte Pema, dass der Wachmann die Handschellen ungewöhnlich vorsichtig anlegte.

Jarvis blieb tagelang in seiner Zelle und dachte darüber nach, dass Pamela gegangen war – für immer. Marie blieb seine große Unterstützerin, aber Pamela hatte sich fast zwei Jahrzehnte für ihn eingesetzt.

Seitdem er das Privileg genoss, telefonieren zu dürfen, rief er Pema immer dann an, wenn ihn seine inneren Dämonen besuchten – er also besonders traurig, deprimiert oder verzweifelt war. Allein schon ihre sanfte Stimme zu hören beruhigte ihn.

Auch jetzt war es ihm ein dringendes Bedürfnis, mit ihr zu reden, da ihm Pamelas Tod sehr naheging. Doch sie war auf Reisen, und er konnte sie nicht erreichen. Er befürchtete, mit Pamela seine stärkste Verbündete verloren zu haben und im Stich gelassen zu werden. Er begann, in Panik zu geraten, tat dann aber, was ihm Pema in solchen Situationen gewöhnlich riet: Er setzte sich auf dem Boden, achtete auf seinen Atem und begann zu meditieren. Er stellte sich Pemas Lächeln und ihre gütigen und liebevollen Augen vor, die ihn spüren ließen, dass sie ihn annahm. Ihm wurde bewusst, dass er in einem solchen Zustand stets mit dem gleichen Mantra reagierte: »Was würde Pema sagen?« Ihre Stimme hatte sich in seinem Inneren zu jener von Chagdud Tulku gesellt. Was würde Pema ihm in dieser Lage raten? Sie würde ihm sagen, sich seinen Ängsten zu stellen und die Trauer zu empfinden, und sie würde ihm erklären, er solle sich hinsetzen und meditieren, was er auch tat. Er erlaubte sich, so viel zu weinen, wie es gut für ihn war, und merkte schließlich, wie Pamelas Präsenz ihn beruhigte.

Als er Pema später endlich erreichte, erzählte er ihr, er habe entdeckt, dass ihre Stimme in ihm sei. »Das ist nicht meine Stimme, Jarvis«, erwiderte sie. »Es ist *deine,* und sie war schon immer in dir. Doch jetzt kannst du sie hören.«

Noch in der gleichen Woche kam Pamelas Mann Marty zu Besuch. Die beiden saßen ruhig beisammen und redeten von seiner Frau. Jarvis berichtete Marty, dass er es nicht mehr schaffe, seine Zelle zu verlassen. Marty nickte verständnisvoll und erklärte, er wisse, Pamela hätte mit Sicherheit gewollt, dass er am Leben teilnähme, hinaus auf den Hof ginge und die Sonne auf seiner Haut spürte, was er am nächsten Tag auch tat. Es war ein nebeliger Tag, und die kalte Luft war beruhigend. Am Zaun lehnend, dachte er darüber nach, wie oft er Buddhisten von Reinkarnation hatte sprechen hören. Er selbst glaubte hingegen nicht an Wiedergeburt, denn das Konzept erinnerte ihn irgendwie an das Recyceln von Dosen und Flaschen, also den Beruf seines Vaters. Doch dann wurde ihm klar, dass er die Vorstellung nicht wörtlich nehmen musste, ein Mensch also nicht unbedingt nach dem Tod in einem neuen Körper wiedergeboren wurde. Was er hingegen genau spürte, war, dass Chagdud Tulku, seine Mutter und jetzt auch Pamela in ihm und den Herzen von allen, die sie liebten, weiterlebten. »Die sie *lieben*«, korrigierte er sich.

Nicht lange nach Pamelas Tod informierte der Oberste Gerichtshof von Kalifornien Joe Baxter, dass er dem Antrag stattgebe, die Beweisaufnahme der Anhörung von 2011 zu überprüfen. In dieser Eingabe hatte Joe dargelegt, dass das Gericht in seinen Entscheidungen bezüglich der Berücksichtigung der Beweise und der Auswahl der zugelassenen Zeugen willkürlich, inkonsequent und einseitig gewesen sei. Auch die Todesstrafe bezeichnete er als reine Willkür: Jarvis war wegen der angeblichen Beteiligung an der Planung des Mordes und der Herstellung der Mordwaffe zum Tode verurteilt worden, während die »Mittäter« einschließlich des Mannes, der den Mord tatsächlich begangen hatte, zu geringeren Strafen verurteilt worden waren, nämlich lebenslänglich, wenn auch ohne die Möglichkeit, in Berufung zu gehen.

Ein weiteres Mal waren die Rechtsanwälte optimistisch. Das Gericht hätte es nicht akzeptiert, den Fall noch einmal aufzurollen, wenn es nicht der Auffassung gewesen wäre, dass Baxters Argumente berechtigt seien. Rick Targow nannte einen weiteren Grund für Hoffnung: Die frühere Besetzung des Gerichts bestand aus Richtern, die von republikanischen Gouverneuren bestimmt worden waren, die eine harte Gangart gegen Kriminalität verfolgten. Der jetzige Gouverneur Jerry Brown hingegen hatte fortschrittlichere Richter bestimmt: Erstmals seit zwei Dekaden war das höchste kalifornische Gericht mit liberalen Richtern besetzt.

Die Anhörungen fanden im Staatsgericht in der Hauptstadt Kaliforniens, Sacramento, statt. Nach Baxters Präsentation seiner Argumente hatte das Gericht neunzig Tage Zeit, seinerseits eine Entscheidung zu treffen. Jarvis rüstete sich für einen neuen Kampf mit seinem vortrefflichsten Feind, der Hoffnung.

Äußerlich betrachtet, wirkte er in den ersten Wochen so, als ginge es ihm recht gut, doch Jarvis verbarg sein Leiden hinter einer stoischen Fassade. Sie glich einem Damm, der all die Schrecken zurückhielt, die sich in seinem Inneren stauten. Er wusste aber genau, dass er alldem nicht unbegrenzt standhalten konnte.

Pema glaubte Zerbrechlichkeit in seiner Stimme wahrzunehmen. Er hatte stets sehr viel wegstecken können, doch wie viel Enttäuschung kann ein Mensch überhaupt verkraften? Jarvis war sicher einer der engagiertesten Praktizierenden, die sie je kennengelernt hatte, und dennoch sorgte sie sich um ihn. Hätte der Buddha selbst angesichts der Aussicht auf ein Urteil, bei dem so viel auf dem Spiel stand, ausgeglichen bleiben können?

In der Vergangenheit hatten Jarvis' Freunde immer wieder miterlebt, wie ausdauernd sein Geist war, aber nach drei Verfahrenswochen wurde deutlich, dass die Belastung ihren Tribut forderte – der Damm brach. Jarvis war erschöpft, da er wegen seiner zunehmenden Sorgen um den Ausgang der Anhörungen nur noch unregelmäßig schlief.

Damals wusste er bereits, wie vergiftend Hoffnung sein konnte, aber er konnte nicht anders, als alle möglichen erwünschten Szenarien durchzuspielen: Gerechtigkeit und Freiheit. Susan erzählte er in diesen Tagen, dass er es miterlebt habe, wie Hoffnung Mitgefangene umgebracht hätte: »Man erzählte ihnen immer wieder, dass sie freikämen, und immer wieder erlebten sie die Enttäuschung, dass dies doch nicht geschah. Es war ein Teufelskreis, der sie im Laufe der Zeit in den Selbstmord trieb.«

»Okay, ich verstehe jetzt, warum Hoffnung wie Gift sein

kann«, antwortete Susan, »aber wäre es dir lieber, jegliche Hoffnung zu verlieren?«

Das war auch wieder eine von diesen buddhistischen Gehirnwichsereien. Natürlich, wer wollte das schon?

Hoffnung? Keine Hoffnung? Seine Verwirrung nahm zu. Er dachte: »Hast du nicht noch mehr solcher Scherzfragen auf Lager? Sie ermüden mich.« Stattdessen sagte er: »Ich kann nicht mehr. Ich meditiere seit über dreißig Jahren und bin wieder ganz am Anfang.«

Chagdud Tulkus Schülerin Lisa Leghorn hatte ihm einst gesagt, dass es eine der Eigenheiten des tibetischen Buddhismus sei, dass man »die Lehren immer wieder wiederholt. Nur so verschmelzen sie mit unseren Herzen und Hirnen und werden Teil von uns. Erst ändert sich unser Verständnis und später unser Erleben der Wirklichkeit. Anschließend beginnen wir wieder von vorne. Es ist wie im Film *Und täglich grüßt das Murmeltier*. Es wirkt unter Umständen so, als hättest du keine Fortschritte gemacht und würdest wieder von vorne anfangen. Aber das stimmt nicht. Jede Wiederholung ist anders. Die Lektionen, die du daraus ziehst, sind andere, weil du dich verändert hast.«

Jarvis erzählte Pema, er könne sich nicht von der Hoffnung lösen, die Anhörungen würden zum gewünschten Ergebnis führen, woraufhin sie ihn daran erinnerte, dass »Nichthaften« nicht bedeute, keine Gefühle zu haben. »Es geht weder darum, seine Gefühle abzuleugnen, noch darum, dichtzumachen und so zu tun, als habe man keine menschlichen Reaktionen. Schau dir in der Meditation deine Hoffnung an. Wieder und wieder. Erlaube die Gefühle, lasse sie zu, blockiere sie nicht und tue nicht so, als seien sie nicht da.« Sie sagte, er solle mit dem weitermachen, was er gerne tat, und sich den anderen zuwenden, also Wege finden, ihnen zu helfen. Das sei der sicherste Weg aufzuhören, sich um sich selbst zu drehen.

Eine Woche verging. Eine weitere. Seine Ängste wuchsen, und an Schlaf war nicht zu denken. Seine Gedanken drehten sich schon tagsüber im Kreis, und nachts wurde es noch schlimmer. In einer dieser schlaflosen Nächte wurde ihm klar, dass er sich im gleichen psychischen Gestrüpp verfangen hatte, das ihn auch schon während der Anhörungen im Jahr 2011 gelähmt hatte: Er fürchtete sowohl, im Gefängnis zu bleiben, als auch, freigesprochen zu werden.

Am nächsten Morgen rief er Pema an, da er ihr etwas mitteilen wollte, von dem er wusste, dass nur sie es verstehen würde. »Ich scheue mich, es dir zu sagen«, begann er, »denn es klingt vielleicht so, als wolle ich hier nicht raus. Natürlich will ich nichts lieber als das. Und was noch wichtiger ist: Ich möchte, dass die Leute endlich erfahren, dass ich unschuldig bin. Es ist mir nach wie vor klar, dass ich vor Gericht eventuell keinen Erfolg habe, und auch dieser Möglichkeit muss ich mich stellen. Doch wenn ich mir überlege, wie es wäre, freigesprochen zu werden und aus San Quentin herauszukommen, macht mir das höllisch Angst.«

»Die eigentliche Frage«, entgegnete Pema, »ist, ob du vor beidem gleichzeitig Angst haben kannst. Der Buddhismus lehrt uns, dass dies sehr wohl möglich ist. Ambivalenz ist wahrer als Gewissheit. Erlaube dir, beides zu erleben. Kämpfe nicht dagegen an, denn wenn du das tust, kämpfst du nur gegen dich selbst.«

Jarvis' Unruhe nahm nicht ab, wurde allerdings von einem freudigen Ereignis unterbrochen. Thomas war vor Monaten von Gefängnisbeamten ins Krankenhaus gebracht worden, und seitdem hatte er, abgesehen von der Nachricht, dass er sich einer starken Chemotherapie unterzog, nichts mehr von ihm gehört. Entsprechend hatte er sich um ihn große Sorgen gemacht. Doch jetzt hörte er seine Stimme im Hof:

»Mensch, Left, du hier?«

Jarvis' Herz machte Sprünge. »Bruder!«, rief er. »Wie zum Teufel geht es dir? Ich habe dich vermisst!«

Jarvis war hocherfreut zu erfahren, dass Thomas' Krebs am

Abklingen war – angesichts der früheren Prognosen entsprach dies einem Wunder. Thomas hatte eine Gnadenfrist bekommen. Jarvis wurde klar: »Dieser ganze buddhistische Trip dreht sich um die Unaufhaltsamkeit des Todes. Aber davor leben wir – und das ist eine verdammt gute Sache.«

Die Wochen des Wartens vergingen langsam. Marie besuchte ihn, so oft sie konnte. Er erzählte ihr nichts von seinen Ängsten vor dem Leben in Freiheit. Stattdessen saßen sie sich gegenüber, hielten ihre Hände und machten Pläne für die Zeit nach seiner Entlassung.

Die Hälfte der Zeit, die sie sich kannten, war Jarvis im Isolationstrakt gewesen, wobei sie bei ihren Treffen immer eine Glasscheibe getrennt hatte. Seit er im Ost-Block war, trafen sie sich in den Gitterkäfigen mit durchsichtigen Plastikwänden. Im Gefängnis gab es keine Privatsphäre – sie waren nie allein.

Wie wäre es, mit ihr alleine zu sein? Er wusste nicht einmal, ob er noch in einem echten Bett schlafen konnte.

Ihre Beziehung war von ungewöhnlichen, regelrecht surrealen Umständen auf die Probe gestellt worden – doch würde sie die Normalität des Alltags überstehen? Sie hatten noch nie körperliche Intimität geteilt. Gefangene im Todestrakt haben kein Anrecht auf »Liebeszellen«.

Seit seinem zwanzigsten Lebensjahr hatte man ihm stets das Essen gebracht. Er wusste nicht, wie man einkaufen geht. Pamela hatte ihm eine Herdplatte geschenkt, aber er hatte noch nie auf einem echten Herd gekocht.

Jarvis erinnerte sich an seine Reaktionen, als er in den Ost-Block verlegt worden war. Anfangs war er von der neuen Freiheit überfordert gewesen und hatte sich sogar in den Isolationstrakt zurückgewünscht, da er an die dortige vollkommene Abschottung gewöhnt war. Er fühlte sich in der neuen Zelle, die zum Gang hin offen war, ungeschützt und verletzlich. Dieses Gefühl wurde im vergleichsweise großen Hof des Ost-Blocks sogar noch überwältigender. Bei seinem ersten Hofgang dort konnte er nur ein Dutzend Schritte tun, bevor er vor Angst erstarrte. Außerhalb des Gefängnisses würden unbegrenzt viele Schritte auf ihn warten, und er könnte gehen, wohin und so weit er wollte.

Er hatte Geschichten von Leuten gelesen, die nach Jahrzehnten im Gefängnis freikamen und nur deswegen wieder straffällig wurden, weil sie wieder ihr gewohntes Leben leben wollten. Auch wusste er von Menschen, die nach der Freilassung Selbstmord begangen hatten, da ihre neue Freiheit sie überfordert hatte. Würde er besser zurechtkommen?

Jarvis hatte viele Freundinnen und Freunde und glaubte, sich auf sie verlassen zu können. Aber war das auch wirklich so? Würden sie befreundet bleiben?

Darüber hinaus sorgte er sich, ob er seinen Lebensunterhalt bestreiten könnte. Hatte er irgendwelche Qualifikationen? Nach seinen beiden Büchern könnte er vielleicht als Autor etwas Geld verdienen. Er hatte viel über das Gefängnissystem, die Isolationshaft, die Auswirkungen der Haftbedingungen und die endlosen Berufungsprozesse zu sagen, die er und seine Mitgefangenen sowie deren Familien durchstehen mussten – und über die transformierende Kraft des Buddhismus. Doch wäre er auch draußen als Autor erfolgreich? Er dachte daran, vielleicht mit Kids zu arbeiten und, wie gesagt, ein Boxstudio aufzumachen. Vielleicht wäre das eine Möglichkeit.

Als er sich vorstellte, wie es wäre, mit Marie in ein Restaurant oder Café zu gehen, durchlief ihn ein Schauder. Er würde sich mit dem Rücken zur Wand setzen, um nicht vor Angst hinauszurennen. Im Gefängnis war Paranoia das Grundmuster aller Reaktionen, also quasi die Standardeinstellung. Seit er ein kleines Kind war, hatte man ihm stets auf die Finger geschaut. Er fürchtete, dass er nach den Jahrzehnten im Gefängnis ein Anstaltssyndrom hatte und die Anwesenheit der Wachen brauchte, um sich sicher zu fühlen. Draußen gab es niemanden, der ihn überwachte und bereit war, bei Gefahr herbeizurennen und einzugreifen. Dieser Gedanke erschreckte ihn. Fühlte er sich in San Quentin wirklich sicherer als in der Welt draußen? Wie schräg war das denn?

Marie besuchte ihn einmal die Woche, manchmal auch zweimal. An ihrer blassen Gesichtsfarbe und den tiefen Augenringen erkannte Jarvis, dass die ungeduldige Erwartung auch an ihr zehrte. Sie sagte zwar jedes Mal, es ginge ihr gut, aber er wusste, dass dies nicht stimmte. Auch sie schlief nicht, und vielleicht aß sie nicht einmal. Sie befanden sich beide in der gleichen Achterbahn, deren Höhen und Tiefen darin bestanden, das Beste zu hoffen und zu versuchen, nicht an das Schlimmste zu denken. Unterdessen malte sie sich aus, was sie ihm am ersten Abend zu Hause kochen würde. Sie kaufte für ihn neues Bettzeug, Badeschlappen und einen Bademantel.

Marie stellte sich vor, wie es wäre, gemeinsam in ihrer Wohnung im – unweit des Golden-Gate-Parks gelegenen – Sunset District in San Francisco zu leben, von wo sie zu Fuß zum Strand laufen konnten. Oder sollte sie besser irgendwo auf dem Land ein kleines Ferienhaus mieten, wo er sich langsam an das Leben in Freiheit gewöhnen könnte?

Manchmal weinte sie. Aber es waren nicht die gleichen Tränen wie jene, die sie in all den Jahren vergossen hatte, wenn sie ihn in San Quentin alleine zurückließ. Jetzt waren es Tränen der Vorfreude auf ihr gemeinsames Leben. Sie würde mit ihm an die Orte fahren, die sie so sehr mochte: Big Sur, den Yosemite Nationalpark und das Painted Desert. Sie stellte sich vor, mit ihm zusammen nachts am Strand spazieren zu gehen.

Jarvis war nicht zu den Anhörungen zugelassen, doch Dutzende seiner Freunde und Freundinnen pilgerten am Morgen des 13. November 2015 zu den mündlichen Anhörungen nach Sacramento, um dabei zu sein, wenn Joe seine Argumente für die Berufung vortrug. Alan fuhr mit Marty. Wie auch in den vorbereitenden Anhörungen machte er sich Notizen und berichtete auf seinem Blog von den Ereignissen des Tages.

In seiner ungewöhnlich lockeren und etwas schleppenden Sprechweise gab Joe einen Überblick über Jarvis' Fall und zeichnete die Argumente der Eingabe nach. Er bat das Gericht, »die schreckliche Ungerechtigkeit, die man Jarvis Jay Masters angetan hatte, richtigzustellen«. Joe bezog sich auf einige der Schlüsse der Gutachter und verwies die Richter auf die gesamte Berufungsschrift. Er nutzte für sein Plädoyer die vollen zwanzig Minuten, die man ihm zugestanden hatte.

Auf dem Rückweg analysierten Marty und Alan seine Argumentation. Sie waren optimistisch, dass die Richter das ursprüngliche Verfahren zu einer Farce erklären und Jarvis' Unschuld als unbestreitbar anerkennen würden. Doch zuerst gab es eine neuerliche Periode des Wartens: Dem Gericht blieben neunzig Tage für die Entscheidungsfindung.

Nach all den Jahren der Praxis hatte Jarvis geglaubt, dass er als Buddhist besser mit dieser Ungewissheit umgehen könnte. Aber wie er Alan anvertraute, waren diese drei Monate die schwerste Zeit, die er je durchlebt hatte.

»Schlimmer noch als die Zeit im ›Loch‹?«, fragte dieser.

Jarvis nickte. Hoffnungslosigkeit war im Loch die Norm, und es war für ihn leichter gewesen, keine Hoffnung zu haben, als von ihr zerrissen zu werden.

Eine Woche. Zwei. Er versuchte, extreme Reaktionen zu vermeiden und nicht durchzudrehen. Er sprach mit Marie weiterhin über ihr gemeinsames Leben nach der Freilassung und begann, seine Habseligkeiten in Kisten zu packen sowie sich zu überlegen, welchen Häftlingen er seine CDs schenken würde. Manches verschenkte er bereits. Einer seiner Freunde hatte keinen anständigen Fernseher, also würde er seinen bekommen. Er machte sich Gedanken, wem er seine Poster an den Wänden, seinen Wasserkocher, die zusätzlichen Bettlaken, die Pamela ihm geschenkt hatte, sowie seine Bücher überlassen solle.

Ein qualvoller Tag folgte dem anderen, doch schließlich gingen auch diese drei Monate vorüber. Als sich der neunzigste

Tag näherte, erklärte ihm Rick, dass das Gericht seine Entscheidungen immer montags und donnerstags veröffentlichte. Doch am Donnerstag kam noch immer kein Bescheid, und so musste Jarvis ein weiteres Wochenende hinter sich bringen – es sollte das längste seines Lebens werden.

Als Marie zu Besuch kam, waren beide so nervös, dass sie während der eineinhalb Stunden kaum ein Wort herausbrachten. Er telefonierte regelmäßig mit Pema. Mit ihr zu reden half immer, und er versuchte, sich an ihren Rat zu halten, aber er kämpfte mit der Meditation. Von Freitag auf Samstag tat er kein Auge zu und meditierte auf dem Bauch liegend, so gut er konnte, während er die Härte seiner Matratze spürte und auf dem Flur vor seiner Zelle ein Streit im Gange war. Er hatte einige Panikattacken, denen er mit tiefen und langsamen Atemzügen beikam.

Er schaffte es bis zum Samstagmorgen und rief viele seiner Freundinnen und Freunde an. Am Nachmittag schaute er fern, konnte sich aber nicht konzentrieren, und an Lesen war schon gar nicht zu denken. Nach einer weiteren schlaflosen Nacht besuchte ihn sonntags Marie. Die Nacht darauf musste er wohl eingeschlafen sein, denn er wachte nach etwa einer Stunde aus einem Albtraum auf. In diesem trug er ein helles, kurzärmeliges, dickes Hemd und weiße Hosen und schulterte einen kleinen Seesack mit seinen wenigen Habseligkeiten. Der Himmel war strahlend blau, und die Wächter begleiteten ihn ein letztes Mal. Sie führten ihn am Oberarm die Korridore entlang und die Treppen hinunter. Voller Ungeduld und freudiger Erwartung seiner Freunde und Freundinnen, die sicher zu seiner Begrüßung kommen würden, schritt er voran. Sie würden sich umarmen und gemeinsam weinen und anschließend das Gefängnis verlassen. Das wäre der Augenblick, um einen letzten Blick auf die Mauern von San Quentin zu werfen. Doch gerade als sie das letzte Tor erreichten, das ihn von seinen Freunden trennte, hielten ihn die Wachen zurück, öffneten eine Seitentür und stießen ihn in einen Raum. Es war nichts als Lüge. Er verstand, dass sie ihm etwas vorgemacht hatten und ihn nun in die Todeskammer schubsten. Er wollte fliehen, doch sie hatten die Tür bereits verschlossen.

Jarvis wachte schweißgebadet auf und setzte sich aufrecht hin. Es war Montag, der 26. Februar 2016, vier Uhr morgens. Draußen war es noch dunkel, und das schwache orangefarbene Licht der Nachtbeleuchtung erfüllte den Zellenblock. Jarvis meditierte. Er atmete, so tief er konnte, ein und ließ die Luft seine Angst in einem langsamen und klaren Strom nach außen tragen.

Am Vormittag hatte Scott Kauffman, ein Anwalt des *California Appellate Project* (CAP), das mittellose Angeklagte vertritt, eine Verabredung mit ihm, um ihm das Ergebnis mitzuteilen. Scott wartete auf dem Parkplatz die Verkündung des Urteils ab. Nachdem er die entsprechende E-Mail bekommen hatte, betrat er das Gefängnis, wo ihn Jarvis bereits im Käfig erwartete. Dieser schaute Scott voll quälender Hoffnung an. Diese war jedoch nicht von langer Dauer, da der Gesichtsausdruck des Anwalts die Entscheidung des Gerichts bereits verriet. Scott erklärte ihm, dass dieses das ursprüngliche Urteil voll und ganz bestätigt hatte, und zwar einstimmig. Sämtliche Einsprüche waren zurückgewiesen worden.

Kapitel 19

Loslassen

Scott verabschiedete sich, und man führte Jarvis zurück in seine Zelle. Kaum war die Türe seiner Zelle ins Schloss gefallen, wurde es Jarvis schwindelig, und er musste sich an der Wand abstützen. Er setzte sich und hielt seinen Kopf. Es war, als würde er ertrinken. Er kämpfte mit der Ohnmacht.

Bereits fünf Jahre zuvor hatte ihn der Ausgang der Anhörungen sehr mitgenommen, doch diesmal traf es ihn noch weit schlimmer. Soweit er sich entsinnen konnte, hatte ihn nicht einmal die Verkündung des Todesurteils von Richterin Savitt derart überwältigt. Doch warum? Vielleicht schlicht deswegen, weil er noch zu jung gewesen war, um die Tragweite des Urteils wirklich fassen zu können. Vielleicht lag es auch daran, dass er jetzt einfach älter und erschöpfter war.

Am nächsten Tag sprach er mit Alan, der ihn ermutigte: »Das ist ein Rückschlag, aber nicht das letzte Wort.« Rick erklärte ihm, das Urteil würde einfach nur den Weg für den nächsten Abschnitt der Berufung frei machen, nämlich die Habeas-Corpus-Anhörung. Als Jarvis anschließend mit Joe Baxter telefonierte, versprach ihm dieser, dass sie die nächste Runde gewinnen würden: »Bleib einfach dran«, sagte er. Jarvis legte enttäuscht auf.

Als Nächstes rief er Pema an, und sie weinten gemeinsam. »Ich wäre gerne bei dir, Jarvis«, sagte sie. »Es gibt keinen Weg, diese üblen und verzweifelten Gefühle jetzt loszuwerden. Ich weiß, du hättest nichts lieber als das, aber du musst sie durchstehen. Ich wünschte, es würde dir erspart bleiben. Vergiss dabei aber nicht die ganzen früheren schwierigen

Situationen, die du jedes Mal gemeistert hast. Du bist ein Krieger.«

Auch wenn Jarvis nichts dazu sagte, wusste sie, was er dachte: »Ich weiß, du fühlst dich nicht so. Doch genau das bist du, und zum Leben eines Kriegers gehört auch, Niederlagen durchzustehen.« Als die automatische Ansage sie darauf hinwies, dass der Anruf in 15 Sekunden beendet würde, sagte Pema: »Ich bin für dich da, Jarvis. Ich hab dich sehr lieb.«

»Ich dich auch, Mama«, antwortete er mit kraftloser Stimme.

Und dann kam Marie. Auch sie weinte. Sie anzuschauen, ihre Hand zu halten und zu sehen, wie sehr sie litt, brach ihm das Herz. So widersinnig es war, aber es schien ihm so, als hätte er sie im Stich gelassen. Er entschuldigte sich. Sie kannten sich nun seit 15 Jahren und waren die Hälfte davon verheiratet gewesen. Sie war sich sicher – absolut *sicher* – gewesen, dass er in dieser Verfahrensrunde recht bekommen würde. Sie hatte geglaubt, dass sein Fall keine Zweifel zuließ und er entweder freikäme oder zumindest einen neuen Prozess zugestanden bekäme. Die Ablehnung in allen Punkten empfand sie wie einen brutalen Schlag ins Gesicht.

In dieses Gesicht blickte Jarvis nun. Es wirkte erschöpft, zerbrechlich, müde, und zum ersten Mal spürte er ihre tiefe Trauer. Diese Niederlage würde sie möglicherweise nicht verkraften – was, wenn sie aufgab?

Pamela war über die Jahrzehnte seine größte und beständigste Unterstützerin gewesen, aber sie lebte nicht mehr. Pema war wirklich wie eine Mutter. Auch seine anderen Freundinnen und Freunde wie Melody, Alan und Susan kümmerten sich hingebungsvoll um ihn, aber niemand in seinem Leben bedeutete ihm so viel wie Marie. Noch nie hatte er sich so beschützt und umsorgt gefühlt – und so sehr geliebt. Aber wie lange würde sie noch warten? Wie lange *sollte* sie noch warten? Und war es überhaupt fair, dies von ihr zu erwarten? Die Niederlage vor Gericht war für ihn vernichtend, und er wusste nicht, ob er es verkraften würde, sie zu verlieren. Und schließlich dachte er: »Ich bin im Gefängnis. Doch sie muss es nicht sein. So etwas wünscht man niemandem, den man liebt.«

Jarvis telefonierte auch mit anderen Freunden und Freundinnen. Manche besuchten ihn. Wenn sie sagten, wie leid ihnen dies alles täte, entgegnete er: »Es wird schon werden.« Er tröstete *sie.* Mithäftlinge auf dem Gang ermutigten ihn und sagten Dinge wie: »Man hat dich verarscht.«

Freddie Taylors Botschaft wurde ihm von einem anderen Häftling auf Jarvis' Gang überbracht. Er schrieb: »Ich habe gehört, was passiert ist, Bruder. Gib nicht auf.«

Er schätzte all die Unterstützung, die ihm zuteilwurde, gleichzeitig war es so, als sei er durch eine Glasscheibe von seinen Freunden – und überhaupt allen anderen – getrennt. Nur Pema vermochte während ihrer täglichen Telefonate, den Kokon zu durchdringen und seine Einsamkeit kurz zu beenden. Jarvis stürzte in eine Depression, wie er es nie zuvor erlebt hatte. Er erzählte Pema davon und benutzte sogar das Wort »Depression«, das er zuvor stets vermieden hatte. Er gab zu, dass er nicht wusste, ob er so überleben könne, und fügte an, er wisse auch nicht, ob er es wolle. Jarvis verweigerte den Hofgang und aß nichts mehr. Er versuchte zu meditieren, doch die Bemühungen waren eher oberflächlich. Er setzte sich, schloss die Augen, hatte jedoch nicht einmal die Energie, sich auf seinen Atem zu konzentrieren – beziehungsweise, um genau zu sein, war da kaum genug Atem, auf den er sich hätte konzentrieren können.

* * *

Auf der anderen Seite der Bucht ging es Marie genauso. Wie Jarvis kam sie kaum aus dem Bett und nahm sich frei. Jarvis rief einige Male an, sie diskutierten den Gerichtsentscheid und versuchten zu ergründen, warum die Eingabe abgewiesen worden war. Manchmal schwiegen sie auch lange, denn es gab nichts zu sagen. Sie fühlten sich wie gebrochen – nicht nur individuell, sondern auch als Paar. Jarvis wollte es sich nicht eingestehen, auch wenn er wusste, dass es so war: Der Staat hatte ihm seine Freiheit genommen, und jetzt würde er auch seine Ehe zerstören. Als sie ihn das nächste Mal besuchte, sagte er: »Ich kann verstehen, wenn du weitergehen musst.« Statt zu antworten, brach sie in Tränen aus.

Nach ihrem Besuch rief Jarvis Pema an. Ihre Stimme beruhigte ihn. Wie bislang jedes Mal, wenn er unter Leidensdruck aufgehört hatte zu meditieren, ermutigte sie ihn sanft und liebevoll, sich einfach wieder zur Praxis hinzusetzen.

»Ich kann nicht«, beharrte Jarvis, »ich habe genug damit zu tun, einfach nur zu überleben.«

»Genau das«, erwiderte Pema, »ist der Grund, warum du meditieren solltest.«

»Aber, Mama«, wandte Jarvis ein, »das habe ich all die Jahre getan, und sieh, wohin mich das gebracht hat. Alle sagen, ich sei dieser Buddhist im Todestrakt, würde über allen Stimmungen und Gefühlen stehen, ohne Enttäuschung auf den Wellen reiten, auf dem Weg sein, weise Worte sprechen und den Ort transzendieren … Aber das stimmt nicht. Ich tue nur so. Ich dachte, dass ich, wenn ich all dies anwende – ›Befreie deinen Geist‹ und so –, es dann vielleicht irgendwann auch Wirklichkeit und ich tatsächlich befreit würde. Aber so ist es nicht. Ich wollte Rinpoche nicht enttäuschen. Und ich will auch dich nicht enttäuschen.«

»Das kannst du gar nicht«, entgegnete sie. »Ich bin so lange schon in diesem ›Geschäft‹ und habe nie jemanden kennengelernt, der sich mehr engagiert als du. Mich erstaunt, wie du über all die Jahre deine Lebendigkeit behalten hast. Ich weiß nicht, wie du das geschafft hast. Und das sagt alles über dich – gleichermaßen über dein Wesen wie über dein Herz.«

Er erwiderte: »Yeah, ich weiß halt nicht, ob ich es weiterhin hinbekomme.« Das erste Mal dachte Jarvis darüber nach – beziehungsweise er sprach davon –, aufzuhören, womit er allerdings nicht etwa meinte, aufzuhören, Buddhist zu sein, er wolle nur nicht mehr so tun, als ob er ein solcher wäre. Natürlich entging Pema die Bedeutung des Augenblicks nicht, sie brachte ihn aber auf vertrautes Terrain zurück, auf dem sie sich schon viele Male gemeinsam bewegt hatten. »Du tust, was zu tun ist, und du lässt den Schmerz zu. Es gibt keine Möglichkeit, das zu vermeiden.«

Jarvis rief Marie eine ganze Woche lang nicht an. Er war in seinen Gedanken gefangen und vermochte nicht, aus ihnen auszubrechen. Da Jarvis zwar andere anrufen, aber nicht angerufen werden konnte, blieb Marie nichts anderes übrig, als zu warten. Auch wenn sie sein Leiden verstand, fiel es ihr nicht leicht, keinen Kontakt zu ihm zu haben. Sie stellte sich vor, wie er deprimiert in seiner Zelle saß, und wünschte, sie könnten ihre gemeinsame Trauer teilen.

In der Zwischenzeit drehten sich Jarvis' Gedanken um das, was er mit ihr erlebt hatte. Er dachte daran, wie es war, wenn sie sich im Käfig gegenübersaßen und ihre Hände hielten. Er erinnerte sich an ihre Zärtlichkeit sowie daran, was sie alles für ihn getan hatte. Sie hatte es nicht verdient, eine Beziehung zu leben, die sich auf Anrufe, Briefe und Besuche in einem Käfig beschränkte. Er wurde wütend. Er hasste San Quentin und sagte sich erneut: »Sie halten nicht nur mich hier im Todestrakt fest, sondern auch meine Frau. Ich muss meine Strafe absitzen, sie aber nicht. So etwas wünscht man seiner besten Freundin nicht.«

Als Jarvis Marie schließlich anrief, weinte er. Ihre Stimme war schwach: »Über was hast du nachgedacht?«, fragte sie.

»Dass ich dich liebe«, erwiderte er, »und wir uns deswegen scheiden lassen sollten.«

Zuerst antwortete sie nicht. Dann fragte sie, warum.

»Du warst dir sicher, dass ich hier herauskomme, und hast so lange auf mich gewartet. Jetzt sieht es aber so aus, als würde ich hier noch eine ganze Weile lang festsitzen. Du musst mit deinem Leben weitermachen und ich mit dem meinen.«

Sie weinte und sagte dann: »Jarvis, ich weiß nicht.«

»Aber *ich* weiß es«, entgegnete er. Dann legte er auf.

Jarvis vergrub sich in seiner Zelle. Er sprach mit Pema. Er fühlte sich ausgelaugt und – ja, das war das passende Wort – hoffnungslos. Als er Marie das nächste Mal anrief, sagte er: »Wir sollten es tun.«

»Was sollten wir tun?«

»Die Scheidung durchziehen.« Sie weinte, widersprach ihm aber nicht. Er fragte, ob sie sich um die Formalitäten kümmern könne, und sagte, er würde dann anschließend unterschreiben.

Als er schließlich auflegte, zitterte Jarvis. Er wusste, dass er das Richtige getan hatte, doch welche Konsequenzen würde das für ihn haben? Ein Gefühl der Leere stieg in ihm auf, eines, das er von früher kannte und das er fast vergessen hatte. Der Schrecken – dies war das einzige Wort, das es traf – nahm von ihm Besitz, und er war kurz davor zu hyperventilieren. Er wusste, dass er auf Pema und seine anderen Freundinnen und Freunde zählen konnte, aber mit Marie hatte er eine gesetzliche Ehepartnerin, die außerdem in Zeiten, in denen es den anderen nicht erlaubt war, wie etwa im Fall einer generellen Kontaktsperre, Auskunft über ihn erhielt und sich um ihn kümmern konnte. Mit ihr standen und fielen seine Zukunftsaussichten für sein Leben nach der Entlassung, und durch sie war er mit der Welt außerhalb von San Quentin auf eine Art und Weise eng und beständig in Kontakt geblieben, die ihm niemand anderes ermöglichen konnte. Und nun wurde ihm diese Verbindung genommen. Wie schon so oft in der Vergangenheit war er allein. Bei diesem Gedanken erstarrte er regelrecht. Dennoch setzte er sich hin und meditierte. Ihm kam die *Tonglen*-Praxis in den Sinn. Wie man es ihm beigebracht hatte, stellte er sich vor, seine Traurigkeit einzuatmen, die er wie Gift empfand. Er ließ den Atem in die Tiefen seiner Lunge strömen, wobei er bemerkte, dass er nicht nur seine eigene Traurigkeit aufnahm, sondern gleichzeitig die Traurigkeit aller Menschen. Was war der nächste Schritt des *Tonglen?* Beim Ausatmen schickte er allen Menschen das, was sie brauchen: die Wärme und den Schutz der Roten Tara, Verbundenheit zu ihren Mitmenschen sowie Zärtlichkeit und Liebe. Er wiederholte dies viele Male, wobei ihm immer klarer wurde, dass es ihm wieder gut gehen würde.

An diesem Nachmittag telefonierte er mit Pema und erzählte ihr von seinen Erfahrungen bei der Meditation. Er sagte, er habe auch über Marie nachgedacht und beim Tonglen bemerkt, dass er auch ausatmete, was sie zum Heilen brauchte. Und dabei hatte er eine Offenbarung: »Als ich ihr sagte, dass wir uns besser scheiden lassen sollten, dachte ich zunächst, dass es nur *sie* befreien würde. Ich wollte, dass *sie* dadurch ihren eigenen Weg gehen könne, aber jetzt ist mir klar geworden, dass es auch für mich selbst eine große Erleichterung ist. All das Hoffen und all unsere Zukunftsträume waren nicht nur eine Last für sie, sondern auch für mich. Während wir all diese Pläne schmiedeten, wollte ich ihr unbedingt eine Stütze sein und tat so, als wäre ich davon überzeugt, bald rauszukommen. Natürlich habe ich gehofft, dass es so sein würde, aber ich wollte sie vor allem nicht verletzen oder enttäuschen. Das hat mich belastet. Ich bin nicht in der Lage, jemand anderem Halt zu geben. Das Problem ist nicht, dass ich sie nicht liebe, denn das tue ich, und ich weiß, dass auch sie mich liebt. Aber wie wäre es, wenn ich mich nicht mehr darauf konzentriere, hier rauszukommen, sondern darauf, mein Leben hier und jetzt zu leben? Würde ich damit unseren gemeinsamen Traum und mein Engagement für sie aufgeben? Wenn wir uns scheiden lassen, muss ich ihre Enttäuschung nicht mehr mittragen. Und ich will im Moment niemanden tragen, denn dafür habe ich einfach nicht die Kraft.«

Er wusste, dass er sich auf sein eigenes Überleben konzentrieren musste. Und die Tonglen-Praxis gab ihm auch ein Mittel dafür an die Hand, indem er sein eigenes Gift und das der Welt in sich aufnahm und das ausatmete, was ihm und allen anderen nützte. Gleichzeitig verstand er, dass er anderen nur dann konkret helfen konnte, wenn er wieder seine Zelle verließ und sich engagierte.

Pema antwortete: »Du hast mir erzählt, wie viele Männer hier im Gefängnis den Verstand verloren haben – von denen in Einzelhaft, die schrien und ihre Köpfe gegen die Wände schlugen, oder solchen, die Tag und Nacht in der Ecke ihrer Zelle kauerten und in Verfolgungswahn oder Wut lebten. Du hast mir von all denen berichtet, die süchtig sind, und von all den Selbstmorden. Auch du hättest einen dieser Wege einschlagen können, hast es aber nicht getan. Du hast nicht nur überlebt, was an sich schon ein Wunder ist, sondern bist obendrein noch immer bei Verstand, hast noch immer deine Weisheit und deine liebenswerte Einstellung. Und du hast dein Lachen nicht verloren. Und jetzt kommt das Wichtigste: Ich verstehe gut, dass du dich ungehindert und frei bewegen möchtest, aber denk daran, dass du auch jetzt schon frei sein kannst.«

Pema sprach ein zentrales buddhistisches Konzept an: *Samsara,* der Kreislauf von Geburt und Tod, in dem die Menschen so lange aufgrund ihrer Begierden, Ängste und Unwissenheit gefangen sind, bis sie das Nirwana erreichen. Dies bedeutet, dass sie, sobald sie nicht länger in diesen Begierden und Ängsten gefangen sind, die Weisheit der Erleuchtung verwirklichen.

»Im Buddhismus gibt es, genau wie im Christentum, das Konzept der Hölle, er versteht es aber nicht als Ort im materiellen Sinne – es gibt weder Feuer noch Teufel. Es bezeichnet eher einen Geisteszustand des unablässigen Leids. Doch in all diesen Höllen gibt es auch immer einen Buddha, der inmitten des Leidens daran arbeitet, es zu lindern. Gänzlich ohne Angst begibt er sich freiwillig dorthin und ist nicht nur willens, sondern auch wirklich in der Lage, dort zu helfen. Ich habe das

Gefühl, dass du das Gleiche tust, Jarvis: Du bist mitten in der Hölle von San Quentin, und gleichzeitig bist du fähig, den Menschen hier zu helfen. Du unterstützt die Menschen in dieser Hölle. Weißt du, wer das sonst noch tut? Der Buddha.«

In dieser Nacht führte die Meditation Jarvis in seine Kindheit zurück. Er musste etwa vier Jahre alt sein, vielleicht sogar noch jünger, und lebte noch bei seiner Mutter. Eines Tages ging er in die kleine Abstellkammer der Wohnung und entdeckte oben in der Deckenverkleidung eine Platte, die sich etwas verschoben hatte. Über Kisten kletterte er nach oben, schob die Platte beiseite, sah, dass sich dahinter ein Hohlraum befand, und stieg in diesen hinauf. Er genoss die Ruhe und das Gefühl der Sicherheit.

Jedes Mal, wenn er danach eine beängstigende Stimmungsänderung bei den Erwachsenen bemerkte, wenn jemand laut wurde oder aggressive Stimmen einen möglicherweise gewalttätigen Streit ankündigten beziehungsweise er die Geräusche von Männern, die mit seiner Mutter im Bett lagen, hörte, ging er in den Abstellraum, kletterte nach oben und suchte Zuflucht in seinem geheimen kleinen dunklen Versteck.

In seiner Vorstellung kehrte er jetzt in dieses zurück, wobei es sich in seine Zelle verwandelte. Ihm kam ein erstaunlicher Gedanke: Sein Leben hatte er damit verbracht, Räume zu suchen, in denen er sich verstecken konnte, in denen er sicher war und wo er sich so klein wie möglich machte – ganz gleich, ob sie sich in Heimen oder Strafanstalten befanden. Der Gedanke daran beruhigte ihn.

Er wurde gewahr, dass er gerade meditierte. Er bemerkte »die Pause«. Ihm wurde bewusst, wo er war und wohin er in seiner Fantasie gegangen war. Er atmete tief durch. Als er seine Augen öffnete, realisierte er etwas – er hatte eine weitere dieser tiefen Einsichten, die aus heiterem Himmel zu kommen schienen, seit er den buddhistischen Weg eingeschlagen hatte. Er schloss die Augen wieder, und als er sich – entschlossen, unabgelenkt und präsent zu bleiben – auf den Atem konzentrierte, kehrte er in die Zeit vor einigen Monaten zurück, als er auf die Entscheidung des Gerichts gewartet hatte. Er beobachtete sich dabei, wie er seine Habseligkeiten packte, einige davon verschenkte und sich überlegte, wem er den Rest überlassen würde. Nachdem das Gericht seinen Einspruch abgelehnt hatte, sah er sich in seiner kahlen Zelle um und war wütend auf sich selbst, dass er der wahnhaften Hoffnung auf Freilassung erlegen war, die ihn dazu gebracht hatte, die Zelle leer zu räumen. Doch jetzt begriff er, dass seine Handlungen von einer tieferen Weisheit motiviert gewesen waren, auch wenn er diese damals nicht erkannte: Er hatte geglaubt, er leere seine Zelle, weil er San Quentin verlassen würde, aber in Wirklichkeit hatte er nur deshalb Platz geschaffen, weil er dort bleiben musste.

Jarvis erinnerte sich oft an Chagdud Tulku, der ihm erklärt hatte, wir wüssten nie, wer unsere wichtigsten Lehrer sind. Der Dalai Lama hatte einmal geschrieben, dass unsere Feinde unsere kostbarsten Lehrer sind. In dieser Logik war der Oberste Gerichtshof von Kalifornien sein letzter Lehrer. Nachdem dieser seine Berufung ablehnte und im Grunde sagte: »Wir werden Sie nicht rauslassen – noch nicht«, konnte er erkennen, dass *er selbst* sich befreien musste.

Kapitel 20

Erleuchtung

Jarvis schrieb an Pema: »Ich habe heute Morgen drei Stunden lang meditiert. Ich berührte dabei wieder diese Traurigkeit und diesen Verlust. Aber nicht nur das, ich empfand auch Leichtigkeit. Es ist, als würde ich die Last, die ich getragen habe, abwerfen. Und diese Last besteht in den ganzen Vorstellungen davon, was ich in meinem Leben brauche, um glücklich zu sein.«

Als die beiden kurz darauf miteinander telefonierten, vertiefte er diesen Gedanken: »Ich glaubte, dass mich die Freilassung glücklich machen würde. Es gibt immer irgendetwas, das wir anstreben – ich glaube, das geht uns allen so. Wir denken, es brächte uns Glück, zu bekommen, was wir wollen. Wir hoffen, es in einer Beziehung zu finden. Sobald unser Traum Wirklichkeit würde, würden wir Erfüllung finden und unserem Leiden ein Ende setzen. Wir könnten aufhören, ständig davonzulaufen, und fänden endlich ruhigen Schlaf. Aber die Briefe, die mir die Leute schreiben, belehren mich eines Besseren: Sie jagen dieser Illusion des Glücks hinterher, dabei haben sie schon eine große Garage mit zwei schönen Autos, ein Haus am Strand, die perfekten Kinder und ihren süßen Hund. Trotzdem sind sie immer noch unzufrieden. Wenn sie alles haben und es ihnen immer noch schlecht geht, dann haben sie ein größeres Problem als ich. Trotz ihres Besitzes fühlen sie sich beschissen. Das ist keine Freiheit. Da bin ja selbst ich freier.«

Jarvis räumte ein, dass er sich nach vielen Privilegien sehnte, die man in Freiheit hat: durch einen Wald oder den Strand entlangzulaufen oder überhaupt dorthin zu gehen, wohin er wollte, ganz ohne Ketten oder Handschellen und ohne dass ihn eine Wache am Ellbogen festhielt. Oder einfach nur einen frischen Pfirsich zu essen (er hatte seit seiner Kindheit keinen mehr gehabt).

Er sagte, er würde gerne einen Türgriff herunterdrücken.

Pema war überrascht. »Einen Türgriff?«

»Ich habe seit mehr als 35 Jahren keine Tür eigenhändig geöffnet oder geschlossen. Ich würde gerne meine eigenen Türen öffnen und auf diese Weise frei sein. Ich weiß, was du jetzt antworten wirst: Ich bin inzwischen in der Lage, meine inneren Tore zu öffnen. Ich verstehe das, aber ich würde dennoch gerne selbst eine echte Tür öffnen. Doch wir alle haben eine ganze Reihe von Wünschen und glauben, dass sie Wirklichkeit werden müssen, damit wir glücklich sein können. Die Sache ist nur leider die, dass man, sobald ein solcher Wunsch wahr geworden ist, gleich etwas Neues möchte. Es hört nie auf.«

Jarvis erzählte Pema eine Geschichte aus seiner Kindheit. Im Wohnzimmer des Hauses seiner Großmutter in Harbor City stand eine Schale mit Äpfeln und Orangen. Jedes Mal, wenn er zu Besuch kam, schnappte er sich eine Frucht. Auch bei einer seiner Pflegefamilien gab es auf dem Esstisch eine solche Schale mit Obst. Er griff nach einem Apfel und biss hinein, doch zu seinem Erstaunen war er aus Plastik – er war eine Nachbildung. Und da seine Pflegeeltern wohlhabend waren, dachte er, Plastikobst sei ein Zeichen für Reichtum. Schließlich bekamen arme Leute für ihre Lebensmittelmarken keine Plastikfrüchte. »Doch dann«, so Jarvis, »dachte ich: ›Eigentlich ist es besser, einen echten Apfel zu haben, in den man reinbeißen kann.‹ Wenn man sich mit anderen vergleicht, verliert man immer. Die Leute haben mich immer wieder mit folgenden Stereotypen beschrieben: ›Er ist arm, hat nicht genug zu essen, ist vaterlos, hat eine Prostituierte als Mutter, wurde geschlagen.‹ Sie haben Mitleid mit mir. Doch das sollten sie nicht.

Wenn man leidet, spielt es keine Rolle, wo man ist, und die Arbeit, die man zu tun hat, ist immer die gleiche – ganz unabhängig von den äußeren Umständen. Du weißt, wie schwer es mir fiel, den Begriff *Karma* zu verstehen. Doch genau das verstehe ich unter diesem Begriff: sich dem zu stellen, was ist. Ganz gleich, wo man ist.«

Jarvis wurde sich bewusst, dass er nicht mehr in dem reinen Überlebensmodus war, in dem er sich seit der vernichtenden Entscheidung des Gerichts befunden hatte, und er war noch am Leben. Er nahm seine Routine wieder auf, die ihm so guttat. Den Morgen begann er mit Niederwerfungen, und anschließend meditierte er. Dann machte er Yoga, studierte und schrieb. Er ging auch wieder auf den Hof, sprach mit Freunden und hielt nach Mitgefangenen Ausschau, die möglicherweise seine Hilfe benötigten, da sie entweder ihr Zuhause vermissten, Angst hatten oder einfach nur wütend oder niedergeschlagen waren. Er besuchte erneut Susans buddhistischen Unterricht, wo er meist Schüler, doch manchmal auch Lehrer war. Dank seiner Erfahrungen mit dem Gefängnisalltag waren die Worte und Bilder, mit denen er den Weisheitsweg vermittelte, für seine Mitgefangenen leicht zugänglich.

Die gefeierte Schriftstellerin Rebecca Solnit liebte es, durch die Bucht von San Francisco zu paddeln. Jedes Mal, wenn sie mit ihrem Kajak an San Quentin vorbeikam, dachte sie an Jarvis, von dem sie zuerst gelesen und den sie später bei den Anhörungen, die sie im Jahr 2007 zusammen mit Jarvis' Unterstützergruppe besuchte, auch gesehen hatte. Sie beschloss, in ihrer Kolumne im *Harper's Magazine* über den Kontrast zwischen ihrer unbegrenzten Freiheit, die sie genoss, wenn sie die Bucht durchquerte, und seiner äußersten Unfreiheit zu schreiben. Sie erzählte Melody davon, die ihr riet, sich mit ihm in Verbindung zu setzen. So begann sie, mit Jarvis zu telefonieren und ihn anschließend auch zu besuchen. Einmal rief dieser sie an, als sie gerade durch New Mexico wanderte. Mit dem Handy am Ohr lief sie den Mount Antalya hinauf und erzählte ihm von der bezaubernden Aussicht, die sie hatte, und auf welch feinem glitzerndem Sandboden sie lief. Als Jarvis Rebecca im Januar 2017 anrief, nahm sie gerade am San Francisco Airport an einer Protestveranstaltung gegen Präsident Donald Trumps *Executive Order* teil, die Menschen aus islamischen Ländern verbot, in die USA einzureisen. Rebecca fragte Jarvis, ob er gerne an dem Protest teilnehmen wolle, und schaltete ihr Telefon laut. Er genoss es, dabei zu sein. Als jemand, der in politischer Hinsicht seit 35 Jahren kaltgestellt war – er gehörte zu den sechs Millionen »Verbrechern«, die nicht wählen dürfen –, nahm er zum ersten Mal in seinem Leben an der US-amerikanischen Demokratie teil.

Jarvis rief Marty und Pamelas Tochter Samantha an, als diese gerade mit ihrem Vater oben im Seattle Space Needle, einem Fernsehturm, war. Sie beschrieben ihm die atemberaubende Aussicht. Ein anderer Freund war Corny Koehl, der gerade ein ausverkauftes Konzert im FivePoint Amphitheatre im kalifornischen Irvine besuchte, als Jarvis anrief. Corny hielt das Telefon hoch, und Jarvis gesellte sich zu den Menschenmassen, die sich von ZZ Top, Lynyrd Skynyrd und Cheap Trick begeistern ließen.

Lee Lesser, eine Lehrerin und Therapeutin, die Jarvis nach der Lektüre von *Finding Freedom* geschrieben hatte, war ebenfalls eine enge Freundin geworden. Jarvis rief sie an einem Samstagnachmittag an, als es auf dem Flur vor seiner Zelle besonders laut war, da viele der Mitgefangenen im Fernsehen ein Baseballspiel der Warriors anschauten. Da die meisten Häftlinge mit dem Match beschäftigt waren, konnte Jarvis so lange telefonieren, wie er wollte.

»Wir sind alle da«, sagte Lee, als sie ans Telefon ging. »Die ganze Familie und ein Haufen Freunde haben sich für den Sederabend[28] versammelt. Wir haben uns gerade zum Abendessen hingesetzt.«

28 Mit dieser zeremoniellen Mahlzeit wird das jüdische Pessach-Fest eingeleitet. Im Kreis der Familie gedenkt man während des mehrtägigen Festes Moses' Auszug aus Ägypten.

Als Jarvis sich für die Störung entschuldigte, winkte Lee ab. »Nein, nein, das wollte ich damit nicht sagen. Ich wollte nur, dass du weißt, was hier gerade los ist. Bleib doch zum Essen, oder hast du etwas anderes vor?«

Lee stellte das Telefon laut und platzierte es in der Mitte des Tisches. Sie stellte Jarvis einem Gast nach dem anderen vor. Er hörte ihre Gebete und Lieder und teilte ihre Gespräche und Scherze. Als aus dem Telefon ein besonders lauter Schrei kam, fragte einer der Teilnehmer der Runde, ob die Gefangenen revoltierten. Jarvis antwortete, die Warriors hätten sicherlich gerade einen Korb gelandet.

Wenn alle 15 Minuten wie gewohnt die automatisierte Ansage das Ende der Gesprächszeit ankündigte, rief Jarvis erneut an, und so nahm er eine Dreiviertelstunde telefonisch am Sederabend teil. Als der diensthabende Wärter schließlich kam, um das Telefon abzuholen, verabschiedete sich Jarvis von Lee und ihrer Familie und bedankte sich.

Den übrigen Abend schwelgte er in dem Gefühl der Freundschaft, das er während der zeremoniellen Mahlzeit gespürt hatte. Anschließend stimmte er sich auf die Geräusche auf dem Gang ein, auf dem es nach dem Spiel ruhig geworden war. In Gedanken war er bei den Männern, mit denen er zusammenlebte. Als er neu im Todestrakt gewesen war, hatte er nur ein paar Dutzend von ihnen gekannt, doch jetzt waren es mehr als siebenhundert. Als ihm klar wurde, dass nur wenige von ihnen – wenn überhaupt einer – Telefonate wie jenes, das er eben gerade geführt hatte, erleben durften, brach es ihm das Herz. Gleichzeitig wurde ihm bewusst, welch großes Glück er hatte.

Einige Wochen später besuchte ihn Pema, um mit ihm gemeinsam den Jahrestag von Pamelas Tod zu begehen. Bevor sie an diesem Morgen in den Käfig kam, zog sie im Automaten einige Snacks, wobei sie für Jarvis die einzige wenigstens einigermaßen gesunde Option wählte: einen Becher mit Obstsalat.

»Mama möchte, dass sich ihr Sohn gesünder ernährt«, erklärte sie ihm. Sich selbst kaufte sie eine Flasche Wasser und einen Schokoriegel, da sie manchmal inmitten des langen Besuchs einen Energiestoß brauchte. Sie umarmten sich lange und hielten sich anschließend bei den Händen.

Pema kommentierte Jarvis' neuen, äußerst kurzen Haarschnitt: »Du siehst aus wie ein Mönch.« – »Das ist kein religiöses Bekenntnis, sondern ich habe es einfach verpatzt«, entgegnete dieser. »Als ich vor ein paar Tagen den Haarschneider benutzte, ist er mir ausgerutscht, und dabei habe ich eine große Schneise mitten in meine Haare geschnitten. Also blieb mir nur die Wahl, damit zu leben oder auch den Rest kahl zu scheren.«

Ihr Gespräch drehte sich um ihre verstorbene Freundin, und anschließend tauschten sie sich darüber aus, was in ihren Familien geschah. Sein Vater Harline hatte Jarvis in der vergangenen Woche besucht. »Wir sprachen über die Verwandtschaft, und dabei erzählten wir uns Dinge wie ›Er ist gestorben‹, ›Sie ist auch tot‹, ›Er ist irgendwo im Knast‹, ›Er ist komplett durchgedreht‹, ›Er ist ein Hurensohn‹, ›Sie schläft jetzt mit einem anderen und hat sieben Kinder‹ und ›Die Kleine sieht aus wie die Mutter – die Ärmste‹. Wir lachten uns kaputt, und die Leute glotzten alle zu uns herüber. Dann begann er von seinem Recycling-Business zu erzählen, und mir fiel auf, dass er zu einem großen Plastikmülleimer hinüberstarrte, der von leeren Getränkedosen überquoll. Sicherlich dachte er: ›Das ist eine Goldmine‹, und tatsächlich erkundigte er sich dann auch danach: ›Mein Sohn, weißt du, was sie mit all den leeren Cola-Dosen machen? Das wäre ein Höllengeschäft. Wen kann ich fragen?‹«

Als die Wärter einen Mann vorbeiführten, dessen Gesicht und übrigen Kopf äußerst kunstvolle Tattoos zierten, nahm Pema dies zum Anlass, von ihrem Besuch bei dem Selbsthilfeprojekt *Homeboy Industries* zu erzählen. Die Organisation war von Pater Gregory Boyle, einem Freund von ihr, gegründet worden. »Er arbeitet mit Gangmitgliedern und sorgt dafür, dass sie eine anständige medizinische Versorgung und soziale Hilfe bekommen. Auch lehrt er sie praktisches Alltagswissen und hilft ihnen, Arbeit zu finden.

Wir waren gerade in Pater Gregorys Büro, als ein Mann hereinkam, der frustriert erzählte, dass ihn niemand einstellen wollte. Der Pater meinte, er hätte vielleicht mehr Glück, wenn er das Tattoo auf seiner Stirn entfernen würde. Darauf stand ›Fuck Life‹.« Beide lachten ausgelassen, doch dann wurde Pema ernst und fragte, wie es mit seiner Praxis laufe.

»Wir haben schon öfters über Erleuchtung gesprochen«, erwiderte Jarvis. »Früher fand ich das eine ziemlich abgehobene Vorstellung – sie war mir zu abstrakt –, aber ich glaube, ich verstehe sie mehr und mehr.«

»Was hast du entdeckt?«, fragte sie.

»Ich sitze morgens und abends, aber im Grunde meditiere ich jetzt die ganze Zeit – jede Minute. Ich fühle mich, als ob ich in einem permanenten Zustand der Meditation lebe. Ich spüre die Freude, mich innerlich und äußerlich mit meinen Freunden zu verbinden, selbst wenn ich mit der Last ihrer Schmerzen und der anderer lebe. Ich bin neugierig auf das, was passieren wird. Ich baue ständig Mist, aber ich fühle mich jeden Morgen aufs Neue geerdet, wenn ich mich selbst hinterfrage. Das gibt mir Frieden und Kraft.«

»Was für Fragen stellst du dir?«, wollte sie wissen.

»Als ich zum ersten Mal mit Rinpoche Kontakt aufnahm, schickte er mir sein erstes Buch *Life in Relation to Death* (Leben in Beziehung zum Tod), in dem er schrieb, dass man sich am Ende des Tages vorstellen sollte, man würde noch in der gleichen Nacht sterben, und sich fragen, was man aus seinem Leben gemacht hat. Die Frage erschreckte mich damals zu Tode. Ich hatte mein Leben verschwendet und vielen Menschen Schaden zugefügt. Ich habe jetzt andere Antworten und stelle andere Fragen.«

»Welche?«, erkundigte sich Pema.

»Du hast einmal gesagt, dass Karma auf die Frage hinausläuft: ›Wie werde ich heute nützlich sein?‹ Und das ist genau das, was ich mich immer wieder frage: ›Wie werde ich den heutigen Tag nutzen? Werde ich schlafen oder bewusst sein? Was werde ich entdecken? Wie kann ich helfen? Wessen Leben werde ich berühren?‹«

Die übrige Zeit saßen sie voller Freude schweigend zusammen da, bis eine Wache kam, um den Besuch zu beenden.

Epilog

Mit einem offenen Herzen leben

»Schlussendlich sind es diese Dinge, die am meisten zählen: Wie sehr warst du in der Lage zu lieben? Wie vollständig hast du zu leben vermocht? Wie tief konntest du loslassen?«

Buddhistische Weisheit[29]

Mitte November 2018 klingelte mein Handy frühmorgens um drei Uhr – ich hatte ausnahmsweise vergessen, es nachts auszustellen – und ließ mich wissen, dass ich eine SMS bekommen hatte. Sie kam von einer anonymen Nummer. Also schaute ich auf das Display und las: »Funktioniert das?« Dann tönte das Smartphone erneut und zeigte diesmal ein Selfie.

Nur schwach beleuchtet, saß Jarvis breit grinsend vor einem Jimi-Hendrix-Poster. Ich antwortete »Was zum Teufel?«, was er mit »Was meinst du damit?« quittierte.

»Was zum Teufel machst du mit einem Handy?«

Es erstaunt nicht, dass Mobiltelefone in San Quentin und anderen Gefängnissen verboten sind, da man die Gespräche der Gefangenen genauestens überwachen und kontrollieren möchte. Ungeachtet dieses Verbots floriert dort wie in vielen anderen Strafanstalten der Schwarzmarkt mit ihnen. Jarvis hatte das seine einem Mithäftling abgekauft, der es wahrscheinlich wiederum von einem Wärter erworben hatte. (Jarvis erklärte mir, es sei besser, nicht danach zu fragen.) Eine

29 Jack Kornfield: Buddhas kleines Weisungsbuch, O. W. Barth 2015.

Freundin von ihm zahlte die Gebühren und ein Netflix-Abonnement.

Der Anbieter versprach eine unbegrenzte Zahl von Filmen, doch Jarvis musste zu seiner Enttäuschung feststellen, dass im Gefängnis der Empfang für Streaming zu schlecht war. Sein Handy hatte nur einen Balken, und das war selbst für das Versenden von Daten zu wenig. Doch Not macht erfinderisch, und die Gefangenen haben genügend Zeit, um sich ausgeklügelte Lösungen auszudenken, die das Streaming allerdings immer noch nicht ermöglichten. Jarvis erfuhr, dass er einige Apps offline nutzen konnte und Fotos, Video- und Audioaufnahmen machen konnte, die er dann an seine SMS anhängte. Um für das Versenden ausreichend Empfang zu haben, musste man das Handy in eine leere Kartoffelchipstüte stecken und mit einem Draht unter den Stäben der Zellentür hindurch auf den Korridor hinausschieben, wo das Signal stärker war.

Einige Nachrichten gingen durch, und so schickte er mir Fotos seiner Zelle und seines Flurs – den er durch seine Tür hindurch aufgenommen hatte – sowie eine Audioaufnahme seines Nachbarn, der sich darüber beschwerte, dass Jarvis' Schreibmaschinentippen zu laut sei.

Einem anderen Freund schrieb er: »Dieses Telefon hat meinen Geist weit geöffnet! Und das zehn bis zwölf Stunden am Tag! Wenn ich genug Geld hätte, könnte ich mir eine Pizza bestellen 🍕. (Er hatte herausgefunden, wie man Emojis einfügt.) Kannst du dir einen Pizzalieferanten vorstellen, der seine Lieferung am Haupttor mit den Worten ›Für Jarvis Masters‹ abgibt?«

Fast vier Jahrzehnte lang war Jarvis' Zugang zur Technologie auf Fernsehen, Radio und die elektrische Schreibmaschine beschränkt gewesen, die ihm Pamela geschickt hatte. Als er als 19-Jähriger verhaftet wurde, gab es keine Computer, geschweige denn Internet oder Smartphones. In den frühen 2000er-Jahren wurde Jarvis einmal in einem Gefängniswagen ins Krankenhaus gebracht und erfreute sich während der Fahrt am Ausblick auf das blaue Wasser der Bucht, die sich auftürmenden weißen Wolken und die von goldenen Sonnenstrahlen beleuchteten Hügel in der Ferne. Bei der Ankunft sagte er zu seinen Wärtern, dass es ihn erstaune, wie viele Menschen mit sich selbst sprächen. Sie erklärten ihm, dass sie kleine Mikrofone und Knopfkopfhörer benützten und in Wirklichkeit telefonierten. Ansonsten war sein Wissen über moderne Telekommunikationstechnologie auf das beschränkt, was er im Fernsehen sah, und das wirkte auf ihn wie Science-Fiction.

Nachdem man ihm den Trick mit der Kartoffelchipstüte gezeigt hatte, war es wie ein Quantensprung, der ihn Dekaden nach vorne brachte. Nun konnte er Nachrichten senden und empfangen. Freundinnen wie Freunde schickten ihm Texte, Artikel und Musikvideos. Ich schickte ihm ein Video, das ich während der Fahrt über die Golden Gate Bridge aufgenommen hatte, und Jarvis antwortete, er habe diese Brücke nur in Ketten überquert.

Ich sandte ihm außerdem die Aufzeichnung einer Aufführung einer Hip-Hop-Theatergruppe namens Truthworker, deren Gründerin und künstlerische Leiterin Samara Gaev mit ihm befreundet war. Die Performance, für die junge Leute im Schul- und Hochschulalter das Drehbuch geschrieben und sie auch aufgeführt hatten, basierte auf ihren Briefwechseln mit ihm und einem Besuch im Gefängnis. Sie hieß IN|PRISM: *Boxed In & Blacked Out in America* (Im Prisma: Weggesperrt und ausgeschlossen in Amerika).

Die Performance, die Jarvis' Leben im Alter von 25 Jahren darstellte, handelte von der Brutalität der Wärter sowie seiner Anklage wegen Mordes. Die Aufnahme des Stücks war im Lincoln Center in New York aufgezeichnet worden. Jarvis sagte mir, er habe sich dieses Video Dutzende Male angesehen und dabei jedes Mal weinen müssen.

Einige Monate später durchsuchten Wärter routinemäßig seine Zelle und fanden das Handy in einem Exemplar des Buches

We're All Doing Time. Sie entdeckten auch eine (ebenfalls verbotene) E-Zigarette, und Jarvis bekam umgehend ein Disziplinarverfahren, aufgrund dessen er wieder in Isolationshaft verlegt wurde. Als ich ihn dort besuchte, gab es keine Snacks mehr, und wie zehn Jahre zuvor, als ich ihn das erste Mal besucht hatte, sah ich ihn durch das milchige Glasfenster. Es war sehr traurig, wieder von ihm getrennt zu sein, aber er selbst sah gut aus. Kaum hatte ich das gedacht, sagte er: »Mensch, du siehst gestresst aus!«

Ich erzählte ihm, dass ich einen Strafzettel wegen überhöhter Geschwindigkeit bekommen hatte, mein Schwiegervater gestürzt sei und meine Frau bei ihm war, um ihm zu helfen. Außerdem hätte ich wegen eines Rohrbruchs eine astronomische Wasserrechnung bekommen und den Vormittag im Stau verbracht. Als ich endlich von der Autobahn abfahren konnte, schnitt mich ein Arschloch so sehr, dass ich ihm den Stinkefinger zeigte. Noch jetzt war ich frustriert und wütend. Als ich zu Jarvis blickte und bemerkte, dass er lächelte, traf es mich wie ein Schlag. »Mein Gott, es tut mir leid. Ich beschwere mich über mein Leben? Und das *hier?*«

Jarvis sagte: »Nein, nein, das ist nicht das, was ich gerade gedacht habe, sondern dass du einen Wahnsinnsmorgen hattest. Du solltest dich besser entspannen. Sonst wirst du noch vor mir sterben!«

Er erzählte mir von dem einzigen Mal, als er in seinem Leben im Stau gestanden hatte. Nach einem seiner epileptischen Anfälle brachte man ihn zu Untersuchungen ins Krankenhaus. Unterwegs kam der Verkehr zum Stillstand. Die drei Wachen und der Fahrer ärgerten sich darüber, doch Jarvis machte die Sache Spaß. Er beobachtete fasziniert die Menschen in ihren Autos. Eine Familie unterhielt sich angeregt, eine Frau sang, andere Fahrer waren allein, einer davon schien verärgert zu sein, wieder andere wirkten wie versteinert. Er beobachtete sie, und sein Herz war weit offen.

Jahrzehnte zuvor, als Jarvis seine ersten buddhistischen Gelübde abgelegt hatte, gab Chagdud Tulku Rinpoche ihm eine mysteriöse Unterweisung: Er sollte lernen, die Vollkommenheit aller Wesen zu sehen. Genau das war es, was er in den Gesichtern der Menschen in ihren Autos sah, und er war zu Tränen gerührt.

Unmittelbar nach dem Gespräch mit Jarvis fuhr ich zum Flughafen und stand wieder im Stau. Wieder war ich ärgerlich und gestresst und machte mir obendrein Sorgen, zu spät zu meinem Flug zu kommen und deswegen eine Veranstaltung in New York zu verpassen. Während ich so vor mich hin köchelte, schlich der Verkehr Stück für Stück voran. Doch dann erinnerte ich mich daran, wie Jarvis seinen Stau erlebt hatte.

Ich atmete bewusst ein, atmete aus und beruhigte mich. Dann blickte ich zu dem Auto neben meinem. Der Fahrer war ein dünner Mann, alt, mit strähnigen, silbergrauen Haaren, wilden Augenbrauen und einem faltigen Gesicht. Ich schaute genauer hin und stellte mir das erfüllte Leben vor, das er hinter sich haben musste. Ich malte mir aus, dass er eine Partnerin und möglicherweise Kinder hatte. Ich dachte daran, dass er, wie wir alle, viel Freude und Kummer erlebt hatte.

Ich blickte in andere Autos: eine Frau am Telefon, die verhärtet und wütend wirkte; eine andere telefonierte ebenfalls und blickte ernst drein; wieder eine andere schien ihren Tagträumen nachzuhängen; und ein Mann hatte einen Gesichtsausdruck, der offenbar Ärger oder Reue spiegelte.

Ich stellte mir ihre Erfolge und Enttäuschungen vor.

Ich schaute mit Jarvis' Augen und blickte die Menschen an – oder besser: ich schaute *in* die Leute –, die ich sonst nie bemerkt hätte. Ich war nicht mehr im Stau; ich war mit all diesen Menschen wie in einer gesegneten Sphäre an einem anderen und besseren Ort.

Da begriff auch ich, was Jarvis' erster Lehrer gemeint hatte, als er davon sprach, dass alle Menschen – in ihrer Geschäftigkeit wie in ihrer Langeweile, in ihrer Freude wie in ihrem Leid – perfekt waren.

Ich besuchte Jarvis am Weihnachtstag 2018, ein halbes Jahr nachdem er wieder aus dem Isolationstrakt in den Normalvollzug verlegt worden war. Wegen des Besucherandrangs trafen wir uns in einem anderen Besuchsraum als gewöhnlich, der mit dreißig oder mehr Häftlingen gefüllt war, die zusammen mit ihren Frauen, Müttern, Kindern, anderen Familienangehörigen sowie Freundinnen und Freunden in den Käfigen saßen.

Ich betrachtete den Raum und bemerkte eine gebrechliche Frau in ihren Siebzigern, die sich eine Tüte Popcorn mit ihrem grauhaarigen Sohn teilte; ein Paar, das sich schweigend an den Händen hielt; ein fünf- oder sechsjähriges Mädchen, das neben ihrem Vater saß, den Kopf an seine Schulter gelehnt, während er ihr aus dem Buch *Ein Fisch, zwei Fische, roter Fisch, blauer Fisch* von Dr. Seuss vorlas.

Ich schaute noch einmal in die Käfige und dachte: »Diese armen Menschen, diese armen Kinder, es ist Weihnachten, und sie besuchen ihren nächsten Verwandten im Todestrakt. Diese armen Frauen, mein Gott, was für ein Leben.«

Jarvis riss mich aus meinen Gedanken. »Mann«, sagte er, »siehst du das?« Auch er hatte den Raum gescannt. »Sieh dir diese schönen Menschen an. Dieser Raum ist heute mit so viel Liebe erfüllt.«

Erneut schaute ich von Käfig zu Käfig und sah, was er sah. Wo ich Traurigkeit, Schmerz und Bedauern wahrgenommen hatte, sah Jarvis Licht, Freude und Liebe.

Postscriptum

»Befreit euren Geist, und euer Hintern wird folgen.«

George Clinton, Funkadelic

2020 bezeichnet den dreißigsten Jahrestag von Jarvis' Inhaftierung in der Todeszelle. Im August 2019 musste er einen weiteren Rückschlag verkraften, da der Oberste Gerichtshof von Kalifornien seine Habeas-Corpus-Petition ablehnte. Die Berufung geht nun an das Bundesgericht. Jarvis, seine Anwälte und seine Unterstützer kämpfen weiterhin darum, seine Unschuld zu beweisen. In der Zwischenzeit schreibt Jarvis, meditiert, feiert seinen Sangha und tut, was er kann, um anderen Gefangenen zu helfen, ganz gleich, ob ihr Gefängnis Gitterstäbe hat oder nicht.

Danksagung

Ich bin den folgenden Freunden, Unterstützern und Verwandten von Jarvis dankbar, die freundlicherweise ihre Erfahrungen mit mir geteilt haben: Patricia Savitri Burbank, Ricky Campbell, Philip Coffin, Carol Dodson, Sherri Forester, Samara Gaev, Chris Grosso, Kelly Hayden, Barbara Jacobsen, Cliff Johnson, Janis Kobe, Corny Koehl, Parker Krasney, Lee Lesser, Harline Masters, Michele Modena, Susan Moon, Sara Paris, Connie Pham, Samantha Sanderson, Jan Sells, Will Shonbrun, Blaise Smith, Freddie Taylor und Mark Werlin. Darüber hinaus möchte ich Jarvis' Anwälten danken: Joe Baxter, Scott Kauffman, den jüngst verstorbenen Michael Satris und Rick Targow sowie den Juristen Mariel Brunman, Phoebe Bryan und Josh Stadtner.

Besonderer Dank geht an Ernest Rogers, den gesetzlichen Besuchskoordinator von San Quentin, der während meiner vielen Besuche im Todestrakt schier endlos geduldig, entgegenkommend und freundlich war.

Ich möchte insbesondere die Mithilfe von Melody Ermachild, Marty Krasney, Glenna Olmsted, Alan Senauke, Susan Shannon, Raven, Lama Shenpen und Rebecca Solnit würdigen, die alle ihre unschätzbare Unterstützung, ihr Wissen und ihre Sachkenntnis beitrugen.

Und dann wäre da noch Jarvis' Freundin, Lehrerin und »Mutter«, Pema Chödrön. Ani Pema hat unzählige Menschen auf der ganzen Welt inspiriert und ihnen geholfen, die Herausforderungen in ihrem Leben zu meistern. Sie war mir ganz ohne Zweifel Inspiration und eine große Hilfe – sowohl in Hinsicht auf dieses Buch als auch auf mein Leben. Ihr Engagement für Jarvis kann man nur schwer in Worte fassen.

Auch meiner Agentin Amanda Urban von der Literaturagentur ICM bin ich unendlich dankbar. Ich hatte das unermessliche Glück, 35 Jahre lang mit »Binky«, wie wir sie nennen, arbeiten zu dürfen – und was dies alles bewirkte, ist schwer zu ergründen. Ich bin dankbar für ihren Rat sowie für ihre Führung, Weisheit und Freundschaft.

Bei Simon & Schuster möchte ich Tzipora Baitch, Nicole Hines, Sara Kitchen, Ruth Lee-Mui, Zoe Norvell, Julia Prosser und anderen aus dem Team danken, die dieses Buch unterstützt haben.

Mein tiefster Dank gilt meinem Herausgeber, Eamon Dolan. Mir fällt es nicht leicht, diese Dankbarkeit sowie meine Zuneigung für Eamon in Worte zu fassen – die Art und Weise, wie er mir geholfen hat, mich in meinen Büchern auszudrücken und mitzuteilen. *Gefangen und frei* würde ohne ihn schlicht und ergreifend nicht existieren. Er hatte eine Vision von diesem Buch, verstand es und glaubte daran – und entgegen aller Vernunft auch an mich –, und dies selbst, als ich etwas verloren und entmutigt war, da ich es zwei Jahre nach dem verabredeten Abgabetermin noch immer nicht fertig hatte. Eamons Vorstellungskraft, seine Weisheit und seine ausgezeichnete redaktionelle Bearbeitung sind auf jeder Seite präsent. Als Herausgeber ist er beispiellos. Freunde wie er sind so selten wie Sterne am Tageshimmel. Diejenigen, die das Glück haben, ihn zu kennen, wissen, warum ich der Überzeugung bin, dass Eamon ein wahrer, unbegrenzt mitfühlender Bodhisattva ist, der sich der Linderung des Leidens und der Schaffung einer gerechteren Welt widmet.

Es ist unmöglich, meine Dankbarkeit gegenüber Jarvis Masters angemessen auszudrücken. Es war eine höllische, von Tränen und Lachen geprägte gemeinsame Reise. Danke an Jarvis für sein Vertrauen und seine Freundschaft, die ich sehr schätze.

Und schließlich möchte ich meinen Kindern Daisy, Jasper und Nic Sheff sowie meiner Frau Karen Barbour mit den Worten von Ray Davies (dem ich ebenfalls dankbar bin) danken: »Dank euch macht all dies Sinn.«

Tina Turner

Happiness

Mein spiritueller Weg

Tina Turner berichtet erstmals von ihrem Leben jenseits der Popwelt. Sie teilt ihre spirituellen Erfahrungen und Erkenntnisse, schildert ihre erste Begegnung mit dem Buddhismus und welch einzigartige Wirkung dieses Erlebnis auf sie hatte. Sie beschreibt ihre Meditationspraxis, die tiefe Kraft des Chanten und ihren persönlichen Weg zum Glück.
Mithilfe ihres Glaubens war es ihr möglich, die vielen schwierigen Situationen ihres Lebens zu meistern. Ihre Botschaft lautet: »Auch in den dunkelsten Zeiten hast du es in der Hand, deinem Leben eine gute Richtung zu geben.«

"Sie ist das beste Beispiel dafür,
dass jeder seines Glückes Schmied ist."

Neue Welt

KNAUR BALANCE

Thich Nhat Hanh

Wie Siddhartha zum Buddha wurde

Eine Einführung in den Buddhismus

Die Menschen sagen, der Buddha sei gestorben, doch der Mönch sah, dass der Buddha gegenwärtiger war als je zuvor. Und er erkannte, dass das Werk des Buddha fortgesetzt wird, indem man alle Dinge mit Bewusstheit betrachtet, friedvolle Schritte macht und voller Mitgefühl lächelt, so wie der Buddha dies getan hatte.

Der bekannte Zen-Meister erzählt in diesem Standardwerk zum Buddhismus die Lebensgeschichte Siddhartha Gautamas, des historischen Buddha. Dabei zeigt er ihn nicht als mythisches, übernatürliches Wesen, sondern als einen Menschen, der uns nahe ist, der uns berührt und sein volles Potenzial verwirklicht.

Thich Nhat Hanh verwebt die romanhaft erzählte Biografie mit einer Einführung in die buddhistische Geisteswelt und vermittelt in verständlicher Form die wichtigsten Weisheitslehren des Buddhismus.

O.W. BARTH